寅恪

陳寅恪印

陳寅恪集

元白詩箋證稿

生活·讀書·新知三聯書店

圖書在版編目（CIP）數據

陳寅恪集．元白詩箋證稿／陳寅恪著．—3 版．—北京：生活·讀書·新知三聯書店，2015.7 （2021.7 重印）
ISBN 978－7－108－05410－4

Ⅰ．①陳…　Ⅱ．①陳…　Ⅲ．①陳寅恪（1890 ～ 1969）－文集 ②唐詩－詩歌研究　Ⅳ．① C52 ② I207.22

中國版本圖書館 CIP 數據核字（2015）第 131971 號

封面所用拓片文字節自一九二九年立於清華大學內王國維紀念碑碑銘（陳寅恪撰文，林志鈞書丹）

陳寅恪集編者　陳美延
責任編輯　孫曉林　潘振平
封扉設計　陸智昌
版式設計　寧成春
責任印制　董　歡
出版發行　生活·讀書·新知 三聯書店
（北京市東城區美術館東街二十二號）
郵　　編　一〇〇〇一〇
經　　銷　新華書店
印　　刷　北京新華印刷有限公司
版　　次　二〇〇一年四月北京第一版
二〇〇九年九月北京第二版
二〇一五年七月北京第三版
二〇二一年七月北京第十一次印刷
開　　本　六三五毫米×九六五毫米　十六開
印　　數　四三，〇〇一－四八，〇〇〇冊
字　　數　二六五千字　印張　二十四·五
定　　價　九十八元

出版説明

陳寅恪（一八九〇——一九六九），江西修水人。早年留學日本及歐美，先後就讀於德國柏林大學、瑞士蘇黎世大學、法國巴黎高等政治學校和美國哈佛大學。一九二五年受聘清華學校研究院導師，回國任教。後任清華大學中文、歷史系合聘教授，兼任中央研究院理事、歷史語言研究所研究員、第一組主任及故宫博物院理事等，其後當選為中央研究院院士。一九三七年「蘆溝橋事變」後挈全家離北平南行，先後任教於西南聯合大學、香港大學、廣西大學和燕京大學。一九四四年被選為英國科學院通訊院士。一九四二年後為教育部聘任教授。一九四六年回清華大學任教。一九四八年南遷廣州，任嶺南大學教授，一九五二年後為中山大學教授。一九五五年後并為中國科學院哲學社會科學學部委員。

陳寅恪集十三種十四册，收入了現在所能找到的作者全部著述。其中寒柳堂集、金明館叢稿初編、金明館叢稿二編、隋唐制度淵源略論稿、唐代政治史述論稿、元白詩箋證稿、柳如是别傳七種，八十年代曾由上海古籍出版社出版。此次出版以上海古籍版為底本（隋唐制度淵源略論稿、唐代政治史述論稿二書原據三聯書店一九五七年版重印），内容基本不變。惟寒柳堂集增補了「寒柳堂記夢未定稿（補）」一文。詩集（原名陳寅恪詩集附唐篔詩存）和讀書札記一集（原名陳寅恪讀書札記舊唐書新唐書之部）八九十年代分別由清華大學出版社和上海古籍出版社出版，此次出版均有增補。書信集、讀書札記二集、讀書札記三集、講義及雜稿四種均為新輯。全書編輯體例如下：

一、所收內容，已發表的均保持發表時的原貌。經作者修改過的論著，則採用最後的修改本。未刊稿主要依據作者手跡錄出。

二、本集所收已刊、未刊著述均予校訂，凡體例不一或訛脫倒衍文字皆作改正。引文一般依現行點校本校核，如二十四史、資治通鑑等。尚無點校本行世的史籍史料，大多依通行本校核。少量作者批語、論述係針對原版本而來，則引文原貌酌情予以保留。以上改動均不出校記。

三、凡已刊論文、序跋、書信等均附初次發表之刊物及時間，未刊文稿盡量注明寫作時間。

四、根據作者生前願望，全書採用繁體字豎排。人名、地名、書名均不加符號注明。一般採用通行字，保留少數異體字。引文中凡為閱讀之便而補入被略去的內容時，補入文字加〔 〕，凡屬作者說明性文字則加（ ）。原稿不易辨識的文字以□示之。

陳寅恪集的出版曾得到季羡林、周一良、李慎之先生的指點，並獲得海內外學術文化界人士的熱情相助。在此，謹向所有關心、支持和參與了此項工作的朋友表示衷心的感謝，並誠懇地希望廣大讀者批評指正。

生活·讀書·新知三聯書店二〇〇〇年十二月

陳寅恪集總目

陳寅恪與家人陪同父親游北平北海公園時留影

一九三四年春

左起：陳寅恪、侄封懷、侄媳張夢莊、長女流求、父親陳散原、夫人唐篔、次女小彭、長嫂黃國巽

懷抱幼女美延，攝於香港羅便臣道
一九三八年初春

手持黃籐手杖，攝於北平清華大學
新林院五二號院內陽臺
一九四八年春

全家合影於廣州嶺南大學東南區十號寓所院內南草坪

一九五〇年暑假

左起：小彭、寅恪、美延、唐篔、流求

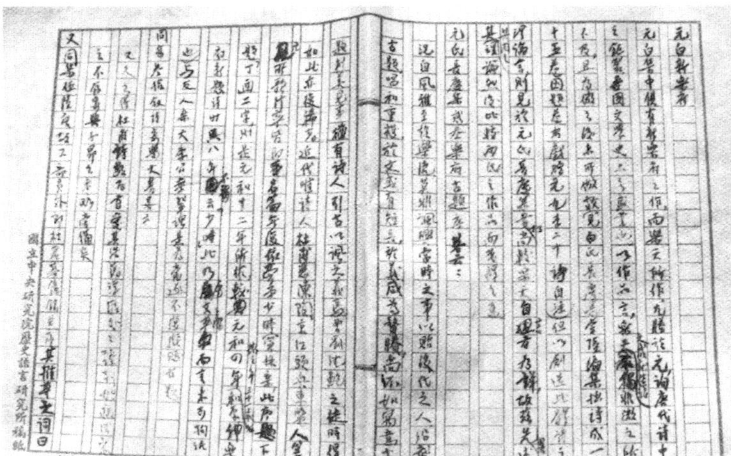

「元白新樂府」初稿，後經修改，收入「元白詩箋證稿」第五章

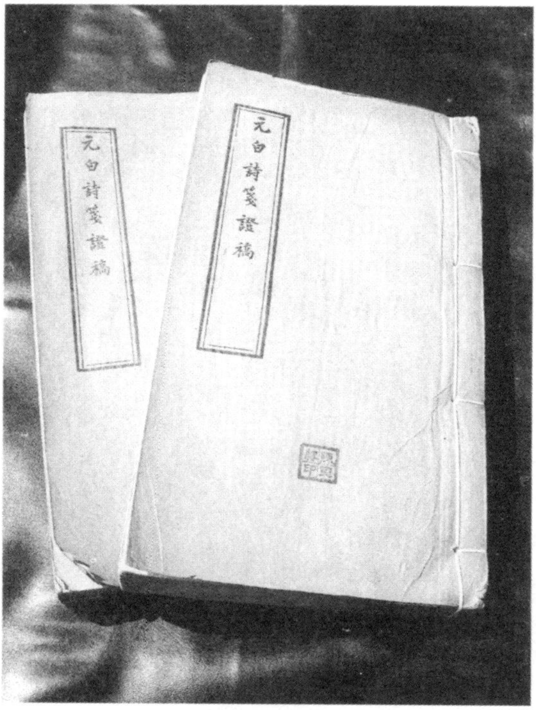

綫装本「元白詩箋證稿」封面

一九五〇年嶺南大學出版

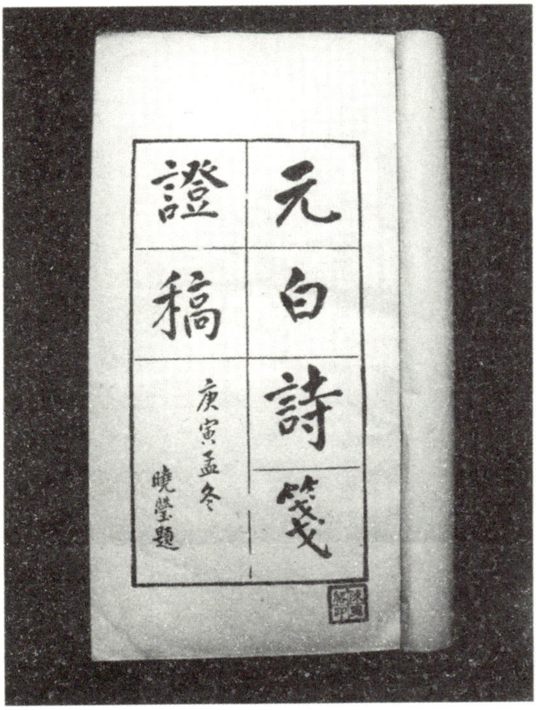

綫装本「元白詩箋證稿」扉頁

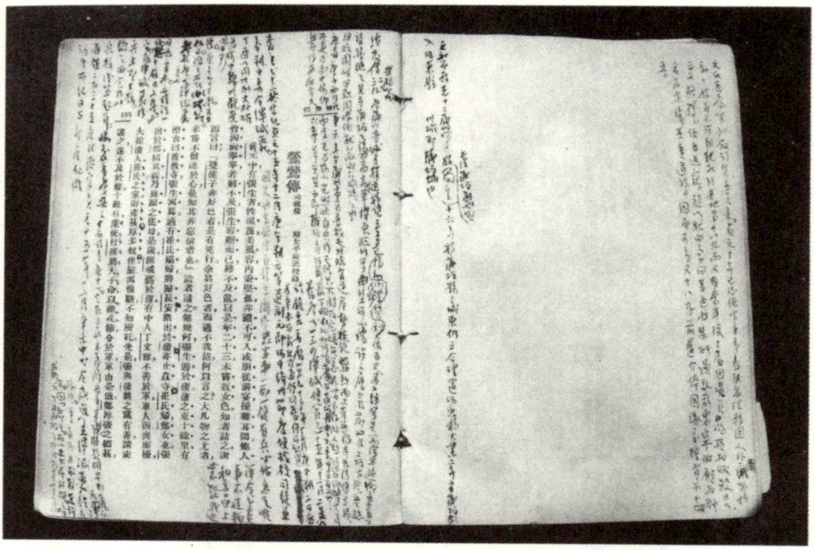

讀唐人小說「鶯鶯傳」時，陳寅恪所寫批語

元白詩箋證稿

唐篔題寫

目次

第一章　長恨歌

白氏長慶集貳捌與元九書云：

及再來長安，又聞有軍使高霞寓者，欲聘倡妓。妓大誇曰，我誦得白學士長恨歌，豈同他妓哉！由是增價。

全唐詩第壹陸函白居易壹陸編集拙詩成一十五卷因題卷末戲贈元九李二十云：

一篇長恨有風情。十首秦吟近正聲。每被老元偷格律，苦教短李伏歌行。世間富貴應無分，身後文章合有名。莫怪氣粗言語大，新排十五卷詩成。

寅恪案：自來文人作品，其最能爲他人所欣賞，最能於世間流播者，未必即是其本身所最得意，最自負自誇者。若夫樂天之長恨歌，則據其自述之語，實係自許以爲壓卷之傑構，而亦爲當時之人所極欣賞，且流播最廣之作品。此無怪乎歷千歲之久至於今日，仍熟誦於赤縣神州及鷄林海外「王公妾婦牛童馬走之口」（元微之白氏長慶集序中語。）也。雖然，古今中外之人讀此詩者衆矣，其瞭解之程度果何如？「王公妾婦牛童馬走」固不足論，即所謂文人學士之倫，其詮釋此詩形諸著述者，以寅恪之淺陋，尚未見有切當之作。故姑試爲妄說，別進一新解焉。

鄙意以爲欲瞭解此詩，第一，須知當時文體之關係。第二，須知當時文人之關係。

何謂文體之關係？宋趙彥衛雲麓漫鈔捌云：

唐之舉人，先藉當世顯人以姓名達之主司，然後以所業投獻。踰數日又投，謂之溫卷，如幽怪錄傳奇等皆是也。蓋此等文備衆體，可以見史才，詩筆，議論。至進士則多以詩爲贄。今有唐詩數百種行於世者是也。

寅恪案：趙氏所述唐代科舉士子風習，似與此詩絕無關涉。然一考當日史實，則不能不於此注意。蓋唐代科舉之盛，肇於高宗之時，成於玄宗之代，而極於德宗之世。德宗本爲崇獎文詞之君主，自貞元以後，尤欲以文治粉飾苟安之政局。就政治言，當時藩鎮跋扈，武夫橫恣，固爲紛亂之狀態。然就文章言，則其盛況殆不止追及，且可超越貞觀開元之時代。此時之健者有韓柳元白，所謂「文起八代之衰」之古文運動，即發生於此時，殊非偶然也。又中國文學史中別有一可注意之點焉，即今日所謂唐代小說者，亦起於貞元元和之世，與古文運動實同一時，而其時最佳小說之作者，實亦即古文運動中之中堅人物是也。此二者相互之關係，自來未有論及之者。寅恪嘗草一文略言之，題曰韓愈與唐代小說，載哈佛大學亞細亞學報第壹卷第壹期。其要旨以爲古文之興起，乃其時古文家以古文試作小說，而能成功之所致，而古文乃最宜於作小說者也。拙文所以得如斯之結論者，因見近年所發現唐代小說，如敦煌之俗文學，及日本遺存之遊仙窟等，與洛陽出土之唐代非士族之墓誌等，其著者大致非當時高才文士，（張文成例外。）而其所用以著述之文體，駢文固已腐化，即散文亦極端公式化，實不勝敍寫表達人情物態世法人事之職任。其低級駢體之敦煌俗文學及燕山外史式之遊仙窟等，皆世所習見，不復具引。茲節錄公式化之墓誌文二通以供例證如下。

芒洛冢墓遺文肆編叁安師墓誌云：

君諱師，字文則，河南洛陽人也。十六代祖西華國君，東漢永平中，遣子仰入侍，求爲屬國，乃以仰爲幷州刺史，因家洛陽焉。

又康達墓誌云：

君諱達，自(字？)文則，河南伊闕人也。□以□因家河□焉。

今觀兩誌文因襲雷同公式化之可笑，一至若此，則知非大事創革不可。是昌黎河東集中碑誌傳記之文所以多創造之傑作，而諛墓之金爲應得之報酬也。夫當時敍寫人生之文衰弊至極，欲事改進，一應革去不適描寫人生之已腐化之駢文，二當改用便於創造之非公式化之古文，則其初必須嘗試爲之。然碑誌傳記爲敍述眞實人事之文，其體尊嚴，實不合於嘗試之條件。而小説則可爲駁雜無實之説，既能以俳諧出之，又可資雅俗共賞，實深合嘗試且兼備宣傳之條件。此韓愈之所以爲愛好小説之人，致爲張籍所譏。觀於文昌遺書退之之事，如唐摭言伍切磋條（參韓昌黎集壹肆答張籍書注，重答張籍書注，及全唐文陸捌肆張籍上韓昌黎書，上韓昌黎第二書。）云：

韓文公著毛穎傳，好博簺之戲。張水部以書勸之。其一曰，比見執事多尚駁雜無實之説，使人陳之於前以爲歡，此有以累於令德。其二曰，君子發言舉足，不遠於理，未嘗聞以駁雜無實之説爲戲也。執事每見其説，亦拊抃呼笑，是撓氣害性，不得其正矣。

可知也。

是故唐代貞元元和間之小説，乃一種新文體，不獨流行當時，復更輾轉爲後來所則效，本與唐代古文同一原起及體製也。唐代舉人之以備具衆體之小説之文求知於主司，即與以古文詩什投獻者無異。元稹李紳撰鶯鶯傳及歌於貞元時，白居易與陳鴻撰長恨歌及傳於元和時，雖非如趙氏所言是舉人投獻主司之作品，但實爲貞元元和間新興之文體。此種文體之興起與古文運動有密切關係，其優點在便於創造，而其特徵則尤在備具衆體也。

既明乎此，則知陳氏之長恨歌傳與白氏之長恨歌非通常序文與本詩之關係，而爲一不可分離之共同機構。趙氏所謂「文備衆體」中，「可以見詩筆」（趙氏所謂詩筆係與史才并舉者。史才指小說中敍事之散文言。詩筆即謂詩之筆法，指韻文而言。其筆字與六朝人之以無韻之文爲筆者不同。）之部分，白氏之歌當之。其所謂「可以見史才」「議論」之部分，陳氏之傳當之。後人昧於此義，遂多妄說，如沈德潛唐詩別裁捌選長恨歌評云：

迷離恍惚，不用收結，此正作法之妙。

又唐宋詩醇貳貳云：

結處點清長恨，爲一詩結穴。戛然而止，全勢已足，不必另作收束。

初視之，其言似皆甚允當。詳繹之，則白氏此歌乃與傳文爲一體者。其眞正之收結，即議論與夫作詩之緣起，乃見於陳氏傳文中。傳文略云：

〔王〕質夫舉酒於樂天前曰，樂天深於詩，多於情者也。試爲歌之如何？樂天因爲長恨歌。意者不但感其事，亦欲懲尤物，窒亂階，垂於將來也。歌既成，使鴻傳焉。世所不聞者，予非開元遺民，不得知。世所知者，有玄宗本紀在。今但傳長恨歌云爾。

此節諸語正與元氏鶯鶯傳末結束一節所云：

時人多許張爲善補過者。予嘗於朋會之中，往往及此意者，使夫知者不爲，爲之者不惑。貞元歲九月，執事（？）李公垂宿於予靖安里第，語及於是。公垂卓然稱異，遂爲鶯鶯歌以傳之。崔氏小名鶯鶯，公垂以命篇。

適相符合。而李氏之鶯鶯歌，其詩最後數語亦爲：

詩中報郎含隱語。郎知暗到花深處。三五月明當户時，與郎相見花間語。（語字從董解元西廂本，他本作路。）

然則鶯鶯歌雖不似長恨歌之迷離恍惚，但亦不用所謂收結者，其故何耶？蓋鶯鶯傳既可謂之會眞記，（見拙著讀鶯鶯傳，載歷史語言研究所集刊第拾本第壹分。今附於第四章後。）故鶯鶯歌亦可謂之會眞歌。鶯鶯歌以「與郎相見」即會眞結，（會眞之義與遇仙同，說詳拙著讀鶯鶯傳。）與長恨歌以長恨結，正復相同。至於二詩之眞正收結，則又各在其傳文之中也。二詩作者不同，價値亦異，而其體裁實無一不合。蓋二者同爲具備衆體之小說中之歌詩部分也。後世評長恨歌者，如前所引二例，於此全未明瞭，宜乎其贊美樂天，而不得其道矣。

更取韓退之小說作品觀之，（詳見拙著韓愈與唐代小說，載哈佛亞細亞學報第壹卷第壹期。）如昌黎集貳壹石鼎聯句序及詩，即當時流行具備衆體之小說文也。其序略云：

二子（侯喜劉師服。）因起謝曰，尊師（軒轅彌明。）非世人也，其伏矣，願爲弟子，不敢更論詩。道士奮曰，不然，章不可以不成也。又謂劉曰，把筆來，吾與汝就之。即又唱出四十字爲八句，書訖便讀。讀畢，謂二子曰，章不已就乎。二子齊應曰，就矣。

寅恪案：此八句四十字，即石鼎聯句之末段。其詞云：

全勝瑚璉貴，空有口傳名。豈比俎豆古，不爲手所撜。磨礱去圭角，浸潤著光精。願君莫嘲誚，此物方施行。

此篇結句「此物」二字，即「石鼎」之代稱。亦正與李公垂之鶯鶯歌，即會眞歌之「與郎相見」，白樂天長恨歌之「此恨綿綿」，皆以結局之詞義爲全篇之題名，結構全同。於此可以知當時此種文章之體制，而不妄事評贊矣。復次，洪氏韓公年譜云：

或謂軒轅寓公姓，彌明寓公名，蓋以文滑稽耳。是不然，劉侯雖皆公門人，然不應譏誚如是之甚。且言彌明形貌聲音之陋，亦豈公自詞耶？而列仙傳又有彌明傳，要必有是人矣。

朱子考異云：

今按此詩句法全類韓公。而或者所謂寓公姓名者。蓋軒轅反切近韓字，彌字之意又與愈字相類，即張籍所譏與人爲無實駁雜之説者也。故竊意或者之言近是。洪氏所疑容貌聲音之陋，乃故爲幻語，以資笑謔，又以亂其事實，使讀者不之覺耳。若列仙傳，則又好事者，因此序而附著之，尤不足以爲據也。

寅恪案：朱子説甚諦，其深識當時文章體裁，殊非一般治唐文者所及。故不嫌駢贅，并附於此，以資參校。

何謂文人之關係？白氏長慶集貳捌與元九書云：

與足下小通，則以詩相戒。小窮，則以詩相勉。索居，則以詩相慰。同處，則以詩相娛。

元白二人作詩，相互之密切關係，此數語已足以盡之，不必更別引其他事實以爲證明。然元白二人之作詩，亦各受他一人之影響，自無待論。如前引全唐詩第壹陸函白居易壹陸編集拙詩成一十五卷因題卷末戲贈元九李二十詩「每被老元偷格律」句樂天自注云：

元九向江陵日，嘗以拙詩一軸贈行，自後格變。

又「苦教短李伏歌行」句自注云：

李二十嘗自負歌行，近見予樂府五十首，默然心伏。

蓋白氏長慶集貳和答詩十首序略云：

〔元和〕五年春，微之左轉爲江陵士曹掾。僕職役不得去，命季弟送行，且奉新詩一軸致於執事，凡二十章，欲足下在途諷讀。及足下到江陵，寄在路所爲詩十七章，皆得作者風。豈僕所奉者二十章，遽能開足下聰明使之然耶？何立意措辭與足下前時詩，如此之相遠也。

又元氏長慶集貳肆和李校書新題樂府二十首序云：

予友李公垂，貺予樂府新題二十首。雅有所謂，不虛爲文。予取其病時之尤急者，列而和之，蓋十二而已。

今白氏長慶集叁肆兩卷所載新樂府五十首，即因公垂微之所詠而作也。其所以使李氏心伏者，乃由當時文士各出其所作互事觀摩，爭求超越，如白氏長慶集貳和答詩十首序云：

> 旬月來多乞病假，假中稍閑，且摘卷中尤者，繼成十章，亦不下三千言。其間所見，同者固不能自異，異者亦不能強同。同者謂之和，異者謂之答。

今并觀同時諸文人具有互相關係之作品，知其中於措辭(即文體。)則非徒仿效，亦加改進。於立意(即意旨。)則非徒沿襲，亦有增創。蓋仿效沿襲即所謂同，改進增創即所謂異。苟今世之編著文學史者，能盡取當時諸文人之作品，考定時間先後，空間離合，而總滙於一書，如史家長編之所爲，則其間必有啓發，而得以知當時諸文士之各竭其才智，競造勝境，爲不可及也。

據上所論，則知白陳之長恨歌及傳，實受李元之鶯鶯歌及傳之影響，而微之之連昌宮詞，又受白陳之長恨歌及傳之影響。其間因革演化之跡，顯然可見。茲釋長恨歌，姑就鶯鶯歌及傳與長恨歌及傳言之，暫置連昌宮詞不論焉。

據鶯鶯傳云：

> 貞元歲九月，執事(?)李公垂宿於予靖安里第，語及於是。公垂卓然稱異，遂爲鶯鶯歌以傳之。(此節上已引。)

貞元何年，雖闕不具。但貞元二十一年八月即改元永貞，是傳文之貞元歲，決非貞元二十一年可知。

又鶯鶯傳有：

　　後歲餘，崔已委身於人，張亦有所娶。

之語。則據才調集伍微之夢遊春七十韻云：

　　一夢何足云，良時事婚娶。當年二紀初，佳節三星度。朝蕣玉佩迎，高松女蘿附。韋門正全盛，出入多歡裕。

韓昌黎集貳肆監察御史元君妻京兆韋氏夫人墓誌銘云：

　　夫人於（韋）僕射（夏卿）爲季女。愛之，選婿得今御史河南元稹。稹時始以選校書秘書省中。

及白氏長慶集陸壹河南元公墓誌銘（舊唐書壹陸陸元稹傳同。）云：

　　（貞元十八年）年二十四，試判入四等，署秘省校書。

是又必在貞元十八年微之婚于韋氏之後（微之時年二紀，即二十四。）而鶯鶯傳復有：

　　自是絕不復知矣。

一言，則距微之婚期必不甚近。然則貞元二十年乃最可能者也。又據長恨歌傳略云：

　　元和元年冬十二月，太原白樂天自校書郎尉於盩厔。鴻與琅琊王質夫家於是邑，暇日相攜遊仙遊寺，話及此事。樂天因爲長恨歌。

此則長恨歌及傳之作成在鶯鶯歌及傳作成之後。其傳文即相當於鶯鶯傳文，歌詞即相當於鶯鶯歌詞及會眞等詩，是其因襲相同之點也。至其不同之點，不僅文句殊異，乃特在一爲人世，一爲仙山。一爲生離，一爲死別。一爲生而負情，一爲死而長恨。其意境宗旨，迥然分別，俱可稱爲超妙之文。若其關於帝王平民（鶯鶯非出高門，說詳拙著讀鶯鶯傳。）貴賤高下所寫之各殊，要微末而不足論矣。復次，就文章體裁演進之點言之，則長恨歌者，雖從一完整機構之小說，即長恨歌及傳中分出別行，爲世人所習誦，久已忘其與傳文本屬一體。然其本身無眞正收結，無作詩緣起，實不能脫離傳文而獨立也。至若元微之之連昌宮詞，則雖深受長恨歌之影響，然已更進一步，脫離備具衆體詩文合併之當日小說體裁，而成一新體，俾史才詩筆議論諸體皆匯集融貫於一詩之中，（其詳俟於論連昌宮詞章述之。）使之自成一獨立完整之機構矣。此固微之天才學力之所致，然實亦受樂天新樂府體裁之暗示，而有所摹仿。故樂天於「每被老元偷格律，苦教短李伏歌行。」之句及自注「元九向江陵日，嘗以拙詩一軸贈行，自後格變。」「李二十嘗自負歌行，近見吾樂府五十首，默然心伏。」之語，明白言之。世之治文學史者可無疑矣。

又宋人論詩，如魏泰臨漢隱居詩話，張戒歲寒堂詩話之類，俱推崇杜少陵而貶斥白香山。謂樂天長恨歌詳寫燕昵之私，不曉文章體裁，造語蠢拙，無禮於君。喜舉老杜北征詩「未聞夏殷衰，中自誅褒妲。」一節，及哀江頭「昭陽殿裏第一人，同輦隨君侍君側。」一節，以爲例證。殊不知長恨歌本爲當時小説文中之歌詩部分，其史才議論已別見於陳鴻傳文之内，歌中自不涉及。而詳悉敍寫燕昵之私，正是言情小説文體所應爾，而爲元白所擅長者。（見拙著讀鶯鶯傳。）如魏張之妄論，眞可謂「不曉文章體裁，造語蠢拙。」也。又汪立名駁隱居詩話之言（見汪本壹貳。）云：

此論爲推尊少陵則可，若以此貶樂天則不可。論詩須相題，長恨歌本與陳鴻王質夫話楊妃始終而作，猶慮詩有未詳，陳鴻又作長恨歌傳，所謂不特感其事，亦欲懲尤物，窒亂階，垂於將來也。自與北征詩不同。若諱馬嵬事實，則長恨二字便無着落矣。

是以陳鴻作傳爲補長恨歌之所未詳，即補充史才議論之部分，則不知此等部分，爲詩中所不應及，不必詳者。然則汪氏不解當日小説體裁之爲何物，猶有強作解事之嫌也。（見校補記第四則）歌云：

漢皇重色思傾國。御宇多年求不得。楊家有女初長成，養在深閨人未識。天生麗質難自棄，一朝選在君王側。迴眸一笑百媚生，六宫粉黛無顏色。

容齋續筆貳唐詩無諱避條略云：

唐人歌詩，其於先世及當時事，直詞詠寄，略無隱避。至宫禁嬖昵，非外間所應知者，皆反覆極言，而上之人亦不以爲罪。如白樂天長恨歌諷諫諸章，元微之連昌宫詞始末，皆爲明皇而發。杜子美尤多。此下如張祜賦連昌宫等三十篇，大抵詠開元天寶間事。李義山華清宫等諸詩亦然。今之詩人不敢爾也。

寅恪案：洪氏之説是也。唐人竟以太眞遺事爲一通常練習詩文之題目，此觀於唐人詩文集即可瞭然。但文人賦詠，本非史家紀述。故有意無意間逐漸附會修飾，歷時既久，益復曼衍滋繁，遂成極富興趣之物語小説，如樂史所編著之太眞外傳是也。

若依唐代文人作品之時代，一考此種故事之長成，在白歌陳傳之前，故事大抵尚局限於人世，而不及於靈界，其暢述人天生死形魂離合之關係，似以長恨歌及傳爲創始。此故事既不限現實之人世，遂更延長而優美。然則增加太眞死後天上一段故事之作者，即是白陳諸人，洵爲富於天才之文士矣。雖然，此節物語之增加，亦極自然容易，即從漢武帝李夫人故事附益之耳。陳傳所云「如漢武帝李夫人。」者，是其明證也。故人世上半段開宗明義之「漢皇重色思傾國」一句，已暗啓天上下半段之全部情事。文思貫澈鈎結如是精妙。特爲標出，以供讀者之參考。寅恪於此，雖不免有金人瑞以八股文法評西廂記之嫌疑，然不敢辭也。（可參新樂府章李夫人篇。）

趙與旹賓退錄玖云：

白樂天長恨歌書太眞本末詳矣，殊不爲魯諱。然太眞本壽王妃，顧云楊家有女云云。蓋宴昵之私，猶可以書，而大惡不容不隱。陳鴻傳則略言之矣。（見校補記第一則）

又史繩祖學齋佔畢壹云：

唐明皇納壽王妃楊氏，本陷新臺之惡，而白樂天所賦長恨歌，則深沒壽邸一段，蓋得孔子答陳司敗遺意矣。春秋爲尊者諱，此歌深得之。

寅恪案：關於太眞入宮始末爲唐史中一重公案，自來考證之作亦已多矣。清代論茲事之文，如朱彝尊曝書亭集伍伍書楊太眞外傳後，杭世駿訂譌類編貳楊氏入宮并竊笛條，章學誠章氏遺書外編叁丙辰劄記等，似俱能持之有故，言之成理，而以朱氏之文爲最有根據。蓋竹垞得見當時不甚習見之材料，如開元禮及唐大詔令集諸書，大宗實齋不過承用竹垞之說，而推衍之耳。今止就朱氏所論辨證其誤，雖於白氏之文學無大關涉，然可藉以了却此一重考據公案也。

曝書亭集伍伍書楊太眞外傳後略云：

太眞外傳，宋樂史所撰。稱妃以開元二十二年十一月歸於壽邸。二十八年十月玄宗幸溫泉宮，使高力士取於壽邸，度爲女道士，住内太眞宮。此傳聞之謬也。按唐大詔令（集）載開元二十三年十二月二十四日遣户部尚書同中書門下（平章事）李林甫，副以黄門侍郎陳希烈，册河南府士曹參軍楊玄璬長女爲壽王妃。考之開元禮，皇太子納妃，將行納采，皇帝臨軒命使。降而親王，禮儀有殺，命使則同。由納采而問名，而納吉，而納徵，而請期，然後親迎，同牢。備禮動需卜日，無納采受册即歸壽邸之禮也。越明年，武惠妃薨，後宮無當帝意者。或奏妃姿色冠代，乃度爲女道士。勅曰，壽王瑁妃楊氏，素以端毅，（寅恪案：毅章氏引作懟。）作嬪藩國。雖居榮貴，每在清修。屬太后忌辰，永懷追福，以茲求度。雅志難違，用敦弘道之風，特遂由衷之請，宜度爲女道士。蓋帝先注意於妃，顧難奪之朱邸，思納諸禁中，乃言出自妃意。所云作嬪藩國者，據妃曾受册云然。其曰太后忌辰者，昭成竇后以長壽二年正月二日受害，則天后以建子月爲歲首，中宗雖復舊用夏正，即正月行香廢務，直至順宗永貞元年，方改正以十一月二日爲忌辰。開元中猶循中宗行香之舊，是妃入道之期當在開元二十五年正月二日也。妃既入道，衣道士服入見，號曰太眞。史稱不朞歲禮遇如惠妃。然則妃由道院入宫，不由壽邸。陳鴻長恨傳謂高力士潛搜外宫，得妃於壽邸，與外傳同其謬。然張俞驪山記謂妃以處子入宫，似得其實。而李商隱碧城三首，一詠妃入道，一詠妃未歸壽邸，一詠帝與妃定情係七月十六日，證以武皇内傳分明在，莫道人間總不知。是足當詩史矣。

寅恪案：朱氏考證之文，似極可信賴。然一取其他有關史料覈之，其誤即見。其致誤之由，在不加詳考，遽信舊唐書伍壹后妃傳玄宗楊貴妃傳所云：

〔開元〕二十四年〔武〕惠妃薨。

一語，但同書同卷與玄宗楊貴妃傳連接之玄宗貞順皇后武氏傳云：

惠妃以開元二十五年十二月薨。

而竹垞所以未及注意此二傳紀載之衝突者，殆由新唐書柒陸后妃傳玄宗楊貴妃傳亦承用舊傳「開元二十四年武惠妃薨。」之文。朱氏當日僅參取新書楊妃傳，而未别考他傳及他書。不知新書柒陸后妃傳於玄宗貞順皇后武氏傳，特刪去舊傳「開元二十五年薨。」之語。豈宋子京亦覺其矛盾耶？夫武惠妃薨年爲開元二十五年，非二十四年，可以兩點證明。第一，舊唐書武惠妃傳薨於開元二十四年之紀載與其他史料俱不合。第二，武惠妃薨於開元二十四年於當時情事爲不可能。先就第一點言之，如：

舊唐書玖玄宗紀下云：

〔開元二十五年〕十二月丙午，惠妃武氏薨，追謚爲貞順皇后。

新唐書伍玄宗紀云：

〔開元二十五年〕十二月丙午，惠妃薨。丁巳追册爲皇后。

唐會要叁皇后門略云：

玄宗皇后武氏。后幼入宫，賜號惠妃。開元二十五年十二月七日薨。（年四十。）贈皇后，謚曰貞順。

通鑑貳壹肆唐紀叁拾玄宗紀云：

〔開元二十五年〕十二月丙午，惠妃武氏薨，贈謚貞順皇后。

大唐新語壹壹懲戒篇云：

三庶以〔開元〕二十五年四月二十三日死。武妃以十二月甍。（薨？）

可知武惠妃開元二十五年薨說，幾爲全部史料之所同，而舊唐書楊貴妃傳武惠妃開元二十四年薨說，雖爲新唐書楊貴妃傳所沿襲誤用，實仍是孤文單紀也。（今本樂史楊太眞外傳上云：「〔開〕元二十一年十一月〔武〕惠妃即世。」乃數字傳寫譌誤，可不置辨。又可參劉文典先生群書斠補。）再就第二點言之，舊唐書壹佰柒廢太子瑛傳敍玄宗之殺三庶人即太子瑛鄂王瑤光王琚事略云：

及武惠妃寵幸，〔瑛生母趙〕麗妃恩乃漸弛。時鄂王瑤母皇甫德儀，光王琚母劉才人亦漸疏薄。瑛於內第與鄂光王等自謂母氏失職，嘗有怨望。惠妃女咸宜公主出降於楊洄。〔開元〕二十五年四月，楊洄又構於惠妃。言瑛兄弟三人，常構異謀。玄宗使中官宣詔於宮中，并廢爲庶人，俄賜死於城東驛。其年，武惠妃數見三庶人爲祟，怖而成疾，巫者祈請彌月，不痊而殞。

傳文之神話附會姑不論，但若武惠妃早薨於開元二十四年，則三庶人將不致死於二十五年四月矣。此武惠妃薨於開元二十四年，所以於當時情事，爲不可能。而依朱氏所考，楊妃於開元二十五年正月二日即已入宮，實則其時武惠妃尚在人間。豈不成爲尹邢覿面？是朱氏所謂：

武惠妃薨，後宮無當帝意者。或奏妃姿色冠代，乃度爲女道士。

即謂楊貴妃爲武惠妃之替身者，亦絕對不可能矣。

又朱氏所根據之材料，今見適園叢書本唐大詔令集肆拾，其册壽王楊妃文年月爲開元二十三年歲次乙亥十二月壬子朔二十四日乙亥。册壽王韋妃文爲天寶四載歲次乙酉七月丁卯朔二十六日壬辰。至度壽王妃（楊氏）爲女道士敕文，則不載年月。全唐文叁伍及叁捌均同。通鑑貳壹肆唐紀亦著開元二十三年十二月乙亥册故蜀州司戶楊玄琰女爲壽王妃。此條考異云：「實錄載册文云楊玄璬長女。」蓋唐大詔令集之所載，乃宋次道采自唐實錄也。又通鑑貳壹伍唐紀天寶四載秋七月壬午册韋昭訓女爲壽王妃。八月壬寅册楊太眞爲貴妃。其考異云：

統紀八月册女道士楊氏爲貴妃。本紀甲辰。唐曆甲寅。今據實錄，壬寅，贈太眞妃父玄琰等官。甲辰甲寅皆在後，恐册妃在贈官前。新本紀亦云，八月壬寅，立太眞爲貴妃。今從之。

寅恪案：楊氏之度爲女道士入宮與册爲貴妃本爲先後兩事。其度爲女道士，實無詳確年月可尋。而章實齋考此事文中「天寶四載乙酉有度壽王妃楊氏入道册文。」云云，豈司馬君實朱錫鬯所不能見之史料，而章氏尚能知之耶？實誤會臆斷所致，轉以「朱竹垞所考入宮亦未確。」爲言，恐不足以服朱氏之心。至杭大宗之文，亦不過得見錢曾讀書敏求記肆集部唐大詔令集提要，及曝書亭集敷衍而爲之說，未必眞見第一等材料而詳考之也。

復次，朱氏唐代典禮制度之說，似極有根據，且依第一等材料開元禮爲說。在當時，開元禮尚非甚習見之書，或者使人不易辨別其言之當否。獨不思世人最習見之通典，其書壹佰陸至壹肆拾爲開元禮纂類，其五禮篇目下注云：

謹按斯禮，開元二十年撰畢。自後儀法續有變改，並具沿革篇。爲是國家修纂，今則悉依舊文，敢輒有刪改。本百五十卷，類例成三十五卷，冀尋閱易周，覽之者幸察焉。

足徵杜氏悉依開元禮舊文，節目並無更改。其書壹貳玖禮典捌玖開元禮纂類貳肆嘉禮捌親王納妃條所列典禮先後次第，爲(一)納采。(二)問名。(三)納吉。(四)納徵。(五)請期。(六)册妃。(七)親迎。(八)同牢。(九)妃朝見。(一〇)婚會。(一一)婦人禮會。(一二)饗丈夫送者。(一三)饗婦人送者。其册妃之前爲請期，其後即接親迎，同牢。是此三種典禮之間，雖或有短期間之距離，然必不致太久。即如朱氏所考楊氏之受册爲壽王妃在開元二十三年十二月二十四日，度爲女道士在開元二十五年正月二日，則其間相隔已逾一歲，頗已有舉行親迎同牢之危險矣。何況開元二十五年正月二日武惠妃尚在人間，其薨年實在開元二十五年十二月七日。（朱氏所考竇氏忌辰爲正月二日，乃依據唐會要貳叁忌日門永貞元年十二月中書門下之奏。及册壽王妃楊氏爲開元二十三年十二月二十四日，乃依唐大詔令集。皆甚精確。）是楊氏入宮，至早亦必在開元二十六年正月二日。其間相隔至少已越兩歲，豈有距離如是長久，既已請期而不親迎同牢者乎？由此觀之，朱氏「妃以處子入宮似得其實。」之論，殊不可信從也。

至楊氏究以何時入宫，則度壽王妃楊氏爲女道士敕文雖無年月，然必在開元二十五年十二月七日武惠妃薨以後，天寶四載八月壬寅日即十七日册楊太眞爲貴妃以前。新唐書伍玄宗紀云：

開元二十八年十月甲子，幸溫泉宫。以壽王妃楊氏爲道士，號太眞。

南部新書辛云：

楊妃本壽王妃，〔開元〕二十八年，度爲道士入内。

楊太眞外傳上云：

〔開元〕二十八年十月，玄宗幸溫泉宫。使高力士取楊氏女於壽邸。度爲女道士，號太眞，住内太眞宫。

正史小説中諸紀載何所依據，今不可知。以事理察之，所記似最爲可信。姑假定楊氏以開元二十八年十月爲玄宗所選取，其度爲女道士敕文中之太后忌辰，乃指開元二十九年正月二日睿宗昭成竇后之忌日。雖不中，不遠矣。又資治通鑑紀度壽王妃楊氏爲女道士入宫事於天實三載之末，亦有説焉。通鑑紀事之例，無確定時間可稽者，則依約推測，置於某月，或某年，或某帝紀之末，或與某事有關者之後。司馬君實蓋以次年即天寶四載有册壽王妃韋氏及立太眞妃楊氏爲貴妃事，因追書楊氏入道於前一歲，即天寶三載裴敦復賂楊太眞姊致裴寬貶官事之後耳。其實非有確定年月可據也。

但讀者若以楊氏入宮即在天寶三載，則其時上距武惠妃之薨已逾六歲，於事理不合。至册韋昭訓女爲壽王妃事，竟遲至天寶四載者，則以其與册楊太眞爲貴妃事，互爲關聯。喜劇之一幕，至此始公開揭露耳。宮闈隱秘，史家固難深悉，而通鑑編撰時，此度壽王妃楊氏爲女道士敕文已無年月日可考，亦可因而推知也。

歌云：

> 春寒賜浴華清池。溫泉水滑洗凝脂。侍兒扶起嬌無力，始是新承恩澤時。

關於玄宗臨幸溫泉之時節，俟於下文考釋「七月七日長生殿，夜半無人私語時。」句時詳辨之，姑不贅言。

茲止論賜浴華清池事。按唐六典壹玖溫湯監一人正七品下注略云：

> 辛氏三秦紀云，驪山西有溫湯，漢魏以來相傳能蕩邪蠲疫。今在新豐縣西。後周庾信有溫泉碑。皇朝置溫泉宮，常所臨幸。又天下諸州往往有之，然地氣溫潤，殖物尤早，卉木凌冬不凋，蔬果入春先熟，比之驪山，多所不逮。

又丞一人從八品下注云：

> 凡王公以下至於庶人，湯泉館室有差，別其貴賤而禁其踰越。凡近湯之地，潤黷(澤?)所及，瓜果之屬，先時而育者，必爲之園畦，而課其樹藝。成熟，則苞匭而進之，以薦陵廟。

寅恪案：溫泉之浴，其旨在治療疾病，除寒祛風。非若今世習俗，以爲消夏逭暑之用者也。此旨即玄宗亦嘗自言之，如全唐詩第壹函明皇帝詩中有：

惟此溫泉，是稱愈疾。豈予獨受其福，思與兆人共之。乘暇巡遊，乃言其志。

桂殿與山連。蘭湯湧自然。陰崖含秀色，溫谷吐潺湲。績爲蠲邪著，功因養正宣。願言將億兆，同此共昌延。（此條失之眉睫，友朋中夏承燾先生首舉以見告，甚感愧也。）

及幸鳳泉湯五言排律云：

益齡仙井合，愈疾醴源通。

皆可爲例證也。中唐以後以至宋代之文人，似已不盡瞭解斯義。故有荔枝香曲名起原故事之創造，及七夕長生殿私誓等物語之增飾。今不得不略爲辨正。蓋漢代宮中即有溫室，如漢書孔光傳所謂，「不言溫室樹。」者是也。倭名抄佛塔具之部云：

溫室，內典有溫室經。今按溫室，即浴室也。俗名由夜。溫泉一名湯泉。百病久病人入此水多愈矣。

寅恪案：今存內典中有北周惠遠撰溫室經義記一卷，（大正藏壹柒玖叁號。）又近歲發見敦煌石室寫本中亦有唐惠淨撰溫室經疏一卷，（倫敦博物院藏斯坦因號貳肆玖柒。）此經爲東漢中亞佛教徒安世高所譯。（即使出自依託，亦必六朝舊本。）其書託之天竺神醫耆域，廣張溫湯療疾之功用，乃中亞所傳天竺之醫方明也。頗疑中亞溫湯療疾之理論及方法，尚有更早於世高之時者，而今不可詳知矣。由北周惠遠爲此經作疏及同時庾信王褒爲溫湯作碑文事等（庾子山集壹叁藝文類聚玖初學集柒。）觀之，固可窺知其時溫湯療疾之風氣。但子山之文作於北周明帝世任弘農太守時，實在「武帝天和三年三月皇后阿史那氏至自突厥。」（見周書伍武帝紀。）以前，故此風氣亦不必待締婚突厥方始輸入。考之北朝史籍如魏書肆壹源賀傳（北史貳捌源賀傳同。）云：

> 太和元年二月，療疾於溫湯。高祖文明太后遣使者屢問消息，太醫視疾。患篤，還京師。

北齊書叁肆楊愔傳（北史肆壹楊播傳附愔傳同。）云：

> 後取急，就雁門溫湯療疾。

魏書捌肆儒林傳常爽傳（北史肆貳常爽傳同。）云：

> 爽置館溫水之右，教授門徒七百餘人。京師學業，翕然復興。

水經注壹叁灅水篇引魏土地記云：

> 代城北九十里有桑乾城。城西渡桑乾水。去城十里有溫湯，療疾有驗。

可知溫湯療疾之風氣，本盛行於北朝貴族間。唐世溫泉宮之建置，不過承襲北朝習俗之一而已。歷代宮殿中如漢代之溫室，唐代紫宸殿東之浴堂殿，（可參考通鑑貳叁柒唐紀元和二年上召李絳對於浴堂條胡注。）雖不必供洗浴之用，但其名號疑皆從溫湯療疾之胡風輾轉嬗蛻而來。今北京故宮武英殿之浴室，世所妄傳爲香妃置者，殆亦明清因沿前代宮殿建築之舊稱耶？又今之日本所謂風呂者，原由中國古代輸入，或與今歐洲所謂土耳其浴者，同爲中亞故俗之遺。寅恪淺陋，姑妄言之，以俟當世博識學人之教正焉。

總而言之，溫湯爲療疾之用之主旨既明，然後玄宗之臨幸華清，必在冬季或春初寒冷之時節，始可無疑。而長生殿七夕私誓之爲後來增飾之物語，並非當時眞確之事實一點，亦易證明矣。

歌云：

雲鬢花顔金步搖。芙蓉帳暖度春宵。

太眞外傳上云：

上（玄宗）又自執麗水鎭庫紫磨金琢成步搖，至妝閣，親與插鬢上。

寅恪案：樂史所載，未詳其最初所出。或者即受長恨歌之影響，而演成此物語，亦未可知。但依安祿山事蹟下及新唐書叁肆五行志所述，天寶初婦人時世妝有步搖釵。（見下新樂府章上陽白髮人篇。）楊妃本以開元季年入宮，其時間與姚歐所言者連接。然則樂天此句不僅爲詞人藻飾之韻語，亦是史家紀事之實錄也。

歌云：

姊妹弟兄皆列土。可憐光彩生門户。遂令天下父母心，不重生男重生女。

寅恪案：唐黃(滔)先生文集柒答陳磻隱論詩書云：

大唐前有李杜，後有元白。信若滄溟無際，華嶽干天。然自李飛數賢，多以粉黛爲樂天之罪。殊不謂三百五篇多乎女子，蓋在所指說如何耳。至如長恨歌云，遂令天下父母心，不重生男重生女。此刺以男女不常，陰陽失倫。其意險而奇，其文平而易。所謂言之者無罪，聞之者足以自戒哉。

寅恪案：黃氏所言，亦常談耳。但唐人評詩，殊異於宋賢苛酷迂腐之論，於此可見。故附錄之。

歌云：

驪宮高處入青雲。仙樂風飄處處聞。緩歌慢舞凝絲竹。盡日君王看不足。漁陽鞞鼓動地來，驚破霓裳羽衣曲。

寅恪案：全唐詩第壹陸函白居易貳壹霓裳羽衣(原注：一有舞字。寅恪案：有舞字者是。)歌(原注：和微之。)云：

飄然轉旋迴雪輕。嫣然縱送游龍驚。小垂手後柳無力，斜曳裾時雲欲生。

四句皆霓裳舞之初態。

樂天自注云：

此可供慢舞義之參考。又白氏長慶集伍肆早發赴洞庭舟中作云：

出郭已行十五里，唯銷一曲慢霓裳。

寅恪案：此亦可與緩歌之義相證發。故並附錄之。但有可疑者，霓裳羽衣舞歌云：

繁音急節十二遍，跳珠撼玉何鏗錚。

則謂中序以後至終曲十二遍皆繁音急節，似與緩歌慢舞不合。豈樂天作長恨歌時在入翰林之前。非如後來作「霓裳羽衣歌」所云：

我昔元和侍憲皇。曾陪内宴宴昭陽。

者，乃依據在翰林時親見親聞之經驗。致有斯歧異耶？姑記此疑，以俟更考。

又「看不足」別本有作「聽不足」者，非是。蓋白公霓裳羽衣舞歌云：

千歌萬舞不可數。就中最愛霓裳舞。舞時寒食春風天。玉鉤欄下香案前。案前舞者顔如玉。不著人家俗衣服。虹裳霞帔步搖冠。鈿瓔累累珮珊珊。娉婷似不任羅綺。顧聽樂懸行復止。

皆形容舞者。既著重於舞，故以作「看」爲允。

自來考證霓裳羽衣舞之作多矣。其中宋王灼碧雞漫志所論頗精。近日遠籐實夫長恨歌之研究一書，徵引甚繁。總而言之，其重要材料有二，一爲唐會要，一爲全唐詩第壹陸函白居易貳壹霓裳羽衣舞歌。茲請據此兩者略論之。唐會要叁叁諸樂條天寶十三載七月十日太樂署供奉曲名及改諸樂名黃鐘商時號越調下有：

婆羅門改爲霓裳羽衣。

之紀載。是此霓裳羽衣本名婆羅門，可與樂天霓裳羽衣舞歌「楊氏創聲君造譜」句自注所言：

開元中，西涼府節度楊敬述造。

者相印證。又舊唐書捌玄宗紀上（舊唐書壹玖肆突厥傳上新唐書伍玄宗紀貳壹伍突厥傳上通鑑貳壹貳唐紀貳捌玄宗紀開元八年十一月九年正月等條略同。）云：

（開元八年）秋九月，突厥（暾）欲谷寇甘源（源通鑑作涼。）等州。涼州都督楊敬述爲所敗，掠契苾部落而歸。

其所紀時代，姓名，官職與白氏所言均相符同，足證白氏此說必有根據。然則此曲本出天竺，經由中亞，開元時始輸入中國。（遠籐氏取印度祀神，舞於香案鈎欄前者，以相比擬。或不致甚謬，而劉禹錫望女几山詩序，鄭嵎津陽門詩注，及逸史，龍城錄，諸書所述神話之不可信，固無待辨。）據歐陽修六一詩話云：

霓裳羽衣曲，今教坊尚能作其聲，其舞則廢而不傳矣。

則北宋時，其舞久已不傳，今日自不易考知也。又册府元龜伍陸玖掌禮部作樂類伍（參看同書同卷大和三年九月庚辰條，大和九年五月丁巳條，舊唐書壹陸捌新唐書壹柒柒馮定傳新唐書貳貳禮樂志等。）云：

〔文宗〕開成元年七月，教坊進霓裳羽衣舞女十五以下者三百人。帝絕畋遊馳騁之事，思玉帛鐘鼓之本。語及音律，每謂絲竹自有正聲，人但趣于鄭衛。乃造雲韶等法曲，遇内宴奏之。顧大臣曰，笙磬同音，沈吟躭味，不圖爲樂至於斯。十月，太常奏成雲韶樂。

唐闕史下李可及戲三教條（參雲谿友議上古製興條。）略云：

參寥子曰，開成初，文宗皇帝躭玩經典，好古博雅。嘗欲黜鄭衛之樂，復正始之音。有太常寺樂官尉遲璋者，善習古樂爲法曲。笙磬琴瑟，戛擊鏗拊，咸得其妙，遂成霓裳羽衣曲以獻。詔中書門下及諸司三品以上，具朝服班坐以聽。因以曲名宣賜貢院，充試進士賦題。

（寅恪案：開成二年高鍇知貢舉，恩賜詩題曰霓裳羽衣曲。三年復以前詩題爲賦。見唐摭言壹伍雜記條。今雲谿友議所載李肱之詩，是其於開成二年舉進士所作也。文苑英華柒肆所載沈朗陳嘏及闕名之霓裳羽衣曲賦三篇，則開成三年進士之文之留存於今日者也。）

文苑英華柒肆陳嘏霓裳羽衣曲賦云：

爾其絳節迴互，霞袂飄颻。

唐語林柒補遺略云：

宣宗妙于音律。每賜宴前，必製新曲。其曲有霓裳者，率皆執幡節，被羽服，飄然有翔雲飛鶴之勢。

是文宗宣宗之世，並有霓裳羽衣曲之名。然唐闕史以爲開成時之霓裳羽衣曲乃尉遲璋所創。唐語林亦目大中時之霓裳爲新曲。又二者於舞時皆執「節」，亦爲樂天詩中所未及。或後來所製者，已非復玄宗時之舊觀耶？今就樂天霓裳羽衣舞歌所言此曲散序云：

磬簫箏笛遞相攙，擊擫彈吹聲邐迤。

自注云：

凡法曲之初，衆樂不齊，惟金石絲竹，次第發聲。霓裳序初亦復如此。

又云：

散序六曲未動衣。陽臺宿雲慵不飛。

自注云：

散序六遍無拍，故不舞也。

又白氏長慶集伍捌王子晉廟詩云：

鸞吟鳳唱聽無拍，多似霓裳散序聲。

可以窺見霓裳散序之大概。今日本樂曲有所謂「清海波」者，據云即霓裳散序之遺音，未知然否也。樂天又敍寫霓裳中序云：

中序擘騞初入拍。秋竹竿裂春冰拆。

自注云：

中序始有拍，亦名拍序。

又敍寫中後十二遍云：

繁音急節十二徧，跳珠撼玉何鏗錚。

自注云：

霓裳破凡十二徧而終。

寅恪案：他本有作「霓裳曲」者，但全唐詩第壹陸函作「霓裳破凡十二徧而終。」是。蓋全曲共十八遍，非十二遍。白氏長慶集伍陸臥聽法曲霓裳詩所謂：

宛轉柔聲入破時。

者是也。至樂天於：

漁陽鞞鼓動地來，驚破霓裳羽衣曲。

句中特取一「破」字者，蓋破字不僅含有破散或破壞之意，且又爲樂舞術語，用之更覺渾成耳。又霓裳羽衣「入破時」，本奏以緩歌柔聲之絲竹。今以驚天動地急迫之鞞鼓，與之對舉。相映成趣，乃愈見造語之妙矣。

樂天又述終曲云：

翔鸞舞了却收翅，唳鶴曲終長引聲。

自注云：

凡曲將畢，皆聲拍促速。唯霓裳之末，長引一聲也。

據上所引，可以約略窺見此曲之大概矣。

又國史補上王維畫品妙絕條(舊唐書壹玖拾下文苑傳下新唐書貳佰貳文藝傳中王維傳俱有相同之紀載。)有「霓裳羽衣曲第三疊第一拍。」之語，與樂天在元和年間爲翰林學士時所親見親聞者不合。國史補作者李肇，爲樂天同時人，且曾爲翰林學士，(見翰苑羣書重修承旨學士壁記附錄翰林學士題名及新唐書伍捌藝文志史部雜史類。)何以有此誤，豈肇未嘗親見此舞耶，或雖親見此舞，錄此條時曾未注意耶？殊不可解，姑記此疑，以俟詳考。

又樂天平生頗以長恨歌之描寫霓裳羽衣舞曲自詡，即如此詩云：

我愛霓裳君合知。發於歌詠形於詩。君不見我歌云，驚破霓裳羽衣曲。

自注云：

長恨歌云。

是也。

歌云：

九重城闕煙塵生。千乘萬騎西南行。翠華搖搖行復止。西出都門百餘里。六軍不發無奈何，

宛轉蛾眉馬前死。

寅恪案：唐人類以玄宗避羯胡入蜀爲南幸。元和郡縣志貳關內道京兆府興平縣條云：

馬嵬故城在縣西北二十三里。

又：

興平縣東至府九十里。

即此詩所謂「千乘萬騎西南行。」「西出都門百餘里。」者也。

岑建功舊唐書校勘記叁貳（卷五壹。）玄宗楊貴妃傳「既而四軍不散」條略云：

御覽壹肆壹作六軍。按張氏宗泰云，以新書兵志考之，大抵以左右龍武左右羽林軍合成四軍。及至德二載，始置左右神武軍。是至德以前有四軍無六軍明矣。白居易長恨歌傳曰，六軍徘徊。歌曰，六軍不發無奈何。蓋詩人沿天子六軍舊説，未考盛唐之制耳。此作四軍，是。因附辨於此。

寅恪案：張氏說是也。不僅詩人有此誤，即唐李繁鄴侯家傳（玉海壹叁捌兵制。）云：

（玄宗）後以左右神武軍與龍武羽林備六軍之數。

又云：

玄宗幸蜀，六軍扈從者千人而已。

宋史家司馬君實之通鑑貳壹捌唐紀云：

〔至德元載〕（即天寶十五載，司馬君實用後元，於此等處殊不便。）〔六月壬辰〕（即初十日）既夕，命龍武大將軍陳玄禮整比六軍。

亦俱不免於六軍建置之年月有所疏誤。考舊唐書玖玄宗紀下云：

〔天寶十五載〕六月壬寅〔即二十日〕，次散關，分部下爲六軍。潁王璬先行，壽王瑁等分統六軍，前後左右相次。

是天寶十五載六月二十日以後，似亦可云六軍。而在此以前即唐玄宗與楊貴妃在馬嵬頓時，自以作四軍爲是。但舊唐書拾肅宗紀亦云：

〔天寶十五載六月〕丁酉，至馬嵬頓。六軍不進。

是李唐本朝實錄尚且若此，則詩人沿襲天子六軍舊說，未考盛唐之制，又何足病哉？

又劉夢得文集捌馬嵬行云：

貴人飲金屑，倏忽蕣英暮。（見校補記第五則）

則以楊貴妃爲呑金而非縊死，斯則傳聞異詞，或可資參考者也。（見校補記第六則）

歌云：

峨嵋山下少人行，旌旗無光日色薄。

夢溪筆談貳叁譏謔附謬誤類云：

白樂天峨嵋山下少人行，旌旗無光日色薄。峨嵋山在嘉州，與幸蜀路並無交涉。

寅恪案：元氏長慶集壹柒東川詩好時節絕句云：

身騎驄馬峨嵋下，面帶霜威卓氏前。虛度東川好時節，酒樓元被蜀兒眠。

按微之以元和四年三月以監察御史使東川，按故東川節度使嚴礪罪狀。（詳見舊唐書壹陸陸元稹傳，白氏長慶集陸壹元稹墓誌銘，元氏長慶集壹柒及叁柒等。）考東川所領州，屢有變易。至元和四年時爲梓，遂，綿，劍，龍，普，陵，瀘，榮，資，簡，昌，合，渝，十四州。是年又割資簡二州隸西川。（見新唐書陸捌方鎮表東川表及元和郡縣圖志叁叁東川節度使條。）微之固無緣騎馬經過峨嵋山下也。夫微之親到東川，尚復如此，何況樂天之泛用典故乎？故此亦不足爲樂天深病。

歌云：

蜀江水碧蜀山青。聖主朝朝暮暮情。行宮見月傷心色，夜雨聞鈴腸斷聲。

寅恪案：段安節樂府雜錄（據守山閣叢書本。又可參敎坊記曲名條。）云：

雨霖鈴

雨淋鈴者，因唐明皇駕迴至駱谷，聞雨淋鑾鈴，因令張野狐撰爲曲名。（依御覽補。）

全唐詩第壹玖函張祜貳雨霖鈴七絕云：

雨霖鈴夜却歸秦。猶見（見一作是。）張徽一曲新。長説上皇和淚教，月明南内更無人。

鄭處誨明皇雜錄補遺（據守山閣本又可參楊太眞外傳下。）略云：

明皇既幸蜀，西南行。初入斜谷，屬霖雨涉旬，於棧道雨中聞鈴音與山相應。上既悼念貴妃，採其聲爲雨霖鈴曲，以寄恨焉。時梨園子弟善吹觱篥者，張野狐爲第一。此人從至蜀，上因以其曲授野狐。洎至德中，車駕復幸華清宮。上於望京樓中命野狐奏雨霖鈴曲。未半，上四顧淒涼，不覺流涕。左右感動，與之歔欷。其曲今傳於法部。

若依樂天詩意，玄宗夜雨聞鈴，製曲寄恨，其事在天寶十五載赴蜀途中，與鄭書合，而與張詩及段書之以此事屬之至德二載由蜀返長安途中者，殊不相同。但據舊唐書玖玄宗紀下略云：

〔至德二載〕九月郭子儀收復兩京。十月肅宗遣中使啖廷瑶入蜀奉迎。丁卯上皇發蜀都。十一月丙申次鳳翔郡。十二月丙午肅宗具法駕至咸陽望賢驛迎奉。丁未至京師。

是玄宗由蜀返長安，其行程全部在冬季，與製曲本事之氣候情狀不相符應。故樂天取此事屬之赴蜀途中者，實較合史實。非僅以「見月」「聞鈴」兩事相對爲文也。

歌云：

天旋日轉迴龍馭。到此躊躇不能去。馬嵬坡下泥土中，不見玉顏空死處。

高彥休闕史上鄭相國（畋）題馬嵬詩條云：

肅宗迴馬楊妃死，雲雨雖亡日月新。終是聖明天子事，景陽宮井又何人。

吳曾能改齋漫錄捌馬嵬詩條載臺文此詩，「肅宗」作「明皇」，「聖明」作「聖朝」。計有功唐詩紀事伍陸亦載此詩，惟改「肅」字爲「玄」字（又聖明作聖朝），今通行坊本選錄臺文此詩，則並改「雖亡」爲「難忘」，此後人逐漸改易，尚留痕跡者也。但臺文所謂「肅宗迴馬」者，據舊唐書拾肅宗紀略云：

於是玄宗賜貴妃自盡。車駕將發，留上（肅宗）在後宣諭百姓。衆泣而言曰，請從太子收復長安。玄宗聞之，令（高）力士口宣曰，汝好去。上（肅宗）迴至渭北，時從上惟廣平建寧二王，及四軍（寅恪案：此言四軍，可與舊唐書伍壹后妃傳楊貴妃傳參證。）將士纔二千人，自奉天而北。

蓋肅宗迴馬及楊貴妃死，乃啓唐室中興之二大事，自宜大書特書，此所謂史筆卓識也。「雲雨」指楊貴妃而言，謂貴妃雖死而日月重光，王室再造。其意義本至明顯平易。今世俗習誦之本易作：

玄宗迴馬楊妃死，雲雨難忘日月新。

固亦甚妙而可通，但此種改易，必受長恨歌此節及玄宗難忘楊妃令方士尋覓一節之暗示所致，殊與臺文元詩之本旨絕異。斯則不得不爲之辨正者也。（又李義山馬嵬七律首二句，「海外徒聞更九州。他生未卜此生休。」實爲絕唱，然必係受長恨歌「忽聞海上有仙山。」一節之暗示無疑。否則義山雖才思過人，恐亦不能構想及此。故寅恪嘗謂此詩乃長恨歌最佳之縮本也。（見校補記第七則）

歌云：

夕殿螢飛思悄然，孤燈挑盡未成眠。

邵博聞見後錄壹玖云：

白樂天長恨歌有夕殿螢飛思悄然，孤燈挑盡未成眠。之句，寧有興慶宮中，夜不燒蠟油，明皇帝自挑燈者乎？書生之見可笑耳。

寅恪案：南史叁柒沈慶之傳附沈攸之傳云：

富貴擬於王者，夜中諸廂廊然燭達旦。

歐陽修歸田錄壹（參考宋史貳捌壹寇準傳，及陸游「燭淚成堆又一時」之句。）云：

鄧州花蠟燭名著天下，雖京師不能造。相傳云是寇萊公燭法。公嘗知鄧州，而自少年富貴，不點油燈。尤好夜宴劇飲，雖寢室亦然燭達旦。每罷官去後，人至官舍，見溷廁間燭淚在地，往往成堆。杜祁公爲人清儉，在官未嘗然官燭。油燈一炷，熒然欲滅，與客相對，清談而已。

夫富貴人燒蠟燭而不點油燈，自昔已然。北宋時又有寇平仲一段故事，宜乎邵氏以此笑樂天也。考樂天之作長恨歌在其任翰林學士以前，宮禁夜間情狀，自有所未悉，固不必爲之諱辨。惟白氏長慶集壹肆禁中夜作書與元九云：

心緒萬端書兩紙，欲封重讀意遲遲。五聲鐘漏初鳴後，一點窗燈欲滅時。

此詩實作於元和五年樂天適任翰林學士之時，而禁中乃點油燈，殆文學侍從之臣止宿之室，亦稍從樸儉耶？（參劉文典先生羣書斠補。）至上皇夜起，獨自挑燈，則玄宗雖幽禁極淒涼之景境，諒或不至於是。文人描寫，每易過情，斯固無足怪也。

歌云：

上窮碧落下黃泉，兩處茫茫皆不見。

寅恪案：太平廣記貳伍壹詼諧類張祜條（參孟棨本事詩嘲戲類。）云：

（張祜）曰，祜亦嘗記得舍人目蓮變。白曰，何也？曰，上窮碧落下黃泉，兩處茫茫皆不見，非目蓮變何邪？（出摭言。）

此雖一時文人戲謔之語，無關典據，以其涉及此詩，因幷附錄之，藉供好事者之談助，且可取與敦煌發見之目蓮變文寫本印證也。

歌云：

中有一人字太眞，雪膚花貌參差是。

楊太眞外傳上云：

〔開元〕二十八年十月，玄宗幸溫泉宮，使高力士取楊氏女於壽邸，度爲女道士，號太眞，住內太眞宮。

寅恪案：此有二問題，即長安禁中是否實有太眞宮，及太眞二字本由何得名，是也。考唐會要壹玖儀坤廟條略云：

先天元年十月六日，祔昭成肅明二皇后於儀坤廟。〔廟在親仁里。〕開元四年十一月十六日，昭成皇后祔於太廟。至八月九日敕，肅明皇后，依前儀坤廟安置。于是遷昭成皇后神主祔于睿宗之室，惟留肅明皇后神主于儀坤廟。八月二日敕，儀坤廟隸入太廟，不宜頓置官屬。至二十一年正月六日，遷祔肅明皇后神主于太廟，其儀坤廟爲肅明觀。

又同書伍拾觀條云：

咸宜觀，親仁坊，本是睿宗藩國地。開元初置昭成肅明皇后廟，號儀坤。後昭成遷入太廟。開元四年八月九日敕，肅明皇后〔依〕前於儀坤廟安置。二十一年五月六日肅明皇后祔入太廟，遂爲道士觀。寶曆元年（據宋敏求長安志捌引，應作寶應元年。）五月，以咸宜公主入道，與太眞觀換名焉。

太眞觀，道德坊，本隋秦王浩宅。

夫長安城中於宮禁之外，實有祀昭成太后之太眞宮，可無論矣。而禁中亦或有別祀昭成竇后之處，與後來帝王於宮中別建祠廟以祠其先世者相類，（梁武帝亦於宮內起至敬殿以祀其親。見廣弘明集貳玖上梁武帝孝思賦序及梁書叁高祖紀下南史柒梁本紀中武帝下。）即所謂內太眞宮。否則楊妃入宮，無從以竇后忌辰追福爲詞，且無因以太眞爲號。恐未可以傳世唐代宮殿圖本中無太眞宮之名，而遽疑之也。

又據舊唐書柒新唐書伍睿宗紀，睿宗之謚爲大聖眞皇帝。肅明，昭成，皆睿宗之后妃，玄宗之嫡母生母俱號太后，故世俗之稱祀兩太后處爲太眞宮者，殆以此故。不僅眞字在道家與仙字同義也。

歌云：

風吹仙袂飄飄舉。猶似霓裳羽衣舞。

寅恪案：舊唐書伍壹玄宗楊貴妃傳云：

太眞姿質豐豔，善歌舞，通音律。

則楊妃親舞霓裳亦是可能之事。歌中所詠或亦有事實之依據，非純屬詞人迴映前文之妙筆也。

又楊太眞外傳上云：

上又宴諸王於木蘭殿。時木蘭花發，皇情不悦。妃醉中舞霓裳羽衣一曲，天顔大悦。

寅恪案：太眞親舞霓裳，未知果有其事否？但樂天新樂府胡旋舞篇云：

天寶季年時欲變，臣妾人人學圜轉。中有太眞外祿山，二人最道能胡旋。

疑有所本。胡旋舞雖與霓裳羽衣舞不同，然俱由中亞傳入中國，同出一源，乃當時最流行之舞蹈。太眞既善胡旋舞，則其親自獨舞霓裳，亦爲極可能之事。所謂「盡日君王看不足」者，殆以此故歟？

歌云：

臨別殷勤重寄詞。詞中有誓兩心知。七月七日長生殿，夜半無人私語時。在天願爲比翼鳥，在地願爲連理枝。天長地久有時盡，此恨綿綿無絕期。

寅恪案：此節有二問題，一時間，二空間。關於時間之問題，則前論溫湯療疾之本旨時已略言之矣。夫溫泉祛寒去風之旨既明，則玄宗臨幸溫湯必在冬季春初寒冷之時節。今詳檢兩唐書玄宗紀無一次於夏日炎暑時幸驪山，而其駐蹕溫泉，常在冬季春初，可以證明者也。（參劉文典先生羣書斠補。）夫君舉必書，唐代史實，武宗以前大抵完具。若玄宗果有夏季臨幸驪山之事，斷不致漏而不書。然則決無如長恨歌傳所云，天寶十載七月七日玄宗與楊妃在華清宮之理，可以無疑矣。此時間之問題也。

若以空間之問題言，則舊唐書玖玄宗紀下略云：

天寶元年冬十月丁酉，幸溫泉宮。辛丑，新成長生殿，名曰集靈臺，以祀天神。

唐會要叁拾華清宮條云：

天寶元年十月造長生殿，名爲集靈臺，以祀神。

唐詩紀事陸貳（全唐詩第貳壹函。）鄭嵎津陽門詩注云：

飛霜殿即寢殿，而白傅長恨歌以長生殿爲寢殿，殊誤矣。

又云：

有長生殿，乃齋殿也。有事於朝元閣，即御長生殿以沐浴也。

據此，則李三郎與楊玉環乃於祀神沐浴之齋宮，夜半曲敍兒女私情。揆之事理，豈不可笑？推其所以致誤之由，蓋因唐代寢殿習稱長生殿，如通鑑貳佰柒長安四年太后寢疾居長生院條胡梅磵注云：

長生院即長生殿。明年五王誅二張，進至太后所寢長生殿，同此處也。蓋唐寢殿皆謂之長生殿。此武后寢疾之長生殿，洛陽宮寢殿也。肅宗大漸，越王係授甲長生殿，長安大明宮之寢殿也。白居易長恨歌所謂七月七日長生殿，夜半無人私語時。華清宮之長生殿也。

寅恪案：唐代宫中長生殿雖爲寢殿，獨華清宫之長生殿爲祀神之齋宫。神道清嚴，不可闌入兒女猥瑣。樂天未入翰林，猶不諳國家典故，習於世俗，未及詳察，遂致失言。胡氏史學顓家，亦混雜徵引，轉以爲證，疏矣。

復次，涵芬樓本説郛叁貳范正敏遯齋閒覽論杜牧「一騎紅塵妃子笑，無人知是荔枝來。」句云：

據唐紀，明皇常以十月幸華清，至春即還宫，未嘗六月在驪山也。荔枝盛暑方熟，失事實。

但程大昌考古編駁之云：

説者謂明皇帝以十月幸華清，涉春即回，是荔枝熟時，未嘗在驪山。然咸通中有袁郊作甘澤謠，載許雲封所得荔枝香曲曰，天寶十四載六月一日是貴妃誕辰，命小部音聲奏樂長生殿，進新曲，未有名。會南海獻荔枝，因名荔枝香。開天遺事，帝與妃每至七月七日夜在華清遊宴。而白香山長恨歌亦言，七月七日長生殿，夜半無人私語時。則知牧之乃當時傳信語也。世人但見唐史所載，遽以傳聞而疑傳信，大不可也。

寅恪案：據唐代可信之第一等資料，時間空間，皆不容明皇與貴妃有夏日同在驪山之事實。杜牧袁郊之説，皆承譌因俗而來，何可信從？而樂天長恨歌「七月七日長生殿」之句，更不可據爲典要。歐陽永叔博學通識，乃於新唐書貳貳禮樂志壹云：

帝幸驪山。楊貴妃生日，命小部張樂長生殿。因奏新樂，未有名。會南方進荔枝，因名曰荔枝香。

是亦采甘澤謠之謬說，殊爲可惜。故特徵引而略辨之如此，庶幾世之治文史者不致爲所惑焉。又全唐詩第拾函顧況宿昭應七絕云：

　　武帝祈靈太乙壇。新豐樹色繞千官。那知今夜長生殿，獨閉空山月影寒。

似比之樂天詩語病較少，故附寫於此，以供參讀。

翁方綱石州詩話貳云：

　　白公之爲長恨歌霓裳羽衣曲諸篇，自是不得不然，不但不蹈杜公韓公之轍也。是乃瀏灕頓挫，獨出冠時，所以爲豪傑耳。始悟後之欲復古者，眞強作解事。

寅恪案：覃溪之論，雖未解當時文章體制，不知長恨歌乃唐代「駁雜無實」「文備衆體」之小說中之歌詩部分，尙未免未達一間，但較趙宋以來尊杜抑白強作解事之批評，猶勝一籌。因附錄於此。

論長恨歌既竟，茲於長恨歌傳，略綴一言。今所傳陳氏傳文凡二本，其一即載於白氏長慶集壹貳長恨歌前之通行本。他一爲文苑英華柒玖肆附錄麗情集中別本。而麗情集本與通行本差異頗多，其文句往往溢出於通行本之外。所最可注意者，通行本傳末雖有「意者不但感其事，亦欲懲尤物，窒亂階，垂於將來也。」一節小說體中不可少之議論文字，但據與此傳及歌極有關係之作品，如鶯鶯傳者觀之，終覺分量較少。至麗情集本傳文，則論議殊繁於通行本，如：

嘻！女德無極者也。死生大別者也。故聖人節其慾，制其情，防人之亂者也。生惑其志，死溺其情，又如之何？

叔向母云，其（其當作甚）美必甚惡。李延年歌曰，傾國復傾城。此之謂也。

又如通行本只有「如漢武帝李夫人」一語，而麗情集本則於敍貴妃死後別有：皆是其例。而觀麗情本詳及李夫人故事，亦可旁證鄙說「漢皇重色思傾國」一句，實暗啓此歌下半段故事之非妄。又取兩本傳文讀之，即覺通行本之文較佳於麗情本。頗疑麗情本爲陳氏原文，通行本乃經樂天所删易。議論逐漸減少，此亦文章體裁演進之跡象。其後卒至有如連昌宮詞一種，包括議論於詩中之文體，而爲微之天才之所表現者也。寅恪嘗以爲搜神後記中之桃花源記，乃淵明集中桃花源記之初本。（見淸華學報第拾壹卷第壹期拙著桃花源記旁證。）此傳或亦其比歟？儻承當世博識通人，並垂敎正，則幸甚矣。

綜括論之，長恨歌爲具備衆體體裁之唐代小説中歌詩部分，與長恨歌傳爲不可分離獨立之作品。故必須合併讀之，賞之，評之。明皇與楊妃之關係，雖爲唐世文人公開共同習作詩文之題目，而增入漢武帝李夫人故事，乃白陳之所特創。詩句傳文之佳勝，實職是之故。此論長恨歌者不可不知也。（見校補記第八則）

第二章　琵琶引

唐摭言壹伍雜記條云：

白樂天去世，大中皇帝以詩弔之曰，綴玉聯珠六十年。誰教冥路作詩仙。浮雲不繫名居易，造化無爲字樂天。童子解吟長恨曲，胡兒能唱琵琶篇。文章已滿行人耳，一度思卿一愴然。

寅恪案：此詩是否眞爲宣宗所作，姑不置論。然樂天之長恨歌琵琶引兩詩相提並論，其來已久，據此可知也。故茲箋證長恨歌訖，乃次及琵琶引焉。

寅恪於論長恨歌篇時，曾標舉文人之關係一目。其大旨以爲樂天當日之文雄詩傑，各出其作品互事觀摩，各竭其才智競求超勝。故今世之治文學史者，必就同一性質題目之作品，考定其作成之年代，於同中求異，異中見同，爲一比較分析之研究，而後文學演化之蹟象，與夫文人才學之高下，始得明瞭。否則模糊影響，任意批評，恐終不能有眞知灼見也。今請仍以比較之研究論樂天之琵琶引。

張戒歲寒堂詩話上云：

長恨歌元和元年(樂天)尉盩厔時作，是時年三十五。謫江州，十一年作琵琶行。二詩工拙遠不侔矣。如琵琶行，雖未免於煩悉，然其語意甚當，後來作者，未易超越也。

寅恪案：樂天於長慶末年所作，編集拙詩成一十五卷因題卷末戲贈元九李二十。七律(白氏長慶集壹陸。)中，自述其平生得意之詩，首舉長恨歌而不及琵琶引。若據以謂樂天不自以琵琶引爲佳，固屬不可。然樂天心中絕不以長恨歌爲拙，而琵琶引爲較工，則斷斷可知。此張氏琵琶引工於長恨歌之論，不可依據者也。然張氏謂琵琶引「語意甚當，後來作者，未易超越。」其言甚允。蓋樂天之作此詩，亦已依其同時才士，即元微之，所作同一性質題目之詩，即琵琶歌，加以改進。今取兩詩比較分析，其因襲變革之詞句及意旨，固歷歷可覩也。後來作者能否超越，所不敢知，而樂天當日實已超越微之所作，要爲無可疑者。至樂天詩中疑滯之字句，不易解釋，或莫知適從者，亦可因比較研究，而取決一是。斯又此種研究方法之副收穫品矣。茲先考定微之作品年代，然後詮論樂天之詩。元氏長慶集貳陸琵琶歌(原注云：寄管兒兼誨鐵山。)云：

去年御史留東臺。公私蹙促顏不開。今春制獄正撩亂，晝夜推囚心似灰。

寅恪案：舊唐書壹肆憲宗紀上(參同書壹陸陸元稹傳。)云：

(元和五年二月)東臺監察御史元稹攝河南尹房式於臺，擅令停務。貶江陵府士曹參軍。

同書壹陸陸元稹傳略云：

〔元和〕四年，奉使東蜀。使還，令分務東臺。

微之此詩既有去年東臺及今春制獄之句，明琵琶歌作於元和五年也。又依白氏長慶集壹貳琵琶引序云：

元和十年予左遷九江郡司馬。明年秋，送客湓浦口。

是樂天琵琶引作於元和十一年。元作先而白作後，此樂天所以得見元作，而就同一性質題目，加以改進也。

以作詩意旨言之，兩詩雖同贊琵琶之絕藝，且同爲居貶謫閒散之地所作，然元詩云：

我爲含悽歎奇絕。許作長歌始終説。藝奇思寡塵事多。許來寒暑又經過。如今左降在閑處，始爲管兒歌此歌。歌此歌，寄管兒，管兒管兒憂爾衰。爾衰之後繼者誰。繼之無乃在鐵山。鐵山已近曹穆間。性靈甚好功猶淺，急處未得臻幽閒。努力鐵山勤學取。莫遣後來無所祖。

則微之盛贊管兒之絕藝，復勉鐵山以精進，似以一題而兼二旨。雖二旨亦可相關，但終不免有一間之隔。故不及樂天之一題一意之明白曉暢也。此點當於研究兩家所作新題樂府時詳論之。又微之詩中所説，不過久許管兒作一詩，以事冗未暇，及謫官得閑，乃償宿諾，其旨似嫌庸淺，而白詩云：

我聞琵琶已歎息。又聞此語重唧唧。同是天涯淪落人，相逢何必曾相識。

則既專爲此長安故倡女感今傷昔而作，又連綰己身遷謫失路之懷。直將混合作此詩之人與此詩所詠之人，二者爲一體。眞可謂能所雙亡，主賓俱化，專一而更專一，感慨復加感慨。豈微之浮泛之作，所能企及者乎？琵琶引序云：

予出官二年，恬然自安。感斯人言，是夕始覺有遷謫意。因爲長句，歌以贈之。

是樂天此詩自抒其遷謫之懷，乃有眞實情感之作。與微之之僅踐宿諾，償文債者，大有不同。其工拙之殊絕，復何足怪哉。

復次，樂天晚歲之詩友劉夢得，亦有泰娘歌一篇。（劉夢得文集玖。）其引略云：

泰娘本韋尚書（夏卿）家主謳者。初尚書爲吳郡得之，命樂工誨之琵琶，使之歌舞。無幾何，盡得其術。居一二歲，攜之以歸京師。京師多新聲善工，于是又損（捐）去故技，以新聲度曲，而泰娘名字往往見稱于貴遊之間。元和初，尚書薨于東京，泰娘出居民間。久之，爲蘄州刺史張遜所得。其後遜坐事謫居武陵郡（朗州。）卒。泰娘無所歸。地荒且遠，無有能知其容與藝者。故日抱樂器而哭，其音焦殺以悲。雒客聞之，爲歌其事。

則泰娘事頗與樂天所詠者相類。而詩云：

朱絃已絕爲知音，雲鬢未秋私自惜。舉目風煙非舊時。夢尋歸路多參差。

乃以遺妾比逐臣，其意境尤與白詩「同是天涯淪落人，相逢何必曾相識。」之句近似。惟劉詩多述泰娘遭遇之經過，雖甚稱其絶藝，而不詳寫琵琶之音調。此則與元之琵琶歌白之琵琶引不同者。且劉詩特以簡鍊勝，亦可據見也。劉詩固爲佳作，讀琵琶引者，不可不參讀。所成爲問題者，乃樂天於作琵琶引以前，曾見夢得泰娘歌與否耳。考夢得此詩爲任朗州司馬時（劉夢得于永貞元年十一月己卯貶朗州司馬。至元和十年二月召至京師。三月，以爲連州刺史。）即元和十年二月以前所作。而夢得於元和十年春，曾與柳子厚元微之諸逐客，同由貶所召至長安。時樂天爲左贊善大夫，亦在京師。（參舊唐書壹陸拾新唐書壹陸捌劉禹錫傳，通鑑貳叁玖唐紀憲宗紀元和十年二月王叔文之黨坐謫官者十年不量移條及下連昌宮詞章。）固有得見此詩之可能。惟劉白二公晚歲雖至親密，而此時却未見有交際往復之跡象，且二詩之遣詞亦絶不相似。然則二公之藉題自詠，止可視爲各別發展，互不相謀者。蓋二公以謫吏逐臣，詠離婦遺妾。其事既相近，宜乎於造意感慨有所冥會也。是知白之琵琶引與劉之泰娘歌，其關係殆非如其與元之琵琶歌實有密切聯繫者可比矣。

又李公垂悲善才一詩（全唐詩第壹捌函李紳壹。）亦與元白二公之琵琶歌琵琶引性質類似。其詩中敘述國事己身變遷之故。撫今追昔，不勝惆悵。取與微之所作相較，自爲優越。但若與樂天之作參互並讀，則李詩未能人我雙亡，其意境似嫌稍遜。又考公垂此詩有：

南譙寂寞三春晚。（南譙即滁州之舊稱。可參通典壹捌壹州郡典古揚州上滁州永陽郡條。）

之句，當是任滁州刺史時所作。公垂於元和十五年閏正月，自山南幕召爲右拾遺充翰林學士。（參新唐書壹捌壹李紳傳及翰苑題名。）其年冬，樂天亦自忠州召還，拜司門員外郎，轉主客郎中，知制誥。二公同在長安者，約歷二年之久。此後公垂于長慶四年二月流貶端州，至寶曆元年四月量移江州長史。（參舊唐書壹柒上敬宗紀及壹伍玖韋處厚傳等。）復遷滁州刺史，於大和四年二月轉壽州刺史。（參全唐詩第壹捌函李紳壹轉壽春守七律。）則悲善才一詩作成之時間，遠在琵琶引以後。且其間李公垂似已因緣窺見樂天之詩，而所作猶未能超越。然後知樂天所謂，「苦教短李伏歌行。」及「李二十常自負歌行，近見吾樂府五十首，默然心伏。」者，（參長恨歌章。）之非虛語，而元和時代同時詩人，如白樂天之心伏劉夢得，（見附論戊白樂天與劉夢得之詩。）及李公垂之心伏白樂天，皆文雄詩傑，歷盡甘苦，深通彼己之所致。後之讀者所涉至淺，既不能解，乃妄爲品第，何其謬耶！古今讀此詩者衆矣，雖所得淺深，各有不同，而於詩中所敍情事，多無疑及之者。惟南宋之洪邁，博學通識之君子也。其人讀樂天詩至熟，觀所著容齋隨筆論白詩諸條，可以爲證。其涉及此詩而致疑于實無其事，樂天藉詞以抒其天涯淪落之感者，凡二條。茲迻寫於下，並附鄙見以辨釋之。

容齋三筆陸白公夜聞歌者條云：

白樂天琵琶行，蓋在尋陽江上爲商人婦所作。而商乃買茶於浮梁，婦對客奏曲，樂天移船，夜登其舟與飲，了無顧忌。豈非以其爲長安故倡女，不以爲嫌耶？集中又有一篇題云，夜聞歌者。（寅恪案，在白氏長慶集拾。）時自京城謫尋陽，宿于鄂州，又在琵琶行之前。其詞曰，夜泊鸚鵡洲，秋江月澄澈。鄰船有歌者，發調堪悲絶。歌罷繼以泣，泣聲通復咽。尋聲見其人，有婦顏如雪。獨依帆檣立，娉婷十七八。夜淚似真珠，雙雙墮明月。借問誰家婦，歌泣何淒切。一問一霑襟，低眉終不説。陳鴻長恨歌傳云，樂天深於詩，多於情者也。故所遇必寄之吟詠，非有意於漁色。然鄂州所見亦一女子獨處，夫不在焉。瓜田李下之疑，唐人不議也。今詩人罕談此章，聊復表出。

又容齋五筆柒琵琶行海棠詩條云：

白樂天琵琶行一篇，讀者但羡其風致，敬其詞章，至形於樂府，詠歌之不足，遂以謂真爲長安故倡所作。予竊疑之。唐世法網雖于此爲寬，然樂天嘗居禁密，且謫官未久，必不肯乘夜入獨處婦人船中，相從飲酒，至於極絲彈之樂，中夕方去。豈不虞商人者，它日議其後乎？樂天之意，直欲攄寫天涯淪落之恨爾。東坡謫黄州，賦定惠院海棠詩，有陋邦何處得此花，無乃好事移西蜀。天涯流落俱可念，爲飲一尊歌此曲。之句，其意亦爾也。或謂殊無一話一言，與之相似。是不然，此真能用樂天之意者，何必效常人章摹句寫而後已哉。

寅恪案：容齋之論，有兩點可商。一爲文字敍述問題，一爲唐代風俗問題。洪氏謂「樂天夜登其舟與飲，了無顧忌。」及「乘夜入獨處婦人船中，相從飲酒，至於極絲彈之樂，中夕方去。」然詩云：

移船相近邀相見。添酒回燈重開宴。千呼萬喚始出來，猶抱琵琶半遮面。

則「移船相近邀相見」之「船」，乃「主人下馬客在船」之「船」，非「去來江口守空船」之「船」。蓋江州司馬移其客之船，以就浮梁茶商外婦之船，而邀此長安故倡從其所乘之船出來，進入江州司馬所送客之船中，故能添酒重宴。否則江口茶商外婦之空船中，恐無如此預設之盛筵也。且樂天詩中亦未言及其何時從商婦船中出去，洪氏何故臆加「中夕方去」之語？蓋其意以爲樂天賢者，既夜入商婦船中，若不中夕出去，豈非此夕逕留止於其中耶？讀此詩而作此解，未免可驚可笑。此文字敍述問題也。夫此詩所敍情事，既不如洪氏之詮解，則洪氏抵觸法禁之疑問可以消釋，即本無其事之假設，亦爲贅賸矣。然容齋所論禮法問題，實涉及吾國社會風俗古今不同之大限，故不能不置一言。考吾國社會風習，如關於男女禮法等問題，唐宋兩代實有不同。此可取今日日本爲例，蓋日本往日雖曾效則中國無所不至，如其近世之於德國及最近之於美國者然。但其所受影響最深者，多爲華夏唐代之文化。故其社會風俗，與中國今日社會風氣經受宋以後文化之影響者，自有差別。斯事顯淺易見，不待詳論也。惟其關於樂天此詩者有二事可以注意：一即此茶商之娶此長安故倡，特不過一尋常之外婦。其關係本在可離可合之間，以今日通行語言之，直「同居」而已。

元微之於鶯鶯傳極誇其自身始亂終棄之事，而不以爲慚疚。其友朋亦視其爲當然，而不非議。此即唐代當時士大夫風習，極輕賤社會階級低下之女子。視其去留離合，所關至小之證。是知樂天之於此故倡，茶商之於此外婦，皆當日社會輿論所視爲無足重輕，不必顧忌者也。此點已於拙著讀鶯鶯傳文中論及之矣。二即唐代自高宗武則天以後，由文詞科舉進身之新興階級，大抵放蕩而不拘守禮法，與山東舊日士族甚異。寅恪于拙著唐代政治史述論稿中篇論黨派分野時已言之。樂天亦此新興階級之一人，其所爲如此，固不足怪也。其詳當別於論樂天之先世時更述之。

序云：

凡六百一十二言。

盧校本作六百一十六言。注云：

二訛。

寅恪案：盧抱經之勘校甚是。惟諸本皆作六百一十二言，故爲標出之。

詩云：

間關鶯語花底滑，幽咽泉流冰下難。

寅恪案：汪本及全唐詩本俱作「幽咽泉流水下灘」而于水字下注云：「一作冰。」灘字下注云：「一作難。」盧校本作「水下難」，於難字下注灘字。那波本作「冰下灘」。

段玉裁經韻樓集捌與阮芸臺書云：

白樂天間關鶯語花底滑，幽咽泉流水下灘。泉流水下灘不成語，且何以與上句屬對？昔年曾謂當作泉流冰下難，故下文接以冰泉冷澀。難與滑對，難者，滑之反也。鶯語花底，泉流冰下，形容澀滑二境，可謂工絕。

其說甚是。今請更申證其義。

一與本集互證。白氏長慶集陸肆箏云：

霜珮鏘還委，冰泉咽復通。

正與琵琶引此句章法文字意義均同也。

二與與此詩有關之微之詩互證。元氏長慶集貳陸琵琶歌中詞句與樂天此詩同者多矣。如「霓裳羽衣偏宛轉。」「六么散序多籠撚。」「斷弦砉騞層冰裂。」諸句，皆是其例。惟其中：

冰泉嗚咽流鶯澀。（可參元氏長慶集壹柒贈李十二牡丹花片因以餞行七絕，鶯澀餘聲絮墮風。之句。）

一句實爲樂天「間關鶯語花底滑，幽咽泉流冰下難。」二句演變擴充之所從來。取元詩以校白句，段氏之說，其正確可以無疑。然則讀樂天琵琶引，不可不竝讀微之琵琶歌，其故不僅在兩詩意旨之因革，可藉以窺見。且其字句之校勘，亦可取決一是也。

又微之詩作「流鶯澀」，而樂天詩作「間關鶯語花底滑」者，蓋白公既擴一而成二句，若仍作澀，未免兩句同說一端，殊嫌重複。白詩以滑與難反對爲文，自較元作更精進矣。

又元氏長慶集貳陸何滿子歌（原注云：張湖南座爲唐有熊作。）略云：

我來湖外拜君侯，正值灰飛仲春琯。纏綿疊破最慇懃，整頓衣裳頗閑散。冰含遠溜咽還通，鶯泥晚花啼漸嬾。

又同集壹捌盧頭陀詩序云：

元和九年，張中丞領潭之歲，予拜張公于潭。

舊唐書壹伍憲宗紀下云：

〔元和八年冬十月己巳〕以蘇州刺史張正甫爲湖南觀察使。

據此，微之何滿子歌作於元和九年春，而樂天琵琶引作於元和十一年秋，是樂天必已見及微之此詩。然則其擴琵琶歌「冰泉嗚咽流鶯澀。」之一句爲琵琶引「間關鶯語花底滑，幽咽泉流冰下難。」之二句，蓋亦受微之詩影響。而樂天箏詩之「冰泉咽復通。」乃作於大和七年。在其後，不必論矣。

復次，元氏長慶集貳肆新題樂府五絃彈云：

風入春松正凌亂，鶯含曉舌憐嬌妙。嗚嗚暗溜咽冰泉，殺殺霜刀澀寒鞘。

白氏長慶集貳秦中吟五絃云：

大聲麤若散，颯颯風和雨。小聲細欲絕，切切鬼神語。

同集叁新樂府五絃彈云：

第五絃聲最掩抑。隴水凍咽流不得。（李公垂悲善才，寒泉注射隴水開。句，可與此參證。）五絃並奏君試聽。淒淒切切復錚錚。鐵擊珊瑚一兩曲，冰寫玉盤千萬聲。殺聲入耳膚血憯。寒氣中人肌骨酸。曲終聲盡欲半日，四座相對愁無言。座中有一遠方士，唧唧咨咨聲不已。

寅恪案：元白新樂府此兩篇皆作於元和四年，（見新樂府章。）白氏秦中吟亦是樂天於任諫官即左拾遺時所作，（見白氏長慶集壹傷唐衢二首之貳。）俱在樂天作琵琶引以前，亦可供樂天琵琶引中摹寫琵琶音調一節之參考者也。

詩云：

此時無聲勝有聲。

唐詩別裁捌選錄此詩，並論此句云：

諸本此時無聲勝有聲。既無聲矣，下二句如何接出。宋本無聲復有聲，謂住而又彈也。古本可貴如此。

寅恪案：詩中「此時無聲勝有聲。」句上有「冰泉冷澀弦疑絕。疑絕不通聲暫歇。」之語。夫既曰

「聲暫歇」，即是「無聲」也。聲暫歇之後，忽起「銀瓶乍破」「鐵騎突出」之聲，何爲不可接出？沈氏之疑滯，誠所不解。且遍考今存白集諸善本，未見有作「此時無聲復有聲」者，不知沈氏所見是何古本，深可疑也。

詩云：

自言本是京城女，家在蝦蟇陵下住。

國史補下略云：

舊說，董仲舒墓，門人過，皆下馬。故謂之下馬陵。後人語訛爲蝦蟆陵，皆訛謬所習。亦曰坊中語也。

寅恪案：樂天此節所詠乃長安故倡自述之言，宜其用坊中語也。又同書同卷略云：

酒（之名品，）則有京城之西市腔蝦蟆陵郎官清阿婆清。

此長安故倡，其幼年家居蝦蟆陵，似本爲酒家女。又自漢以來，旅居華夏之中亞胡人，頗以善釀著稱，而吾國中古傑出之樂工亦多爲西域胡種。則此長安故倡，既居名酒之產區，復具琵琶之絕藝，豈即所謂「酒家胡」者耶？

又樂府雜錄上琵琶條略云：「貞元中有王芬，曹保保，其子善才，其孫曹綱，皆襲所藝，次有裴興奴，與綱同時。曹綱善運撥，若風雨，而不事叩絃。興奴長於攏撚，不撥，稍軟。時人謂曹綱有右手，與奴有左手。」故後世劇曲中或以裴興奴當此長安故倡女。裴固西域胡姓，「奴」字亦可爲女子之名，如元微之連昌宮詞中之念奴是。但男子亦可以奴字爲名，如白樂天之幼弟「金剛奴」是。然則裴興奴不必是女子也。劇曲家之說，未知所本，恐不可據。俟考。

詩云：

　　妝成每被秋娘妬。

寅恪案：元氏長慶集壹柒贈呂三（寅恪案：元氏長慶集壹陸全唐詩第壹伍函元稹壹陸酬哥舒大少府寄同年科第詩自注俱作「呂二炅」。復證以下引樂天詩題，則三當爲二之誤。）校書云：

　　競添錢貫定秋娘。

白氏長慶集壹肆和元九與呂二同宿話舊感贈云：

　　聞道秋娘猶且在，至今時復問微之。

又韋縠才調集壹載樂天江南喜逢蕭九徹因話長安舊遊戲贈五十韻云：

　　多情推阿軟，巧語許秋娘。

即此琵琶引中之秋娘，蓋當時長安負盛名之倡女也。樂天天涯淪落，感念昔遊，遂取以入詩耳。而坊本釋此詩，乃以杜秋娘當之，妄謬極矣。（杜秋娘始末，可參杜牧樊川集壹杜秋娘詩幷序。）

詩云：

商人重利輕別離，前月浮梁買茶去。

寅恪案：據元和郡縣圖志貳捌江西觀察使饒州浮梁縣條云：

每歲出茶七百萬馱，稅十五餘萬貫。

國史補下略云：

風俗貴茶，茶之名品益衆，而浮梁之商貨不在焉。

則知此商人所以往浮梁之故。蓋浮梁之茶，雖非名品，而其產量極豐也。

詩之結語云：

江州司馬青衫濕。

寅恪案：此句爲世人習誦，已爲一口頭語矣。然一考唐代文獻，則不免致疑。元和郡縣圖志貳捌江西觀察使江州條云：

江州，上。（寅恪案，新唐書肆壹地理志云，江州潯陽郡，上。與此同。舊唐書肆拾地理志云，江州，中。與此異。據白氏長慶集貳陸江州司馬廳記云，上州司馬，秩五品。知元和時江州實爲上州。舊志所記，蓋舊制也。）

蓋江州乃上州也。唐六典叁拾上州條（舊唐書肆貳職官志新唐書肆玖下百官志同。）云：

上州，司馬一人，從五品下。

舊唐書肆伍輿服志（參唐會要叁壹章服品第目，新唐書貳肆輿服志。）略云：

上元元年，八月，又制文武三品已上服紫，四品服深緋，五品服淺緋，六品服深綠，七品服淺綠，八品服深青，九品服淺青。

唐六典肆禮部郎中員外郎條略云：

親王三品已上二王後服用紫，五品已上服用朱，七品已上服用綠，九品已上服用青，流外庶人服用黃。

然則樂天此時適任江州上州司馬之職，何以不著緋而著青衫耶？錢竹汀十駕齋養新錄拾唐人服色視散官條云：

野客叢書（貳柒）云，唐制服色不視職事官，而視階官之品。至朝散大夫方換五品服色，衣銀緋。（寅恪案，此説甚是。可參尚書故實公自言四世祖河東公爲中書令著緋條及唐會要叁壹內外官章服目。）

唐制服色既視階官之品，考白氏長慶集貳叁祭匡山文云：

維元和十二年歲次丁酉二月辛酉朔二十一日，將仕郎守江州司馬白居易。

是元和十二年樂天之散官爲將仕郎，而據舊唐書肆貳職官志（通典肆拾職官典同。）云：

從第九品下階將仕郎。（文散官。）

是將仕郎爲最低級之文散官。樂天於元和十一年秋作此詩時，其散官之品亦必爲將仕郎無疑，蓋無從更低於此品也。唐會要叁壹內外官章服目云：

開元八年二月二十日勅，都督刺史品卑者，借緋及魚袋，永爲常式。

樂天此時止爲州佐，固唯應依將仕郎之階品著青衫也。（見校補記第九則）

第三章　連昌宫詞

元微之連昌宫詞實深受白樂天陳鴻長恨歌及傳之影響，合併融化唐代小説之史才詩筆議論爲一體而成。其篇首一句及篇末結語二句，乃是開宗明義及綜括全詩之議論。又與白香山新樂府序（白氏長慶集叄。）所謂「首句標其目，卒章顯其志。」者，有密切關係。樂天所謂「每被老元偷格律。」（白氏長慶集壹陸編集拙詩成一十五卷因題卷末戲贈元九李二十詩。）殆指此類歟？至於讀此詩必與樂天長恨歌詳悉比較，又不俟論也。總而言之，連昌宫詞者，微之取樂天長恨歌之題材依香山新樂府之體制改進創造而成之新作品也。

凡論連昌宫詞者，有一先決問題，即此詩爲作者經過行宫感時撫事之作，抑但爲作者閉門伏案依題懸擬之作。若屬前者，則微之一生可以作此詩之年月，共計有五，悉條列於下，論其可否。

第一説　討淮蔡時作

洪邁容齋隨筆壹伍（容齋詩話肆。）連昌宫詞條云：

其末章及官軍討淮西乞廟謨休用兵之語，蓋元和十一二年間所作，殊得風人之旨，非長恨

〔歌〕比云。

寅恪案：容齋以連昌宮詞作於元和十一二年間，未知是否僅依詩中詞旨論斷，抑或更別有典據。若僅依詞旨論斷，則爲讀者普通印象，無論何人，皆具同感。匪特容齋一人如是也。元氏長慶集貳肆連昌宮詞（全唐詩第壹伍函元稹貳肆。）云：

> 今皇神聖丞相明。詔書纔下吳蜀平。官軍又取淮西賊，此賊亦除天下寧。

詩中所言，皆憲宗時事。今皇明指憲宗，故此詩之作必在憲宗之世。據讀者普通印象論，此四句似謂，「憲宗既平蜀之劉闢，吳之李錡。今又討淮西之吳元濟，若復除之，則天下寧矣。」後二句爲希望語氣。故此詩之作應在方討淮蔡，而尚未竟功之時。洪氏此詩作於元和十一二年間之説，殆即依此立論。考憲宗討淮蔡，前後共歷三年之久，自元和九年冬起，至十二年冬止。即資治通鑑自卷貳叁玖唐紀憲宗紀所載：

> 元和九年冬十月甲子，以嚴綬爲申光蔡招撫使，督諸道兵討吳元濟。

至卷貳肆拾唐紀憲宗紀所載：

> 元和十二年冬十月甲戌，〔李〕愬以檻車送吳元濟詣京師。己卯，淮西行營奏獲吳元濟。十一月〔丙戌朔〕上御興安門受俘，遂以吳元濟獻廟社，斬於獨柳之下。

是也。（參閱舊唐書壹伍新唐書柒憲宗紀等。）其實即此數年中眞與此詩之著作有關者，止元和十年十一年及十二年，而九年不能在內，以詩中有：

又有牆頭千葉桃，風動落花紅蔌蔌。

寫實之句，爲暮春景物，不能屬於其他節候。元和九年之暮春尚未出兵討淮蔡，故不能計入也。

新唐書叁捌地理志云：

河南道河南府河南郡壽安縣。（原注云：西一十九里有連昌宮，顯慶三年置。）

寅恪案：壽安約當今河南省宜陽縣地。連昌宮所在之地既已確定，連昌宮詞如爲憲宗討淮蔡而未竟功時所作，則在元和十年十一年或十二年暮春之時，微之至少必須經過壽安，然後始有賦此詩之可能。茲逐年考之於下：

（甲）元和十年暮春

舊唐書壹肆憲宗紀（通鑑貳叁捌唐紀憲宗紀元和五年亦紀此事。）云：

元和五年二月，東臺監察御史元稹攝河南尹房式於臺，擅令停務。貶江陵府士曹參軍。

微之自元和五年貶謫出長安後，至十年春始由唐州還京，復出京至通州。兩唐書本傳及白香山所爲墓誌皆紀述簡略。今摘錄其集中諸詩句及其題目自注等，與十年還京出京之道途時日有關者，以資參證。

元氏長慶集壹玖載：

桐孫詩幷序。（原注云：此後元和十年詔召入京及通州司馬已後詩。）

元和五年予貶掾江陵。三月二十四日宿曾峯館，山月曉時，見桐花滿地，因有八韻寄白翰林詩。當時草蹙，未暇紀題。及今六年，詔許西歸，去時桐樹上孫枝已拱矣。予亦白鬚兩莖，而蒼然班鬢，感念前事，因題舊詩，仍賦桐孫詩一絕。又不知幾何年復來商山道中。元和十年正月題。

去日桐花半桐葉，別來桐樹老桐孫。城中過盡無窮事，白髮滿頭歸故園。

西歸絕句

五年江上損容顏。今日春風到武關。兩紙京書臨水讀，小桃花樹滿商山。（原注云：得復言樂天書。）

只去長安六日期。多應及得杏花時。春明門外誰相待，不夢閑人夢酒卮。

今朝西渡丹河水，心寄丹河無限愁。若到莊前竹園下，殷勤爲繞故山流。（原注云：丹淅，莊之東流。）

寒窻風雪擁深爐。彼此相傷指白鬚。一夜思量十年事，幾人強健幾人無。（原注云：宿竇十二藍田宅。）

雲覆藍橋雪滿溪。須臾便與碧峯齊。風回麵市連天合，凍壓花枝着水低。

寒花帶雪滿山腰。着柳冰珠滿碧條。天色漸明回一望，玉塵隨馬度藍橋。

留呈夢得子厚致用（原注云：題藍橋驛。）（詩略。）

寅恪案：以上皆微之由唐州至長安途中所作。

灃西別樂天博載樊宗憲李景信兩秀才姪谷三月三十日相餞送

今朝相送自同遊。酒語詩情替別愁。忽到灃西總回去，一身騎馬向通州。

寅恪案：以上爲微之出長安至通州時所作。

又元氏長慶集壹貳載：

酬樂天東南行詩一百韻幷序

元和十年三月二十五日予司馬通州。二十九日與樂天於鄠東蒲池村別。十三年予以赦當遷。

我病方吟越，君行已過湖。（原注云：元和十年閏六月至通州，染瘴危重。八月，聞樂天司馬江州。）

又云：

重喜登賢苑，方看佐伍符。（原注云：九年樂天除太子贊善，予從事唐州也。）

又云：

因教罷飛檄，便許到皇都。（原注云：十年春自唐州詔予召入京。）

寅恪案：以上諸句爲微之追述元和十年春由唐州至長安，又由長安至通州事。

據上引諸詩，知微之於元和十年春由唐州入長安，實取藍武大道，證以韓退之貶潮州刺史，其出長安途中所賦詩，如左遷至藍關示姪孫湘七律及武關西逢配流吐蕃七絶等，（悉見昌黎集拾。）與微之此次行程適合，不過有去國還京之別耳。微之此役，西渡丹淅，北經武藍，距連昌宮所在之壽安殊遠，似難迂道經過。即使經過，其時之景物亦與連昌宮詞所言者不符，自不可能。其桐孫詩序雖記元和十年正月。繹其文意，乃補題元和五年三月二十四日之舊作者。本草綱目叁伍桐下引陶弘景説云：

> 二月開花，紅紫色。禮云，三月桐始華者也。

是正月時桐尚未開花。微之取元和十年正月詠桐孫詩附題於元和五年三月詠桐花詩後，不可因此誤疑商山道中氣候不同，花事特早也。西歸絶句言：「小桃花樹滿商山。」又言：「只去長安六日期。多應及得杏花時。」則此商山之「小桃花」必爲先杏開花之桃，而與千葉桃之較後開者不同類。考陸游老學庵筆記肆云：

> 歐陽公梅宛陵王文恭（寅恪案，文恭王珪謚也。）集皆有小桃詩。歐詩云，雪裏花開人未知。摘來相顧共驚疑。便當索酒花前醉，初見今年第一枝。但謂桃花有一種早開者耳。及遊成都，始識所謂小桃者，上元前後即著花，狀如垂絲海棠。曾子固雜識云，正月二十間天章閣

賞小桃。正謂此也。

是微之元和十年正月間於商山途中所見之小桃花正是此種植物，確無可疑矣。又據微之題藍橋驛留呈子厚諸人七律，證以柳子厚集肆貳所載：

詔追赴都二月至灞亭上

十一年前南渡客，四千里外北歸人。詔書許逐陽和至，驛路開花處處新。

之七絕，是微之略前行而子厚後隨。子厚於二月達灞亭，即長安近傍。時微之已先到長安。故綜合推計之，謂微之元和十年到長安之時，約在正月下旬或二月初旬，諒不甚遠於事實也。是年三月末，微之即取道灃鄠，折向西南，（元和郡縣圖志貳關內道京兆府鄠縣，東北至府六十五里，豐水出縣東南終南山，自發源北流至縣東二十八里北流入渭。）由秦至巴赴通州司馬之任。然則微之於元和十年春季正月一小部分或二月之全部分及三月幾全部分之時日，悉在長安。夏季自四月至六月之時間，又在由長安至通州之途中。連昌宮牆頭之千葉桃花，自開自謝，微之關山遠隔，王程有限，（白氏長慶集壹柒夷陵贈微之詩云：「各限王程須去住。」此借用。）亦無從得而賞之詠之。此連昌宮詞不能作於元和十年暮春之證也。

（乙）元和十一年暮春

（丙）元和十二年暮春

元氏長慶集壹貳獻滎陽公詩五十韻云：

自傷魂慘沮，何暇思幽玄。（稹病瘧二年，求醫在此，滎陽公不忍歸之瘴鄉。）

寅恪案：舊唐書壹伍捌鄭餘慶傳云：

（元和）九年拜檢校右僕射兼興元尹，充山南西道節度觀察使。三歲受代，十二年除太子少師。

又舊唐書壹伍憲宗紀下云：

（元和）九年三月辛酉以太子少傅鄭餘慶檢校右僕射興元尹山南西道節度使。

同書同卷（參吳廷燮唐方鎮年表肆。）又云：

（元和十一年）冬十月丁巳以刑部尚書權德輿檢校吏部尚書兼興元尹，充山南西道節度使。

又白氏長慶集壹柒題詩屏風絶句並序云：

（元和）十二年冬微之猶滯通州，予亦未離湓上。（詩略。）

據此可知微之自元和十年六月至十二年冬，皆在山南西道區域。興元爲山南西道節度使治所，鄭權俱爲當時之文儒大臣，而載之尤負盛名。微之之能久留興元，要非無因。且通州即在山南西道管內，故微之因病求醫，得至其地。若連昌宮所在之壽安縣，則隸屬河南道。微之非有公務，不能越道境而遠遊。今既無微之奉使越境之事，此連昌宮詞不能作於元和十一年或十二年暮春之證也。

第二說　淮蔡平後作

連昌宮詞既不能作於元和十年十一年十二年暮春，即不作於淮蔡用兵之時。元和紀年凡十五歲，憲宗暴崩於十五年正月庚子，（見舊唐書壹伍憲宗紀等。）則僅十三年十四年暮春，與此詩之著作有關。復依前例條辨之於下：

（丁）元和十三年暮春

白氏長慶集貳陸三遊洞序云：

平淮西之明年（即元和十三年）冬，予自江州司馬授忠州刺史。微之自通州授虢州長史。又明年（即元和十四年）春祗命之郡，與知退偕行。三月十日參會於夷陵。翌日（即三月十一日）微之反棹送予至下牢戍。又翌日（即三月十二日）將別未忍，引舟上下者久之。

又白氏長慶集壹柒載七言十七韻詩贈微之序云：

十年三月三十日別微之於灃上。十四年三月十一日夜，（三遊洞序言，三月十日參會於夷陵。微不同。）遇微之於峽中，停舟夷陵，三宿而別。

據此，則微之雖於元和十三年冬自通州司馬授虢州長史。至十四年春，始下峽赴新任。則十三年暮春仍在山南西道管內，無由得至壽安。此連昌宮詞不能作於元和十三年暮春之證也。

（戊）元和十四年暮春

舊唐書壹陸陸元稹傳云：

（元和）十四年，自虢州長史徵還，爲膳部員外郎。

新唐書壹柒肆元稹傳云：

（元和）末召拜膳部員外郎。

寅恪案：憲宗崩於元和十五年正月。微之於十四年已由虢州長史徵還長安，爲膳部員外郎，則連昌宮詞之作，似即在元和十四年暮春，自通州赴虢州，就長史新任，便道經過壽安之時。

元和郡縣圖志伍云：

河南道河南府壽安縣，東北至府七十六里。

同書陸云：

河南道虢州，東至東都四百五十里。

是微之未至虢州之前，必先經東都。而東都與壽安，僅七十六里之隔，便道經行，亦頗意中之事。北地通常桃花開放之時，約值舊曆清明節時。唐孟棨本事詩崔護「人面桃花」之句，爲世所習知，其所謂「去年今日」即清明日也。然考是年清明在三月三日，（此係據陳垣先生中西回史日曆，未知與當時實用之曆如何？即使不同，要不過相差一二日，於本文論證之主旨無關也。）微之發夷陵時，已爲三月十二或十三日，據通典壹捌叁州郡典壹叁云：

夷陵郡南至江陵水路二百三十七里。

江陵郡北至襄陽郡四百四十五里。

又同書壹柒柒州郡典柒云：

襄陽郡去東京八百五十七里。

今復加計自東京至壽安七十六里，共爲一千六百一十五里。縱唐代里度較今略短，又微之行程較前元和十年由唐州至長安由長安至通州二役爲迅速，然亦非四月初不能到壽安，是距清明已一月之久，恐不及見連昌宮牆頭千葉桃落紅蔌蔌之狀矣。且元和十四年二月憲宗平定淄靑最爲當時一大事，通鑑貳肆壹唐紀憲宗紀元和十四年條（參閱舊唐書壹貳肆新唐書貳壹叁李正己傳等。）云：

元和十四年二月壬戌，田弘正捷奏至。乙丑命户部侍郎楊於陵爲淄青宣撫使。己巳李師道首函至。自廣德以來，垂六十年，藩鎮跋扈，河南北三十餘州自除官吏，不供貢賦。至是盡遵朝廷約束。

據此，微之即行色怱怱，所經過之大都邑如洛陽等，似不能不稍作淹留，與當地官吏及平生親故相見，因從得知平齊消息。連昌宮詞若適作於是年暮春，則雖不必如劉夢得平齊行（劉夢得文集壹伍。）之誇大其事，亦不能僅敍至淮西平定而止，絕不道及淄靑一字。於此轉得一強有力之反證。此連昌宮詞不能作於十四年暮春之證也。

總而言之，連昌宮詞若爲作者經過行宮感時撫事之作，則其著作之時日，用地理行程以相參校，僅有元和十年暮春及元和十四年暮春二者之可能。而元和十年微之所取之道，即韓退之「雲横秦嶺家何在，雪擁藍關馬不前。」之道也。故不可能。元和十四年其所取之道，即杜子美「即從巴峽穿巫峽，便下襄陽向洛陽。」之道也。故似可能。但一考當年節候與花事之關係，又爲不可能。二者既皆不可能，則連昌宮詞非作者經過其地之作，而爲依題懸擬之作，據此可以斷定也。

連昌宮詞既爲依題懸擬之作，然則作於何時何地乎？考元氏長慶集壹貳見人詠韓舍人新律詩因有戲贈略云：

> 喜聞韓古調，兼愛近詩篇。好去老通川。（原注云：自謂。）

是微之在通州司馬任內曾有機緣得見韓退之詩之證也。

又考韓昌黎文集拾和李司勳過連昌宮七絶云：

> 夾道疏槐出老根。高甍巨桷壓山原。宫前遺老來相問，今是開元幾葉孫。

此爲退之和李正封之詩，李氏原作，今不可得見。退之作詩之時，爲元和十二年冬淮西適平之後。頗疑李氏原詩或韓公和作，遠道流傳，至次年即十三年春間遂爲微之所見，因依題懸擬，亦賦一篇。其時微之尚在通州司馬任內，未出山南西道之境。觀其託諸宮邊遺老問對之言，以抒開元元和今昔盛衰之感，與退之絕句用意遣詞尤相符會。否則微之既在通州司馬任內，其居距連昌宮絕遠，若非見他人作品，有所暗示，決無無端忽以連昌宮爲題，而賦此長詩之理也。據舊唐書壹陸陸元稹傳云：

元稹河南人，元和元年四月除右拾遺。出爲河南縣尉。四年奉使東蜀，使還分務東臺。

夫河南雖是郡望，但洛陽則爲微之仕宦居遊之地。元和五年未貶江陵以前，至少亦當一度經過壽安，連昌宮門內之竹，牆頭之桃，俱所目見。故依題懸擬，亦能切合。李正封之作，其藝術高下未審如何。若微之此篇之波瀾壯闊，決非昌黎短句所可並論，又不待言也。至唐詩紀事陸貳鄭嵎津陽門詩，雖亦託之旅邸主翁之口，爲道承平故實，抒寫今昔盛衰之感。然不過塡砌舊聞，祝願頤養而已。才劣而識陋，較之近人王湘綺之圓明園詞，王觀堂之頤和園詞，或猶有所不逮。以文學意境衡之，誠無足取。其所以至今仍視爲敍述明皇太眞物語之鉅製者，殆由詩中子注搜采故實頗備，可供參考之資耳。

綜合此詩末章前後文意言之，「官軍又取淮西賊，此賊亦除天下寧。」二句爲已然語氣，而非希望語氣。故「年年耕種宮前道，今年不遣子孫耕。」二句，意謂今年不依往年之例，耕種宮前御道，以待天子臨幸。「今年」爲淮西始平，天下遂寧之年，文意甚明。是此詩實成於元和十三年暮春。洪氏作於元和十一二年間之說，即以依題懸擬言，猶有未諦也。

連昌宮詞末章「老翁此意深望幸，努力廟謨休用兵。」之語，與後來穆宗敬宗兩朝之政治尤有關係，略徵舊史述之於下：

舊唐書壹柒貳蕭俛傳（參舊唐書壹陸穆宗紀長慶元年二月乙酉馬總奏條。）云：

穆宗乘章武恢復之餘，即位之始，兩河廓定，四鄙無虞，而俛與段文昌屢獻太平之策，以爲兵以靜亂，時已治矣，不宜黷武。勸穆宗休兵偃武。又以兵不可頓去，請密詔天下軍鎮有兵處，每百人之中限八人逃死，謂之消兵。帝既荒縱，不能深料，遂詔天下如其策行之。而藩鎮之卒，合而爲盜，伏於山林。明年朱克融王庭湊復亂河朔，一呼而遣卒皆至。朝廷方徵兵諸藩，籍既不充，尋行招募。烏合之徒，動爲賊敗。由是再失河朔，蓋消兵之失也。

舊唐書壹陸陸元稹傳云：

荆南監軍崔潭峻甚禮接稹，不以掾吏遇之，常徵其詩什諷誦之。長慶初潭峻歸朝，（新唐書壹柒肆元稹傳作，長慶初潭峻方親幸，較妥。蓋新唐書壹柒玖李訓傳明言潭峻爲元和逆黨，即弒憲宗之黨，而憲宗於元和十五年正月二十七日被弒，穆宗嗣位。次年，方改元長慶。是潭峻歸朝當在長慶以前也。）出稹連昌宮詞等百餘篇奏御。穆宗大悅，問稹安在？對曰，今爲南宮散郎。即日轉祠部郎中，尋知制誥。由是極承恩顧。無何，召入翰林，爲中書舍人承旨學士。中人以潭峻之故，爭與稹交。而知樞密魏弘簡尤與稹相善。穆宗愈深知重。河東節度使裴度三上疏，言稹與弘簡爲刎頸之交，謀亂朝政。言甚激訐。穆宗顧中外人情，乃罷稹内職，授工部侍郎。上恩顧未衰，長慶二年拜平章事。詔下之日，朝野無不輕笑之。

當憲宗之世，主持用兵者，宰相中有李吉甫武元衡裴度諸人，宦官中則有吐突承璀。然宦官亦有朋黨，與士大夫相似。其弑憲宗立穆宗及殺吐突承璀之諸宦官，世號爲「元和逆黨」。崔潭峻者，此逆黨中之一人。故「消兵」之説，爲「元和逆黨」及長慶初得志於朝之士大夫所主持。此事始末，非本文所能詳盡。但連昌宫詞末章之語，同於蕭俛段文昌「消兵」之説，宜其特承穆宗知賞，而爲裴晉公所甚不能堪。此則讀是詩者，於知人論世之義，不可不留意及之也。

又白氏長慶集肆伍策林序略云：

元和初予罷校書郎，與元微之將應制舉。揣摩當代之事，構成策目七十五門。

四十四　銷兵數

若使逃不捕，死不填，則十年之間，十又銷其三四矣。故不散棄之，則軍情無怨也。不增加之，則其數自銷也。

然則「銷兵」之説，本爲微之少日所揣摩當世之事之一。作連昌宫詞時，不覺隨筆及之。殊不意其竟與己身之榮辱升沈，發生如是之關係。此則當日政治之環境實爲之也。

又微之賦此詩述玄宗時事託諸宫邊野老之口，如「弄權宰相不記名，依稀憶得楊與李。」之例，其有與史實不甚符合者，可置不論。然今日流傳之本，亦有後人妄加注解者，則不得不亟爲刪訂。如「明年十月東都破，御路猶存祿山過。」之句，今全唐詩本第壹伍函元稹貳肆此句下注云：

天寶十三年禄山破洛陽。

寅恪案：舊唐書玖新唐書伍玄宗紀及通鑑貳壹柒同記天寶十四載十二月丁酉安祿山陷洛陽，「十月」自是微之誤記，至「十三年」之誤，更不待言也。（又元氏長慶集貳肆新題樂府立部伎亦有「明年十月燕寇來，九廟千門虜塵涴。」之句。）其最可異者，莫如「爾後相傳六皇帝，不到離宮門久閉。」之句下注云：

肅代德順憲穆。

六字。據詩中文義，謂「今皇」平吳蜀，取淮西，（連昌宮詞此數句，可與元氏長慶集貳壹代嚴綬諭淮西書參證。）則「今皇」自是指憲宗而言，自玄宗不到離宮之後，順數至「今皇」即憲宗，只有五帝，何能預計穆宗或加數玄宗而成「六皇帝」？嘗徧考諸本，俱作「六」，無作「五」者，可知此誤字相傳已久。頗疑微之於本朝君主傳代之數，似不應譌誤至此，而諉爲野老記憶不眞之言。如元氏長慶集伍貳沂國公魏愽德政碑所云：

五紀四宗，容受隱忍。

其「四宗」自指肅代德順四宗而言，所言既無譌舛，以彼例此，則應亦不致誤述也。或者此詩經崔潭峻之手進御於穆宗，閹椓小人，未嘗學問，習聞當日「消兵」之說，圖復先朝巡幸之典，殊有契於「老翁此意深望幸，努力廟謨休用兵。」之句，遂斷章取義，不顧前後文意，改「五」爲「六」，藉以兼指穆宗歟？此言出於臆測，別無典據，姑備一說於此，以待他日之推證可也。然其後敬宗欲幸東都，殆亦受宦官之誘惑者，經羣臣極諫，並畏藩鎮稱兵，不得已中止。其事本末見舊唐書壹柒拾新唐書壹柒叁裴度傳，茲迻錄通鑑原文及胡三省注於下，似亦與「望幸」句意關涉，讀此詩者可併取以參證焉。

通鑑貳肆叁唐紀敬宗寶曆二年條云：

> 上（敬宗）自即位以來，欲幸東都。宰相及朝臣諫者甚衆，上皆不聽，決意必行。已令度支員外郎盧貞，按視修東都宮闕及道中行宮，（胡注，自長安歷華陝至洛，沿道皆有行宮。如壽安之連昌宮是也。）裴度從容言於上曰，國家本設兩都，以備巡幸。自多難以來，茲事遂廢。今宮闕營壘，百司廨舍，率已荒阤。陛下儻欲巡幸，宜命有司歲月間徐加完葺，然後可往。上曰，從來言事者，皆言不當往。如卿言，不往亦可。會朱克融王庭湊皆請以兵匠助修東都。三月丁亥，敕以修東都煩擾，罷之。（胡注，史言修東都之役，非以羣臣論諫而罷，特畏幽鎮之稱兵而罷耳。）

復有傳本譌寫應即校改者，如「往來年少說長安，玄武樓成花萼廢。」之句，唐詩紀事本（卷貳柒。）

作「玄武樓前花萼廢。」全唐詩本「成」字下亦有「一作前」之注，案唐六典柒云：

興慶宮在皇城之東南，東距外郭城東垣。（原注云：即今上龍潛舊宅也。開元初以爲離宮。至十四年又取永嘉勝業坊之半以置朝。自大明宮東夾羅城複道經通化門磴潛通焉。）宮之南曰通陽門，通陽之西曰花萼樓。（原注云：樓西即寧王第，故取詩人棠棣之義以名樓焉。）

宋敏求長安志陸大明宮條（參考徐松唐兩京城坊考壹。）云：

北面一門曰玄武門。（原注云：德宗造門樓，外設兩廊，持兵宿衛，謂之北衙。）

據此，玄武樓在大明宮之北面，興慶宮遠在大明宮之東南，而花萼樓又在興慶宮之西南隅，則花萼樓準諸地望，決無在玄武樓前之理。昔人譏白香山長恨歌「峨嵋山下少人行，旌旗無光日色薄。」之句爲誤，以峨嵋山在唐代嘉州境內，明皇由長安至成都不經過其下也。（見夢溪筆談貳叁譏誚附謬誤類及詩人玉屑壹壹。）殊不知微之使東川，作好時節絕句，（元氏長慶集壹柒。）亦有「身騎驄馬峨嵋下，面帶霜威卓氏前。」之語。（並見長恨歌章。）此皆詩人泛用典故率意牽附之病，不足深責。獨此詩說長安今昔之變遷，託諸往來年少之口，乃寫實之詞，與泛用典故者不同。其於城坊宮苑之方位，豈能顛倒錯亂至此。若斯之類，自屬後人傳寫之誤。況花萼樓建於玄宗之世，爲帝王友愛之美談。玄武樓造於德宗之時，成神策宿衛之禁域。一成一廢，對舉並陳。而今昔盛衰之感，不明著一字，即已在其中。若非文學之天才，焉能如是。此微之所以得稱「元才子」而無愧者耶？又五代會要壹捌前代史條載賈緯之語，謂「自唐高祖至代宗，紀傳已具。」則今舊唐書玄宗紀實本之舊文，夫君舉必書，巡幸陪都之大典，決無漏載之理。考舊唐書玄宗自開元二十四年十月丁丑自東都還西京之後，（新唐書伍玄宗紀及通鑑貳壹肆俱作丁卯。而舊唐書捌玄宗紀作丁丑。當依張宗泰校記改爲丁卯。）遂未重到洛陽。是後率以冬季十月或十一月幸華清宮，從未東出崤函一步。故通鑑貳壹肆開元二十五年九月條（參閱新唐書伍叁食貨志。）云：

> 先是西北邊數十州多宿重兵，地租營田皆不能贍，始用和糴之法。有彭果者，因牛仙客獻策，請行糴法於關中。戊子敕以歲稔穀賤傷農，命增時價什二三和糴東西畿粟各數百萬斛，停今年江淮所運租。自是關中蓄積羨溢，車駕不復幸東都矣。癸巳敕河南河北租應輸含嘉倉者皆留輸本州。

國史補上略云：

> 玄宗開元二十四年時在東都，因宮中有怪，明日召宰相欲西幸。裴稷山張曲江諫。是時李林甫初拜相，竊知上意，乃言，兩京陛下東西宮也。臣請宣示有司，即日西幸。上大悅。自此駕至長安，不復東矣。

雖册壽王妃楊氏在開元二十三年十二月乙亥，（見通鑑貳壹肆及考異並唐大詔令集肆拾全唐文叁捌册壽王楊妃文。）其時玄宗尚在東都，未還西京。然自楊妃於開元二十九年正月二日入道，即入宮之後，（詳見長恨歌章辨曝書亭集伍伍書楊太眞外傳後。）明皇旣未有巡幸洛陽之事，則太眞更無以皇帝妃嬪之資格從遊連昌之理，是太眞始終未嘗伴侍玄宗一至連昌宮也。詩中「上皇正在望仙樓，太眞同凭欄干立。」及「寢殿相連端正樓。太眞梳洗樓上頭。」等句，皆傳會華清舊說，（樂史楊太眞外傳下云：「華清宮有端正樓，即貴妃梳洗之所。」）構成藻飾之詞。才人故作狡獪之語，本不可與史家傳信之文視同一例，恐讀者或竟認爲實有其事，特爲之辨正如此。

至元氏長慶集壹柒燈影七絕云：

> 洛陽晝夜無車馬，漫掛紅紗滿樹頭。見説平時燈影裏，玄宗潛伴太眞遊。

則亦微之依據世俗傳說，姑妄聽之，姑妄言之。旣有「見說」之語，則更不足辨。而全唐詩第壹玖函張祜貳連昌宮七絕所謂：「玄宗上馬太眞去」者，又在微之之後，尤可不論矣。又詩中「百官隊仗避岐薛，楊氏諸姨車鬭風。」之句，容齋續筆貳開元五王條已言其非事實，故茲不再辨。惟洪氏以「楊太眞以（天寶）三載方入宮。」則殊疏舛，殆誤會通鑑書法所致。寅恪別於長恨歌章詳論之矣。

更有可論者，詩云：

> 明年十月東都破。御路猶存祿山過。驅令供頓不敢藏，萬姓無聲淚潛墮。

寅恪案：通鑑貳壹捌唐紀叁肆至德元載六月（安祿山）遣孫孝哲將兵入長安條考異略云：

> 新傳又云（安）祿山至（長安），怒，大索三日。按舊傳（張）通儒爲西京留守編檢諸書，祿山自

反後未嘗至長安，新傳誤也。

是祿山自反後未嘗至長安。連昌宮爲長安洛陽間之行宮，祿山既自反後未嘗至長安，則當無緣經過連昌宮前之御路，故此事與楊貴妃之曾在連昌宮之端正樓上梳洗者，同出於假想虛構。宋子京爲史學名家，尚有此失，特附論及之，庶讀此詩者不至沿襲宋氏之誤也。

此詩復有唐代當時術語須略加詮釋者，如「賀老琵琶定場屋。」之定，及樂府雜錄敍貞元時長安東西兩市互鬭聲樂事中，「西市豪族厚賂莊嚴寺僧善本，以定東鄽之勝。」之定，其義爲「壓」及「壓場」之意也。又如「蛇出燕巢盤鬭拱。」之「鬭拱」，即近日營造學者所盛稱之「斗拱」。斗字義不可通，蓋古代工匠用以代鬭字之簡寫，殊非本字。然今知此者鮮矣。（見校補記第十則）

第四章　豔詩及悼亡詩附：讀鶯鶯傳

元氏長慶集叁拾敍詩寄樂天書云：

不幸少有伉儷之悲，撫存感往，成數十詩，取潘子悼亡爲題。又有以干教化者，近世婦人暈淡眉目，綰約頭鬢，衣服脩廣之度及匹配色澤尤劇怪豔，因爲豔詩百餘首。詞有今古，又兩體。

寅恪案：今存元氏長慶集爲不完殘本。其第玖卷中夜閒至夢成之等詩，皆爲悼亡詩，韋縠才調集第伍卷所錄微之詩五十七首，雖非爲一人而詠，但所謂豔詩者，大抵在其中也。微之自編詩集，以悼亡詩與豔詩分歸兩類。其悼亡詩即爲元配韋叢而作。其豔詩則多爲其少日之情人所謂崔鶯鶯者而作。微之以絶代之才華，抒寫男女生死離別悲歡之情感。其哀豔纏綿，不僅在唐人詩中不可多見，而影響及於後來之文學者尤巨。如鶯鶯傳者，初本微之文集中附庸小說，其後竟演變流傳成爲戲曲中之大國鉅製，即是其例。夫此二婦人與微之之關係，既須先後比較觀察之，則微之此兩類詩，亦不得不相校並論也。

夫此兩類詩本爲男女夫婦而作。故於(一)當日社會風習道德觀念。(二)微之本身及其家族在當日社會中所處之地位。(三)當日風習道德二事影響及於微之之行爲者。必先明其梗概，然後始可瞭解。寅恪前著讀鶯鶯傳一文，已論及之。此文即附於後幅，雖可取而並觀，然爲通曉元氏此兩類詩，故不憚重複煩悉之譏，仍爲總括序論於此，以供讀此兩類詩者之參考焉。

縱覽史乘，凡士大夫階級之轉移升降，往往與道德標準及社會風習之變遷有關。當其新舊蛻嬗之間際，常呈一紛紜綜錯之情態，即新道德標準與舊道德標準，新社會風習與舊社會風習並存雜用。各是其是，而互非其非也。斯誠亦事實之無可如何者。雖然，值此道德標準社會風習紛亂變易之時，此轉移升降之士大夫階級之人，有賢不肖拙巧之分別，而其賢者拙者，常感受苦痛，終於消滅而後已。其不肖者巧者，則多享受歡樂，往往富貴榮顯，身泰名遂。其故何也？由於善利用或不善利用此兩種以上不同之標準及習俗，以應付此環境而已。譬如市肆之中，新舊不同之度量衡並存雜用，則其巧詐不肖之徒，以長大重之度量衡購入，而以短小輕之度量衡售出。其賢而拙者之所爲適與之相反。於是兩者之得失成敗，即決定於是矣。

人生時間約可分爲兩節，一爲中歲以前，一爲中歲以後。人生本體之施受於外物者，亦可別爲情感及事功之二部。若古代之士大夫階級，關於社會政治者言之，則中歲以前，情感之部爲婚姻。中歲以後，事功之部爲仕宦。故白氏長慶集壹肆和夢遊春詩一百韻序略云：

微之既到江陵，又以夢遊春七十韻寄予，且題其序曰，斯言也，不可使不知吾者知，知吾者，亦不可使不知。樂天知吾（者）也，不敢不使吾子知。故廣足下七十韻爲一百韻，重爲足下陳夢遊之中所以甚感者，敍婚仕之際所以至感者。微之微之，予斯文也，尤不可使不知吾者知。幸藏之云爾。

夫婚仕之際，豈獨微之一人之所至感，實亦與魏晉南北朝以來士大夫階級之一生得失成敗至有關係。而至唐之中葉，即微之樂天所生值之世，此二者已適在蛻變進行之程途中，其不同之新舊道德標準社會風習並存雜用，正不肖者用巧得利，而賢者以拙而失敗之時也。故欲明乎微之之所以爲不肖爲巧爲得利成功，無不繫於此仕婚之二事。以是欲瞭解元詩者，依論世知人之旨，固不可不研究微之之仕宦與婚姻問題，而欲明當日士大夫階級之仕宦與婚姻問題，則不可不知南北朝以來，至唐高宗武則天時，所發生之統治階級及社會風習之變動。請略述之，以供論證焉。

南北朝之官有清濁之別，如隋書貳陸百官志中所述者，即是其例。至於門族與婚姻之關係，其例至多，不須多舉。故士大夫之仕宦苟不得爲清望官，婚姻苟不結高門第，則其政治地位，社會階級，即因之而低降淪落。玆僅引一二事於下，已足資證明也。

晉書捌肆楊佺期傳云：

自云門户承籍，江表莫比。有以其門第比王珣者猶恚恨。而時人以其晚過江，婚宦失類，每排抑之。恆慷慨切齒，欲因事際，以逞其志。

南史叁陸江夷傳附斅傳云：

中書舍人紀僧眞幸於（齊）武帝，稍歷軍校，容表有士風。謂帝曰，臣小人，出自本縣武吏，邀逢聖時，階榮至此。爲兒婚得荀昭光女，即時無復所須，唯就陛下乞作士大夫。帝曰，由江斅謝瀹。我不得措此意。可自詣之。僧眞承旨詣斅，登榻坐定，斅便命左右曰，移吾牀讓客。僧眞喪氣而退，告武帝曰，士大夫故非天子所命。

據此，可知當時人品地位，實以仕宦婚姻二事爲評定之標準。唐代政治社會雖不盡同於前代，但終不免受此種風習之影響。故婚仕之際，仍爲士大夫一生成敗得失之所關也。

若以仕之一事言之，微之雖云爲隋兵部尚書元巖之六世孫，然至其身式微已甚，觀其由明經出身一事可證。如康駢劇談錄（參唐語林陸補遺。）略云：

元和中李賀善爲歌篇，爲韓愈所知，重於縉紳。時元稹年少，以明經擢第，亦工篇什。嘗交結於賀，日執贄造門。賀覽刺不答。遽入，僕者謂曰，明經及第，何事看李賀？稹慚恨而退。

裴廷裕東觀奏記上（參新唐書壹捌貳李玨傳唐語林叁識鑒類。）略云：

李玨趙郡贊皇人。早孤，居淮陰，舉明經。李絳爲華州刺史，一見謂之曰，日角珠庭，非常人也。當掇進士科，明經碌碌，非子發跡之路。

新唐書壹捌叁崔彦昭傳（參尉遲偓中朝故事。）云：

彦昭與王凝外昆弟也。凝大中初先顯，而彦昭未仕。嘗見凝，凝倨不冠帶，慢言曰，不若從明經舉。彦昭爲憾。

王定保摭言壹序進士條云：

其艱難謂之三十老明經，五十少進士。

據此得見唐代當日社會風尚之重進士輕明經。微之年十五以明經擢第，而其後復舉制科者，乃改正其由明經出身之途徑，正如其棄寒族之雙文，而婚高門之韋氏。於仕於婚，皆不憚改轍，以增高其政治社會之地位者也。

又元氏長慶集伍玖告贈皇祖祖妣文云：

蔭籍朘削，龜繩用稀。我曾我祖，仍世不偶。先尚書盛德大業，屈於郎署。

同集同卷告贈皇考皇妣文云：

惟積洎稹，幼遭閔凶，積未成童。稹生八歲，蒙騃孩稚，昧然無識，遺有清白，業無樵蘇。先夫人備極勞苦，躬親養育。截長補敗，以禦寒凍。質價市米，以給晡旦。依倚舅族，分張外姻。（元氏長慶集壹壹答姨兄胡靈之見寄五十韻序云，九歲解賦詩，飲酒至斗餘乃醉，時方依倚舅族。)

案白氏長慶集陸壹河南元公墓誌銘及新唐書柒伍下宰相世系表等，微之曾祖延景，岐州參軍。祖悱，南頓丞。即告祭文所謂「我曾我祖，仍世不偶。」者。父寬，比部郎中，即告祭文所謂「屈於郎署」者。(後悱復以罪降虢州別駕，累遷舒王府長史。見元氏長慶集伍捌陸翰妻元氏墓誌銘。)觀微之幼年家庭寒苦之情況，其告祭考妣文詳述無遺。故微之縱是舊族，亦同化於新興階級，即高宗武后以來所拔起之家門，用進士詞科以致身通顯，由翰林學士而至宰相者。此種社會階級重詞賦而不重經學，(微之雖以明經舉，然當日此科記誦字句而已，不足言通經也。)尚才華而不尚禮法，以故唐代進士科，爲浮薄放蕩之徒所歸聚，與倡伎文學殊有關聯。觀孫棨北里志，及韓偓香奩集，即其例證。宜乎鄭覃李德裕以山東士族禮法家風之立場，欲廢其科，而斥其人也。夫進士詞科之放佚恣肆，不守禮法，固與社會階級出身有關。然其任誕縱情，毫無顧忌，則北里志序略云：

自大中皇帝好儒術，特重科第。故進士自此尤盛，曠古無儔。僕馬豪華，宴遊崇侈。以同年俊少年爲兩街探花使，鼓扇輕浮，仍歲滋甚。予頻隨計吏，久寓京華，時亦偷遊其中。俄逢喪亂，鑾輿巡蜀，崤函鯨鯢。向來聞見，不復盡記。聊以編次，爲太平遺事云。中和甲辰歲孫棨序。

香奩集序略云：

自庚辰辛巳之際，迄辛丑庚子之間，所著歌詩，不啻千首。其間以綺麗得意，亦數百篇。往往在士大夫之口，或樂工配入聲律，粉牆椒壁，斜行小字，竊詠者不可勝記。大盜入關，緗帙都墜。

寅恪案：孫序作於中和甲辰，即僖宗中和四年。韓序中所謂庚辰辛巳，即懿宗咸通元年及二年，庚子辛丑即僖宗廣明元年及中和元年。然則進士科舉者之任誕無忌，乃極於懿僖之代。微之生世較早，猶不敢公然無所顧忌。蓋其時士大夫階級山東士族，尚保有一部分殘餘勢力。其道德標準，與詞科進士階級之新社會風氣，並存雜用。而工於投機取巧之才人如微之者，乃能利用之也。明乎此，然後可以論微之與韋叢及鶯鶯之關係焉。

貞元之時，朝廷政治方面，則以藩鎮暫能維持均勢，德宗方以文治粉飾其苟安之局。民間社會方面，則久經亂離，略得一喘息之會，故亦趨於嬉娛遊樂。因此上下相應，成爲一種崇尚文詞，矜詡風流之風氣。國史補下云：

長安風俗，自貞元侈於遊宴。

又杜牧之感懷詩（樊川集壹。）所謂：

至於貞元末，風流恣綺靡。

者，正是微之少年所遭遇之時代也。微之幼時，依其姊婿陸翰，居於鳳翔西北邊境荒殘之地。(見元氏長慶集叁拾誨姪等書，又白氏長慶集肆新樂府西涼伎云：「平時安西萬里疆。今日邊防在鳳翔。」之句。)雖駐屯軍將，奢僭恬嬉。要之，其一般習俗，仍是樸儉。與中州之名都大邑相較，實有不侔。蒲州爲當日之中都河中府，去長安三百二十四里，洛陽五百五十里，(見舊唐書叁玖及新唐書叁玖地理志等。)爲東西兩京交通所常經繁盛殷闐之都會也。微之以甫逾弱冠之歲，出遊其地，其所聞見，與昔迥殊，自不能不被誘惑。其所撰鶯鶯傳所云：

> 內秉堅孤，非禮不可入，以是年二十二，未嘗近女色。(寅恪案，通行本鶯鶯傳皆作年二十三。茲依王性之微之年譜改作二十二。)

者，鳳翔之誘惑力，不及河中，因得以自持。而以守禮誇詡，欺人之言也。及其遭遇雙文以後之沈溺聲色，見其前之堅貞，亦不可信。何以言之？姑不必論其始亂終棄之非多情者所爲，即於韋叢，其三遺悲懷詩之叁云：

> 唯將終夜常開眼，報答平生未展眉。

所謂常開眼者，自比鰥魚，即自誓終鰥之義。其後娶繼配裴淑，已違一時情感之語，亦可不論。唯韋氏亡後未久，裴氏未娶以前，已納妾安氏。元氏長慶集伍捌葬安氏誌云：

> 始辛卯歲，予友致用憫予愁，爲予卜姓而授之。

考成之卒於元和四年七月九日，（見昌黎集貳肆監察御史元君妻京兆韋氏夫人墓誌銘。）所謂辛卯歲者，即元和六年。是韋氏亡後不過二年，微之已納妾矣。夫唐世士大夫之不可一日無妾媵之侍，乃關於時代之習俗，自不可以今日之標準爲苛刻之評論。但微之本人與韋氏情感之關係，決不似其自言之永久篤摯，則可以推知。然則其於韋氏，亦如其於雙文，兩者俱受一時情感之激動，言行必不能始終相符，則無疑也。又微之自言眷念雙文之意，形之於詩者，如才調集伍雜思之四云：

取次花叢懶回顧，半緣修道半緣君。

及白樂天轉述其友之事，如全唐詩第壹陸函白居易壹伍和夢遊春詩一百韻云：

存誠期有感，誓志貞無黷。京洛八九春，未曾花裏宿。

似微之眞能「內秉堅孤　非禮不可入。」者，其實唐代德宪之世，山東舊族之勢力尚在，士大夫社會禮法之觀念仍存，詞科進士放蕩風流之行動，猶未爲一般輿論所容許，如後來懿僖之時者，故微之在鳳翔之未近女色，乃地爲之。而其在京洛之不宿花叢，則時爲之。是其自誇守禮多情之語，亦不可信也。抑更推言之，微之之貶江陵，實由忤觸權貴閹宦。及其淪謫既久，忽爾變節，乃竟干諛近倖，致身通顯。則其仕宦，亦與婚姻同一無節操之守。惟窺時趨勢，以取利自肥耳。茲節錄舊史，以資證明。舊唐書壹陸陸元稹傳（新唐書壹柒肆元稹傳略同。）略云：

〔元和〕四年，奉使東蜀，劾奏故劍南東川節度使嚴礪違制擅賦。稹雖舉職，而執政有與礪厚者，惡之。使還，令分務東臺，河南尹房式爲不法事，稹欲追攝，擅令停務。既飛表聞奏，罰式一月俸，仍召稹還京。宿敷水驛，内官劉士元後至，爭廳。士元怒，排其户。稹襪而走廳後。士元追之，復以箠擊稹，傷面。執政以稹少年後輩，務作威福，貶爲江陵府士曹參軍。荆南監軍崔潭峻甚禮接稹，不以掾吏遇之。長慶初，潭峻歸朝，（新唐書歸朝作方親幸。是。）出稹連昌宫辭等百餘篇奏御，穆宗大悦，由是極承恩顧。中人以潭峻之故，爭與稹交，而知樞密魏弘簡尤與稹相善。穆宗愈深知重。河東節度使裴度三上疏，言稹與弘簡爲刎頸之交，謀亂朝政，言甚激訐。穆宗顧中外人情，乃罷稹内職，授工部侍郎。上恩顧未衰，長慶二年拜平章事，詔下之日，朝野無不輕笑之。出稹爲同州刺史，改授浙東觀察使。〔大和〕三年九月，入爲尚書左丞。振舉綱紀，出郎官頗乖公議者七人。然以稹素無檢操，人情不厭服。會宰相王播倉卒而卒，稹大爲路岐經營相位。四年正月〔拜〕武昌軍節度使，卒於鎮。

故觀微之一生仕宦之始末，適與其婚姻之關係正復符同。南北朝唐代之社會，以仕婚二事衡量人物。其是非雖可不置論，但今日吾儕取此二事以評定當日士大夫之操守品格，則賢不肖巧拙分別，固極瞭然也。

雖然，微之絶世之才士也。人品雖不足取，而文采有足多者焉。關於鶯鶯傳，寅恪已别撰一文專論其事，故此從略，惟取豔詩及悼亡諸作略詮論之如下。所以先豔詩而後悼亡諸作者，以雙文成之二女與微之本人關係之先後爲次序，而更以涉於裴柔之者附焉。至夢遊春一詩，乃兼涉雙文成之者，故首論之。

元氏長慶集伍陸唐故工部員外郎杜君墓係銘幷序略云：

　　至若鋪陳終始，排比聲韻，大或千言，次猶數百。詞氣豪邁，而風調清深。屬對律切，而脫棄凡近。則李（白）尚不能歷其藩翰，況堂奧乎？

取此與微之上令孤楚啓（見舊唐書壹陸陸元稹傳。）所謂「思深語近，韻律調新。屬對無差，而風情宛然。」及樂天「或爲千言或五百言律詩以相投寄」者相參校。則知元白夢遊春詩，實非尋常遊戲之偶作，乃心儀浣花草堂之鉅製，而爲元和體之上乘，且可視作此類詩最佳之代表者也。（見附論丁元和體詩篇。）

微之夢遊春詩傳誦已逾千載。其間自不免有所譌誤。茲舉一例言之，如「嬌娃睡猶怒」之「嬌娃」二字，甚難通解。據爾雅釋畜云：「短喙，猲獢。」全唐詩第壹伍函元稹貳柒春曉云：

　　半欲天明半未明。醉聞花氣睡聞鶯。狌兒（寅恪案，今所見才調集諸本俱作娃兒。殷元勳宋邦綏箋注本引述異記云，美女曰娃。殊可笑也。）撼起鐘聲動，二十年前曉寺情。

及楊太眞外傳下（參酉陽雜俎前集壹忠志類天寶末交趾貢龍腦條及開元天寶遺事下。）略云：

昔上夏日與親王棋。貴妃立於局前觀之。上數枰子將輸。貴妃放康國猧子上局亂之。上大悦。

然則「狌兒」及「猧子」，「嬌娃」即「獢狌」之譌。此種短喙小犬，乃今俗稱「哈叭狗」者，原爲閨閣中玩品。按之夢游春詩中所言情事，實相符合。又「嬌娃睡猶怒」句，與上「鸚鵡飢亂鳴」句爲對文。即以能言麗羽之慧禽與善怒短喙之小犬，相映成趣。故「嬌娃」爲「獢狌」之譌寫明矣。否則女娃何故睡時猶發怒耶？更有可注意者，雙文所服之「夾纈」（詳見下文。）及所玩之狌兒，在玄宗時爲宮禁珍貴希有之物品，非民間所能窺見。今則社會地位如雙文者，在貞元間亦得畜用之。唐代文化之流佈，與時代先後及社會階層之關係，於此可見一斑矣。其餘詳見論樂天新樂府牡丹芳篇。茲不多及。

夢遊春詩（才調集伍。）中所述鶯鶯之妝束，如：

叢梳百葉髻，（原注云：時勢頭。）金蹙重臺履。（原注云：踏殿樣。）紕軟鈿頭裙，（原注云：瑟瑟色。）玲瓏合歡袴。（原注云：夾纈名。）鮮妍脂粉薄，暗淡衣裳故。

而全唐詩第壹陸函白居易壹伍樂天和之云：

風流薄梳洗，時世寬妝束。袖軟異文綾，裾輕單絲縠。裙腰銀線壓，梳掌金筐蹙。帶纈紫蒲萄，袴花紅石竹。

及才調集壹白居易詩：江南喜逢蕭九徹，因話長安舊遊，戲贈五十韻。其中摹寫貞元間京師婦人妝飾諸句云：

時世高梳髻，風流澹作妝。戴花紅石竹，帔暈紫檳榔。鬢動懸蟬翼，釵垂小鳳行。拂胸輕粉絮，煖手小香囊。

乃有時代性及寫實性者，非同後人豔體詩之泛描，斯即前引微之敍詩寄樂天書所謂：

近世婦人暈淡眉目，綰約頭鬢，衣服修廣之度及匹配色澤，尤劇怪豔。

者。又白氏長慶集貳和答詩序云：

頃在科試間，常與足下同筆硯。每下筆時，輒相顧語。患其意太切，而理太周。故理太周，則辭繁。意太切，則言激。然與足下爲文，所長在於此，所病亦在於此。足下來序，果有辭犯文繁之說。今僕所和者，猶前病也。待與足下相見日，各引所作，稍刪其繁而晦其義焉。

夫長於用繁瑣之詞，描寫某一時代人物妝飾，正是小說能手。後世小說，凡敍一重要人物出現時，必詳述其服妝，亦猶斯義也。原注所云，實貞元年間之時世妝。足見微之觀察精密，記憶確切。若取與白香山新樂府上陽人中所寫之「天寶末年時世妝。」之「小頭鞋履窄衣裳。青黛點眉眉細長。」者，固自不侔。即時世妝中所寫「元和妝梳」之「顋不施朱面無粉，烏膏注唇唇似泥。雙眉畫作八字低。」「圓鬟無鬢椎髻樣。斜紅不暈赭面狀。」者，亦仍有別。然則即此元白數句詩，亦可作社會風俗史料讀也。

又時勢頭者，才調集伍微之有所教詩云：

人人總解爭時勢，都大須看各自宜。

則時勢者，即今日時髦之義，乃當日習用之語。但「時勢頭」則專指貞元末流行之一種時式頭樣也。

又重臺履者，取義於重臺花瓣，此處則專指蓮花而言。如李德裕會昌一品集別集壹有重臺芙蓉賦，芙蓉即蓮花也。國史補下蘇州進藕條云：

近多重臺荷花，荷花上復生一花。

故取作履樣之名，與潘妃步步生蓮花之典相關，更爲適合也。

又唐語林肆賢媛篇引因話錄云：

玄宗柳婕妤，有才學，上甚重之。婕妤妹適趙氏，性巧慧，因使工鏤板爲雜花象之，而爲夾結。因婕妤生日，獻王皇后一匹。上見而賞之，因敕宮中依樣製之。當時甚秘，後漸出，遍於天下，乃爲至賤所服。

寅恪案：雙文在貞元時，亦服夾纈袴。可徵此種著品已流行一世，雖賤者亦得服之矣。

又夢遊春詩中先後述雙文成之二女事，微之既云：

覺來八九年，不向花迴顧。

及：

近作夢仙詩，（此指才調集伍全唐詩第壹伍函元稹貳柒夢昔時詩言。）亦知勞肺腑。一夢何足云，良時事婚娶。

及：

雖云覺夢殊，同是終難駐。

而樂天亦云：

心驚睡易覺，夢斷魂難續。

是俱以雙文之因緣爲夢幻不眞，殊無足道。其所謂「存誠」「誓志」，亦徒虛言耳。故樂天和句云：

韋門女清貴，裴氏甥賢淑。

及：

劉阮心漸忘，潘楊意方睦。

乃眞實語也。微之所以棄雙文而娶成之，及樂天公垂諸人之所以不以其事爲非，正當時社會輿論道德之所容許，已於拙著讀鶯鶯傳詳論之。茲所欲言者，則微之當日貞元元和間社會，其進士詞科之人，猶不敢如後來咸通廣明之放蕩無忌，盡決藩籬。此所以「不向花迴顧」及「未曾花裏宿」者也。但微之因當時社會一部分尙沿襲北朝以來重門第婚姻之舊風，故亦利用之，而樂於去舊就新，名實兼得。然則微之乘此社會不同之道德標準及習俗並存雜用之時，自私自利。綜其一生行迹，巧宦固不待言，而巧婚尤爲可惡也。豈其多情哉？實多詐而已矣。

復次，其最言之無忌憚，且爲與雙文關係之實錄者，莫如才調集伍所錄之古決絕詞，（參全唐詩第壹伍函元稹貳柒。）其壹云：

> 春風撩亂百勞語，況是此時抛去時。握手苦相問，竟不言後期。君情既決絕，妾意亦參差。借如死生別，安得長苦悲。

據此，雙文非負微之，微之實先負之，而微之所以敢言之無忌憚者，當時社會不以棄絕此類婦人如雙文者爲非，所謂「一夢何足云」者也。

其貳云：

> 矧桃李之當春，競衆人而攀折。我自顧悠悠而若雲，（雲溪友議下豔陽詞條，引微之贈裴氏詩云，嫁得浮雲壻，相隨即是家。微之一生對於男女關係之觀念，無論何人，終不改易其悠悠若雲之意也，噫。）又安能保君皟皟（全唐詩作皚皚。）之如雪。

又云：

> 幸它人之（全唐詩之字下多既字。）不我先，又安能後（全唐詩作使。）它人之（全唐詩之字下

多終字。）不我奪。已焉哉，織女別黃姑。一年一度暫相見，彼此隔河何事無。

嗚呼，微之之薄情多疑，無待論矣。然讀者於此詩，可以決定鶯鶯在當日社會上之地位，微之之所以敢始亂而終棄之者，可以瞭然矣。

其叁云：

一去又一年，一年何可徹。有此迢遞期，不如死生別。天公隔是妬相憐，何不便教相決絕。

觀於此詩，則知微之所以棄雙文，蓋籌之熟思之精矣。然此可以知微之之爲忍人，及至有心計之人也。其後來巧宦熱中，位至將相，以富貴終其身，豈偶然哉。

復次，微之夢遊春自傳之詩，與近日研究紅樓夢之「微言大義」派所言者，有可參證者焉。昔王靜安先生論紅樓夢，其釋「秉風情，擅月貌，便是敗家的根本。」意謂風情月貌爲天性所賦，而終不能不敗家者，乃人性與社會之衝突。其旨與西土亞歷斯多德之論悲劇，及盧梭之第雄論文暗合。其實微之之爲人，乃合甄賈寶玉於一人。其婚姻則同於賈，而仕宦則符於甄。觀夢遊春詩自述其仕宦云：

寵榮非不早，邅迴亦云屢。直氣在膏肓，氛氳日沈痼。不言意不快，快意言多忤。忤誠人所賊，性亦天之付。乍可沈爲香，不能浮作瓠。

是亦謂己之生性與社會衝突，終致邅迴而不自悔。推類而言，以仕例婚，則委棄寒女，締姻高門。雖繾綣故歡，形諸吟咏。然卒不能不始亂終棄者，社會環境，實有以助成之。是亦人性與社會之衝突也。惟微之於仕則言性與人忤，而於婚則不語及者。蓋棄寒女婚高門，乃當時社會道德輿論之所容許，而視爲當然之事，遂不見其性與人之衝突故也。吾國小説之言男女愛情生死離合，與社會之關係，要不出微之此詩範圍，因併附論之於此，或者可供好事者之研討耶？

才調集伍所録微之豔詩中如恨粧成云：

曉日穿隙明，開帷理粧點。傅粉貴重重，施朱憐冉冉。柔鬢背額垂，叢鬟隨釵斂。凝翠暈蛾眉，輕紅拂花臉。滿頭行小梳，當面施圓靨。最恨落花時，妝成猶披掩。

離思六首之貳云：

自愛殘粧曉鏡中。鐶釵慢篸綠絲叢。須臾日射燕脂頰，一朶紅酥旋欲融。

及其叁云：

紅羅著壓逐時新。吉了花紗嫩麴塵。第一莫嫌材地弱，些些紕慢最宜人。

又有所教云：

莫畫長眉畫短眉。斜紅傷豎莫傷垂。（寅恪案，此兩句乃當日時勢妝，即時世妝之教條也。）
人人總解爭時勢，都大須看各自宜。

皆微之描寫其所謂：

近世婦人暈淡眉目，綰約頭鬢。衣服修廣之度及匹配色澤，尤劇怪豔。

者也。至恨粧成所謂「輕紅拂花臉」及有所教所謂「斜紅傷豎莫傷垂」者，與元和時世妝之「斜紅不暈赭面（赭面即吐蕃。見新樂府章時世妝篇。）狀」者，不同，而有所教所謂短眉，復較天寶宮人之細畫長眉者有異矣。「人人總解爭時勢」者，人人雖爭爲入時之化妝，然非有雙文之姿態，則不相宜也。然則微之能言個性適宜之旨，亦美術化妝之能手，言情小說之名家。「元才子」之稱，足以當之無愧也。

復次，樂天和夢遊春詩結句云：

法句與心王，期君日三復。

自注云：

微之常以法句及心王頭陀經相示，故申言以卒其志也。

寅恪案：白氏長慶集貳和答詩思歸樂云：

心付頭陀經。

即此詩自注所謂心王頭陀經者也。寅恪少讀樂天此詩，遍檢佛藏，不見所謂心王頭陀經者，頗以爲恨。近歲始見倫敦博物院藏斯坦因號貳肆柒肆，佛爲心王菩薩說投陀經卷上，五陰山室寺惠辨禪師注殘本，（大正續藏貳捌捌陸號。）乃一至淺俗之書，爲中土所僞造者。至於法句經，亦非吾國古來相傳舊譯之本，乃別是一書，即倫敦博物院藏斯坦因號貳仟貳壹佛說法句經，（又中村不折藏敦煌寫本，大正續藏貳玖零壹號。）及巴黎國民圖書館藏伯希和號貳叁貳伍法句經疏，（大正續藏貳玖零貳號。）此書亦是淺俗僞造之經。夫元白二公自許禪梵之學，叮嚀反復於此二經。今日得見此二書，其淺陋鄙俚如此，則二公之佛學造詣，可以推知矣。

吾國文學，自來以禮法顧忌之故，不敢多言男女間關係，而於正式男女關係如夫婦者，尤少涉及。蓋閨房燕昵之情意，家庭米鹽之瑣屑，大抵不列載於篇章，惟以籠統之詞，概括言之而已。此後來沈三白浮生六記之閨房記樂，所以爲例外創作，然其時代已距今較近矣。

微之天才也。文筆極詳繁切至之能事。既能於非正式男女間關係如與鶯鶯之因緣，詳盡言之於會眞詩傳，則亦可推之於正式男女間關係如韋氏者，抒其情，寫其事，纏綿哀感，遂成古今悼亡詩一體之絕唱。實由其特具寫小說之繁詳天才所致，殊非偶然也。（見校補記第十一則）

論豔體詩竟，請論悼亡詩。

今本元氏長慶集玖第壹首夜閑題下注云：

此後並悼亡。

考程大昌演繁露陸云：

元稹集十三聽庾及之彈烏夜啼引云云。

程氏所見元集卷帙，雖與今本次第不同，然實與宋建本符合。（詳見涵芬樓影印明本後所附校文。）

南宋乾道四年洪适重刊北宋宣和六年劉麟編輯之六十卷本跋云：

今之所編，又律呂乖次。惜矣，舊規之不能存也。

新唐書陸拾藝文志別集類所著元氏長慶集一百卷，又小集十卷，傳至宋代，亡佚已多。故韋縠才調集伍所收微之詩，俱在六十卷本外也。今日本內閣文庫所藏元氏長慶集僅有殘葉，不知如何，亦未能取校。但詳繹今本第玖卷內諸詩所言節候景物，似亦與微之當日所賦之年月先後頗相符合，諒此卷諸作，猶存舊規。此點殊爲重要，蓋與解釋疑滯有關故也。

如此卷第壹首夜閑云：

秋月滿床明。

第貳首感小株夜合云：

不分秋同盡，深嗟小便衰。傷心落殘葉，猶識合昏期。

第叁首醉醒不涉節候景物，未能有所論斷，第肆首追昔遊云：

再來門館唯相弔，風落秋池紅葉多。

皆秋季景物也。昌黎集貳肆監察御史元君妻京兆韋氏夫人墓誌銘云：

〔夫人〕以元和四年七月九日卒。

知此數詩，皆韋氏新逝後，即元和四年秋季所作也。

又第伍首空屋題（原注云：十月十四日夜。）云：

朝從空屋裏，騎馬入空臺。盡日推閑事，還歸空屋來。月明穿暗隙，燈燼落殘灰。更想咸陽道，魂車昨夜回。

白氏長慶集壹肆感元九悼亡詩，因爲代答三首之二答騎馬入空臺云：

君入空臺去，朝往暮還來。我入泉臺去，泉門無復開。鰥夫仍繫職，稚女未勝哀。寂寞咸陽道，家人覆墓迴。

昌黎韋氏墓誌云：

其年（元和四年。）十月十三日葬咸陽，從先舅姑兆。

故微之於元和四年十月十四日夜賦詩云：

更想咸陽道，魂車昨夜回。

也。白樂天代答詩云：

鰥夫仍繫職。

又云：

家人覆墓迴。

微之琵琶歌(元氏長慶集貳陸。)云：

去年御史留東臺。公私蹙促顏不開。

可知韋氏之葬於咸陽，微之尚在洛陽，爲職務羈絆，未能躬往，僅遣家人營葬也。

其第陸首爲初寒夜寄子蒙。其第柒首城外回謝子蒙見諭有句云：

寒煙半床影，燼火滿庭灰。

第捌首諭子蒙及第玖第拾第拾壹三遣悲懷三首，俱無專言季候景物之句，不易推定其作成之時日。而第拾貳首旅眠云：

夜眠兼客坐，同在火爐床。

及第拾叁首除夜云：

憶昔歲除夜，見君花燭前。今宵祝文上，重疊敘新年。閑處低聲哭，空堂背月眠。傷心小男女，撩亂火堆邊。

則皆微之於元和四年所作之悼亡詩也。

其第拾肆首感夢云：

行吟坐歎知何極，影絕魂銷動隔年。今夜商山館中夢，分明同在後堂前。

案元氏長慶集壹玖桐孫詩序略云：

> 元和五年予貶掾江陵，三月二十四日宿曾峰館。山月曉時，見桐花滿地，因有八韻寄白翰林詩。及今六年，詔許西歸，感念前事，因題舊詩，仍賦桐孫詩一絕。又不知幾何年，復來商山道中。元和十年正月題。

故此詩爲元和五年三月貶江陵道中所作。

其第拾伍首合衣寢，第拾陸首竹簞，第拾柒首聽庾及之彈烏夜啼引，第拾捌首夢井，第拾玖首第貳拾首第貳拾壹首江陵三夢三首，第貳拾貳首張舊蚊幬，第貳拾叁首獨夜傷懷贈呈張侍御，疑皆微之在江陵所作。其第貳拾肆至第叁拾壹六年春遣懷六首，則元和六年在江陵所作。其第叁拾貳首答友封見贈，疑亦此時所作。至第叁拾叁首夢成之云：

> 燭暗船風獨夢驚。夢君頻問向南行。覺來不語到明坐，一夜洞庭湖水聲。

則疑是元和九年春之作。何以言之，元氏長慶集壹捌盧頭陀詩序云：

> 元和九年張中丞(正甫)領潭之歲，予拜張公於潭。

同集貳陸何滿子歌云：

> 我來湖外拜君侯，正値灰飛仲春琯。

蓋微之於役潭州，故有「船風」「南行」及「洞庭湖水」之語也。

以上所列元氏長慶集第玖卷悼亡詩中有關韋氏之作，共三十三首。就其年月先後之可考知者言之，似其排編之次第與作成之先後均甚相符，此可注意者也。夫微之悼亡詩中其最爲世所傳誦者，莫若三遣悲懷之七律三首。寅恪昔年讀其第壹首「今日俸錢過十萬」之句，而不得其解，因妄有考辨。由今觀之，所言實多謬誤。（見一九三五年清華學報拙著元微之遣悲懷詩之原題及其次序。）然今日亦未能別具勝解。故守「不知爲不知」之訓，姑闕疑以俟再考。

復次，取微之悼亡詩中所寫之成之，與其豔體詩中所寫之雙文相比較，則知成之爲治家之賢婦，而雙文乃絕藝之才女，其鶯鶯傳云：

崔氏甚工刀札，善屬文。求索再三，終不可見。往往張生自以文挑，亦不甚覩覽。

雖傳中所載雙文之一書二詩，或不免經微之之修改，但以辭旨觀之，必出女子之手，微之不能盡爲代作，故所言却可信也。其於成之，則元氏長慶集陸六年春遣懷八首之貳云：

檢得舊書三四紙，高低闊狹粗成行。

可知成之非工刀札善屬文者。故白氏長慶集陸壹河南元公墓誌銘亦止云：

前夫人韋氏懿淑有聞。

而已。即善於諛墓之韓退之，其昌黎集貳肆成之墓誌銘，但誇韋氏姻族門第之盛，而不及其長於文藝，成之爲人，從可知矣。又元氏長慶集玖聽庾及之彈烏夜啼引云：

四五年前作拾遺。諫書不密丞相知。謫官詔下吏驅遣。身作囚拘妻在遠。歸來相見淚如珠。

唯説閑宵長拜烏。今君到舍是烏力，粧點烏盤邀女巫。

夫拜烏迷信，固當時風俗，但成之如此，實不能免世俗婦女之識。觀元氏長慶集壹大觜烏詩，極論巫假烏以惑人之害，則微之本亦深鄙痛惡此迷信。其不言韋氏之才識，以默證法推之，韋氏殆一尋常婦女，非雙文之高才絕豔可比，自無疑義也。惟其如是，凡微之關於韋氏悼亡之詩，皆只述其安貧治家之事，而不旁涉其他。專就貧賤夫妻實寫，而無溢美之詞，所以情文並佳，遂成千古之名著。非微之之天才卓越，善於屬文，斷難臻此也。若更取其繼配裴氏，以較韋氏，則裴氏稍知文墨，如元氏長慶集壹貳酬樂天東南行詩一百韻序云：

通之人莫知言詩者，唯妻淑在旁，知狀。

蓋語外之意，裴柔之亦可與言詩也。而范攄雲溪友議下豔陽詞條亦載微之於出鎮武昌時曾與柔之相爲贈答，亦是一證。至范氏又以爲韋裴二夫人俱有才思，則未可盡信。

又樂天於微之墓誌銘雖亦云：

今夫人河東裴氏，賢明有禮，有輔佐君子之勞，封河東郡君。

而元氏長慶集貳貳初除浙東妻有阻色因以四韻曉之云：

嫁時五月歸巴地，今日雙旌上越州。興慶首行千命婦，（自注云：予在中書日，妻以郡君朝太后於興慶宮，猥爲班首。）會稽旁帶六諸侯。海樓翡翠閑相逐，鏡水鴛鴦暖共游。我有主恩羞未報，君於此外更何求。

案微之此詩，詞雖美而情可鄙，夫不樂去近甸而就遐藩，固亦人情之恆態，何足深責。而裴氏之渴慕虛榮，似不及韋氏之能安守貧賤，自可據此推知。然則微之爲成之所作悼亡諸詩，所以特爲佳作者，直以韋氏之不好虛榮，微之之尚未富貴。貧賤夫妻，關係純潔。因能措意遣詞，悉爲眞實之故。夫唯眞實，遂造詣獨絕歟？

附：讀鶯鶯傳

太平廣記肆捌捌雜傳記類載有元稹鶯鶯傳，即世稱爲會眞記者也。會眞記之名由於傳中張生所賦及元稹所續之會眞詩。其實「會眞」一名詞，亦當時習用之語。今道藏夜字號有唐元和十年進士洪州施肩吾（字希聖）西山群仙會眞記五卷，李竦所編。（又有會眞集五卷，超然子王志昌撰。）姚鼐以爲書中引海蟾子劉操，而操乃遼燕山人，故其書當是金元間道流依託爲之者。（見所撰四庫書目提要。）鄙意則謂其書本非肩吾自編，其中雜有後人依託之處，固不足怪，但其書實無甚可觀，因亦不欲多論。茲所欲言者，僅爲「會眞」之名究是何義一端而已。莊子稱關尹老聃爲博大眞人，（天下篇語。）後來因有眞誥眞經諸名。故眞字即與仙字同義，而「會眞」即遇仙或遊仙之謂也。又六朝人已侈談仙女杜蘭香萼綠華之世緣，流傳至於唐代，仙（女性）之一名，遂多用作妖豔婦人，或風流放誕之女道士之代稱，亦竟有以之目倡伎者。其例證不遑悉舉，即就全唐詩壹捌所收施肩吾詩言之，如及第後夜訪月仙子云：

自喜尋幽夜，新當及第年。還將天上桂，來訪月中仙。

及贈仙子云：

欲令雪貌帶紅芳。更取金瓶瀉玉漿。鳳管鶴聲來未足，懶眠秋月憶蕭郎。

即是一例。而唐代進士貢舉與倡伎之密切關係，觀孫棨北里志及韓偓香奩集之類，又可證知。（致堯自序中「大盜入關」之語，實指黃巢破長安而言，非謂朱全忠也。震鈞所編之年譜殊誤，寅恪別有辨證，茲不贅論。）然則仙（女性）字在唐人美文學中之涵義及「會眞」二字之界說，既得確定，於是鶯鶯傳中之鶯鶯，究爲當時社會中何等人物，及微之所以敢作此文自敍之主旨，與夫後人所持解釋之妄謬，皆可因以一一考實辨明矣。

趙德麟侯鯖錄伍載王性之辨傳奇鶯鶯事略云：

清源莊季裕爲僕言，友人楊阜公嘗得微之所作姨母鄭氏墓誌云，其既喪夫，遭軍亂，微之爲保護其家備至。則所謂傳奇者，蓋微之自敍，特假他姓以自避耳。僕退而考微之長慶集，不見所謂鄭氏誌文。豈僕家所收未完，或別有他本爾。又微之作陸氏姊誌云，予外祖父授睦州刺史鄭濟。白樂天作微之母鄭夫人誌，亦言鄭濟女。而唐崔氏譜，永甯尉鵬亦娶鄭濟女。則鶯鶯者，乃崔鵬之女，於微之爲中表。正傳奇所謂鄭氏爲異派之從母者也。可驗決爲微之無疑。然必更以張生者，豈元與張受命姓氏本同所自出耶？（原注云：張姓出黄帝之後，元姓亦然。後爲拓拔氏。後魏有國，改號元氏。）

寅恪案：鶯鶯傳爲微之自敍之作，其所謂張生即微之之化名，此固無可疑。然微之之所以更爲張姓，則殊不易解。新唐書壹貳伍張説傳云：

（武）后嘗問，諸儒言氏族皆本炎黄之裔，則上古乃無百姓乎？

武后之語頗爲幽默。夫後世氏族之託始于黄帝者亦多矣。元氏之易爲張氏，若僅以同出黄帝之故，則可改之姓甚衆，不知微之何以必有取於張氏也。故王性之説之不可通，無俟詳辨。鄙意微之文中男女主人之姓氏，皆仍用前人著述之舊貫。此爲會眞之事，故襲取微之以前最流行之「會眞」類小説，即張文成遊仙窟中男女主人之舊稱。如後來劇曲中王魁梅香，小説張千李萬之比。此本古今文學中之常例也。夫遊仙窟之作者張文成，自謂奉使河源，於積石山窟得遇崔十娘等。其故事之演成，實取材於博望侯舊事，故文成不可改易其眞姓。且遊仙窟之書，乃直述本身事實之作。如：

下官答曰，前被賓貢，已入甲科。後屬搜揚，又蒙高第。奉勑授關内道小縣尉。（寅恪案，即指寧州襄樂尉而言。)

等語，即是其例。但崔十娘等則非眞姓，而其所以假託爲崔者，蓋由崔氏爲北朝隋唐之第一高門。故崔娘之稱，實與其他文學作品所謂蕭娘者相同。不過一屬江左高門，一是山東甲族。南北之地域雖殊，其爲社會上貴婦人之泛稱，則無少異也。又楊巨源詠元微之「會眞」事詩(全唐詩第壹貳函楊巨源崔娘詩，當即從鶯鶯傳錄出。)云：

清潤潘郎玉不如。中庭蕙草雪消初。風流才子多春思，腸斷蕭娘一紙書。

楊詩之所謂蕭娘，即指元傳之崔女，兩者俱是使用典故也。儻泥執元傳之崔姓，而穿鑿搜尋一崔姓之婦人以實之，則與拘持楊詩之蕭姓，以爲眞是蘭陵之貴女者，豈非同一可笑之事耶？(鶯鶯雖非眞名，然其眞名爲複字，則可斷言。鄙意唐代女子頗有以「九九」爲名者。如才調集伍及全唐詩第壹伍函元稹貳柒詩中有「代九九」一題，即是其例。「九九」二字之古音與鶯鳥鳴聲相近，又爲複字，故微之取之，以暗指其情人，自是可能之事。惜未得確證，姑妄言之，附識於此，以博通人之一笑也。)

又觀於微之自敍此段因緣之別一詩，即才調集伍夢遊春云：

昔歲夢遊春，夢遊何所遇。夢入深洞中，果遂平生趣。清泠淺漫流，畫舫蘭篙渡。過盡萬株桃，盤旋竹林路。

及白樂天和此詩（白氏長慶集壹肆。）云：

昔君夢遊春，夢遊仙山曲。怳若有所遇，似愜平生欲。因尋昌蒲水，漸入桃花谷。

則似與張文成所寫遊仙窟之窟及其桃李澗之桃亦有冥會之處。蓋微之襲用文成舊本，以作傳文，固樂天之所諗知者也，然則世人搜求崔氏家譜以求合，僞造鄭氏墓誌以證妄，不僅癡人說夢爲可憐，抑且好事欺人爲可惡矣。

夫鶯鶯雖不姓崔，或者眞如傳文所言乃鄭氏之所出，而微之異派從母之女耶？據白氏長慶集貳伍唐河南元府君夫人滎陽鄭氏（則微之之母。）墓誌銘略云：

夫人父諱濟，睦州刺史，夫人睦州次女也。其出范陽盧氏。天下有五甲姓，滎陽鄭氏居其一。鄭之勳德官爵有國史在，鄭之源流婚媾有家牒在。

夫諛墓之文縱有溢美，而微之母氏出於士族，自應可信。然微之夢遊春詩敍其與鶯鶯一段因緣有：

我到看花時，但作懷仙句。（此指才調集伍全唐詩第壹伍函元稹貳柒雜憶五首詩言。）浮生轉經歷，道性尤堅固。近作夢仙詩，（寅恪案，此指才調集伍全唐詩第壹伍函元稹貳柒夢昔時詩言。所謂仙者，其定義必如上文所言乃妖冶之婦人，非高門之莊女可知也。）亦知勞肺腑。一夢何足云，良時事婚娶。

之語，白樂天和此詩其序亦云：

> 重爲足下陳夢遊之中所以甚感者，敍婚仕之際所以至感者。

其詩復略云：

> 心驚睡易覺，夢斷魂難續。鸞歌不重聞，鳳兆從茲卜。韋門女清貴，裴氏甥賢淑。

又韓昌黎集貳肆監察御史元君妻京兆韋氏夫人(即微之元配)墓誌銘略云：

> 僕射(韋夏卿)娶裴氏皐女，皐父宰相耀卿。夫人於僕射爲季女，愛之，選壻得今御史河南元稹。銘曰：
>
> 詩歌碩人。爰敍宗親。女子之事，有以榮身。夫人之先，累公累卿。有赫外祖，相我唐明。

據元白之詩意，俱以一夢取譬於鶯鶯之因緣，而視爲不足道。復觀昌黎之誌文，盛誇韋氏姻族之顯赫，益可見韋叢與鶯鶯之差別，在社會地位門第高下而已。然則鶯鶯所出必非高門，實無可疑也。唐世倡伎往往謬託高門，如太平廣記肆捌柒雜傳記類蔣防所撰霍小玉傳略云：

> 大歷中隴西李生名益，以進士擢第。其明年拔萃，俟試於天官。夏六月至長安，每自矜風調，思得佳偶，博求名妓，久而未諧。長安有媒鮑十一娘至曰，有一仙人(寅恪案，此即唐代社會之所謂仙人也。)謫在下界。生問其名居，鮑具説曰，故霍王小女，字小玉，王甚愛之。母曰淨持，即王之寵婢也。王之初薨，諸弟兄以其出自賤庶，不甚收錄。因分與資財，

遣居於外，易姓爲鄭氏。

及范攄雲溪友議上舞娥異條（參唐語林肆豪爽類。）略云：

李八座翺潭州席上有舞柘枝者，匪疾而顏色憂悴。詰其事，乃故蘇臺韋中丞愛姬所生之女也。（原注，夏卿之胤，正卿之姪。寅恪案，微之妻父韋夏卿事蹟可參呂和叔文集陸韋公神道碑，而兩唐書韋夏卿本傳俱不甚詳也。考韋夏卿卒於元和元年，李翺之爲湖南觀察使在大和七八年，相去二十八九年，即使此人眞爲夏卿之遺腹女，其年當近三十矣。豈唐代亦多如是之老大舞女耶？可發一笑。）亞相（李翺）曰，吾與韋族其姻舊矣。遂於賓榻中選士而嫁之也。

皆是其例。蓋當日之人姑妄言之，亦姑妄聽之。並非鄭重視之，以爲實有其事也。

若鶯鶯果出高門甲族，則微之無事更婚韋氏。惟其非名家之女，舍之而別娶，乃可見諒於時人。蓋唐代社會承南北朝之舊俗，通以二事評量人品之高下。此二事，一曰婚，二曰宦。凡婚而不娶名家女，與仕而不由清望官，俱爲社會所不齒。此類例證甚衆，且爲治史者所習知，故茲不具論。但明乎此，則微之所以作鶯鶯傳，直敍其自身始亂終棄之事跡，絕不爲之少慙，或略諱者，即職是故也。其友人楊巨源李紳白居易亦知之，而不以爲非者，舍棄寒女，而別婚高門，當日社會所公認之正當行爲也。否則微之爲極熱中巧宦之人，值其初具羽毛，欲以直聲升朝之際，豈肯

作此貽人口實之文，廣爲流播，以自阻其進取之路哉？（見校補記第十二則）

復次，此傳之文詞亦有可略言者，即唐代貞元元和時小說之創造，實與古文運動有密切關係是也。其關於韓退之者，已別有論證，茲不重及。其實當時致力古文，而思有所變革者，並不限於昌黎一派。元白二公，亦當日主張復古之健者。不過宗尚稍不同，影響亦因之有別，後來遂湮沒不顯耳。

舊唐書壹陸陸元稹白居易合傳論略云：

> 史臣曰，國初開文館，高宗禮茂才。虞許擅價於前，蘇李馳聲於後。或位昇台鼎，學際天人，潤色之文，咸布編集。然而向古者，傷於太僻。徇華者，或至不經。齷齪者，局於宮商。放縱者，流於鄭衛。若品調律度，揚推古今，賢不肖皆賞其文，未如元白之盛也。昔建安才子，始定霸於曹劉。永明辭宗，先讓功於沈謝。元和主盟，微之樂天而已。臣觀元之制策，白之奏議，極文章之壼奧，盡治亂之根荄。
>
> 贊曰，文章新體，建安永明。沈謝既往，元白挺生。

寅恪案：舊唐書之議論，乃代表通常意見。觀於韓愈，雖受裴度之知賞，而退之之文轉不能滿晉公之意。（見唐文粹捌肆裴度寄李翺書。）及舊唐書壹陸拾韓愈傳，於其爲文，頗有貶詞者，其故可推知矣。是以在當時一般人心目中，元和一代文章正宗，應推元白，而非韓柳。與歐宋重修唐書時，其評價迴不相同也。

又元氏長慶集肆拾制誥序云：

元和十五年余始以祠部郎中知制誥，初約束不暇及。後累月輒以古道干丞相，丞相信然之。又明年召入禁林，專掌内命。上好文，一日從容議及此。上曰，通事舍人不知書，便其宜，宣贊之外無不可。自是司言之臣，皆得追用古道，不從中覆。然而余所宣行者，文不能自足其意，率皆淺近，無以變例，追而序之，蓋所以表明天子之復古，而張後來者之趣向耳。

全唐詩第壹陸函白居易貳叁(汪立名本白香山詩後集陸。)微之整集舊詩及文筆爲百軸，以七言長句酬樂天，樂天次韻酬之。餘思未盡，加爲六韻詩。云：

制從長慶詞高古。

自注云：

微之長慶初知制誥，文格高古。始變俗體，繼者效之也。

恪案：今白氏長慶集中書制誥有「舊體」「新體」之分別。其所謂「新體」，即微之所主張，而天所從同之復古改良公式文字新體也。

唐摭言伍切磋條略云：

韓文公著毛穎傳，好博簺之戲。張水部以書勸之曰，比見執事多尚駁雜無實之説，使人陳之於前以爲歡。此有累於令德。

毛穎傳者，昌黎摹擬史記之文，蓋以古文試作小說，而未能甚成功者也。微之鶯鶯傳，則似摹擬左傳，亦以古文試作小說，而眞能成功者也。蓋鶯鶯傳乃自敘之文，有眞情實事。毛穎傳則純爲遊戲之筆，其感人之程度本應有別。夫小說宜詳，韓作過簡。毛穎傳之不及鶯鶯傳，此亦爲一主因。觀昌黎集中尚別有一篇以古文作小說而成功之絕妙文字，即石鼎聯句詩序。（昌黎集貳壹。）

朱子韓文考異陸論此篇云：

今按方本簡嚴，諸本重複。然簡嚴者，似於事理有所未盡，而重複者，乃能見其曲折之詳。

白氏長慶集貳和答詩序云：

頃者在科試間常與足下（微之）同筆硯。每下筆時，輒相顧語，患其意太切，而理太周。故理太周則辭繁，意太切則言激。然與足下爲文，所長在於此，所病亦在於此。足下來序果有詞犯文繁之說。今僕所和者，猶前病也。待與足下相見日，各引所作，稍刪其繁而晦其義焉。

據此，微之之文繁，則作小說正用其所長，宜其優出退之之上也。

唐代古文運動鉅子，雖以古文試作小說，而能成功，然公式文字，六朝以降，本以駢體爲正宗。西魏北周之時，曾一度復古，旋即廢除。在昌黎平生著作中，平淮西碑文（昌黎集叁拾。）乃一篇極意寫成之古文體公式文字，誠可稱勇敢之改革，然此文終遭廢棄。夫段墨卿之改作，（唐文粹伍玖。）其文學價值較原作如何及韓文所以磨易之故，乃屬於別種問題，兹不必論。惟就改革當時公式文字一端言，則昌黎失敗，而微之成功，可無疑也。至於北宋繼昌黎古文運動之歐陽永叔爲翰林學士，亦不能變公式文之駢體。司馬君實竟以不能爲四六文，辭知内制之命。然則朝廷公式文體之變革，其難若是。微之於此，信乎卓爾不群矣。

復次，鶯鶯傳中張生忍情之說一節，今人視之既最爲可厭，亦不能解其眞意所在。夫微之善於爲文者也，何爲著此一段迂矯議論耶？考趙彥衛雲麓漫鈔捌云：

唐之舉人先藉當世顯人，以姓名達之主司，然後以所業投獻，踰數日又投，謂之溫卷。如幽怪錄傳奇等皆是也。蓋此等文備衆體，可以見史才，詩筆，議論。

據此，小說之文宜備衆體。鶯鶯傳中忍情之說，即所謂議論。會眞等詩，即所謂詩筆。敍述離合悲歡，即所謂史才。皆當日小說文中，不得不備具者也。

至於傳中所載諸事跡經王性之考證者外，其他若普救寺，寅恪取道宣續高僧傳貳玖興福篇唐蒲州普救寺釋道積傳。又渾瑊及杜確事，取舊唐書壹叁德宗紀貞元十五年十二月庚午及丁酉諸條參校之，信爲實錄。然則此傳亦是貞元朝之良史料，不僅爲唐代小說之傑作已也。

第五章　新樂府

元白集中俱有新樂府之作，而樂天所作，尤勝於元。洵唐代詩中之鉅製，吾國文學史上之盛業也。以作品言，樂天之成就造詣，不獨非微之所及，且爲微之後來所仿效。（見白氏長慶集壹陸編集拙詩成一十五卷因題卷末戲贈元九李二十詩自注。）但以創造此體詩之理論言，則見於元氏長慶集者，似尚較樂天自言者爲詳。故茲先略述兩氏共同之理論，然後再比較其作品焉。

元氏長慶集貳叁樂府古題序略云：

況自風雅至於樂流，莫非諷興當時之事，以貽後代之人。沿襲古題，唱和重複，於文或有短長，於義咸爲贅賸，尚不如寓意古題刺美見事，猶有詩人引古以諷之義焉。曹劉沈鮑之徒時得如此，亦復稀少。近代唯詩人杜甫悲陳陶哀江頭兵車麗人等，凡所歌行，率皆即事名篇，無復依傍。予少時（寅恪案，此序題下題丁酉二字，知是元和十二年微之年三十九時所作。其和李紳樂府新題詩，作於元和四年。是時微之實已三十一歲，不得云少時。此乃屬文之際，率爾而言，未可拘泥也。）與友人樂天李公垂輩謂是爲當，遂不復擬賦古題。

同集叁拾敍詩寄樂天書略云：

又久之，得杜甫詩數百首，愛其浩蕩津涯，處處臻到。始病沈宋之不存寄興，而訝子昂之未暇旁備矣。

又同集伍陸唐故工部員外郎杜君墓係銘幷序云：

詩人以來未有如子美者。

白氏長慶集貳捌與元九書略云：

又詩之豪者，世稱李杜。李之作才矣，奇矣，人不逮矣，索其風雅比興，十無一焉。杜詩最多，可傳者千餘首，然撮其新安吏，石壕吏，潼關吏，塞蘆子，留花門之章，朱門酒肉臭，路有凍死骨。之句，亦不過三四首。

寅恪案：元白二公俱推崇少陵之詩，則新樂府之體，實爲摹擬杜公樂府之作品，自可無疑也。

白氏長慶集肆伍策林序略云：

元和初，予罷校書郎，與元微之將應制舉，閉户累月，揣摩當代之事，構成策目七十五門。及微之首登科，予次焉。

其第陸捌目議文章（碑碣詞賦。）略云：

古之爲文者，上以紐王教，繫國風，下以存炯戒，通諷諭。故懲勸善惡之柄，執於文士褒貶之際焉。補察得失之端，操於詩人美刺之間焉。今褒貶之文無覈實，則懲勸之道缺矣。美刺之詩不稽政，則補察之義廢矣。雖雕章鏤句，將焉用之。伏維陛下詔主文之司，諭養文之旨，但辭賦合炯戒諷諭者，雖質雖野，採而奬之。碑誄有虛美愧辭者，雖華雖麗，禁而絕之。

第陸玖目採詩以補察時政略云：

臣聞聖王酌人之言，補己之過，所以立理本，導化源也。將在乎選觀風之使，建採詩之官，俾乎歌詠之聲，諷刺之興，日採於下，歲獻於上者也。所謂言之者無罪，聞之者足以自誡。

寅恪案：元白二公作新樂府在元和四年，距構策林之時甚近。故其作新樂府之理論，與前數年揣摩之思想至有關係。觀於策林中議文章及採詩二目所言，知二公於採詩觀風之意，蓋蘊之胸中久矣。然則二公新樂府之作，乃以古昔採詩觀風之傳統理論爲抽象之鵠的，而以唐代杜甫即事命題之樂府，如兵車行者，爲其具體之模楷，固可推見也。

雖然，微之之作，似尚無摹擬詩經之迹象。至於樂天之新樂府，據其總序云：

首句標其目，卒章顯其志，詩三百之義也。其辭質而徑，欲見之者易諭也。其言直而切，欲聞之者深誡也。其事覈而實，使采之者傳信也。其體順而肆，可以播於樂章歌曲也。總而言之，爲君爲臣爲民爲物爲事而作，不爲文而作也。

則已標明取法於詩三百篇矣。是以樂天新樂府五十首，有總序，即摹毛詩之大序。每篇有一序，即仿毛詩之小序。又取每篇首句爲其題目，即效關雎爲篇名之例。（微之之作乃和李公垂者。微之每篇首句尚與詩題不同，疑李氏原作當亦不異微之。）全體結構，無異古經。質而言之，乃一部唐代詩經，誠韓昌黎所謂「作唐一經」者。不過昌黎志在春秋，而樂天體擬三百。韓書未成，而白詩特就耳。樂天元和之初撰策林時，即具采詩匡主之志。不數年間，遂作此五十篇之詩。語云，有志者事竟成。樂天亦足以自豪矣。此外，尚有可論者，嚴震白氏諷諫本及日本嘉承（相當中國北宋元祐時。）重鈔建永（相當慶曆時。）本，於「首句標其目」之下有「古詩十九首之例也。」一句，鈴木虎雄業間錄校勘記云：

有者，是也。

寅恪案：毛詩大序，關雎后妃之德也。孔穎達正義云：

關雎舊解云，三百二十一篇皆作者自爲名。

舊說之是非，別爲一問題，茲可不置論。唯據其說，則詩經篇名，皆作者自取首句爲題。樂天實取義於此。故新樂府序文中「詩三百之義也」一語，乃兼括前文「首句標其目」而言。鈴木之說殊未諦。夫樂天作詩之意，直上擬三百篇，陳義甚高。其非以古詩十九首爲楷則，而自同於陳子昂李太白之所爲，固甚明也。

復次，關於新樂府之句律，李公垂之原作不可見，未知如何。恐與微之之作無所差異，即以七字之句爲其常則是也。至樂天之作，則多以重疊兩三字句，後接以七字句，或三字句後接以七字句。此實深可注意。考三三七之體，雖古樂府中已不乏其例，即如杜工部兵車行，亦復如是。但樂天新樂府多用此體，必別有其故。蓋樂天之作，雖於微之原作有所改進，然於此似不致特異其體也。寅恪初時頗疑其與當時民間流行歌謠之體制有關，然苦無確據，不敢妄說。後見敦煌發見之變文俗曲殊多三三七句之體，始得其解。關於敦煌發見之變文俗曲，詳見敦煌掇瑣及鳴沙餘韻諸書所載，茲不備引。然則樂天之作新樂府，乃用毛詩，樂府古詩，及杜少陵詩之體制，改進當時民間流行之歌謠。實與貞元元和時代古文運動鉅子如韓昌黎元微之之流，以太史公書，左氏春秋之文體試作毛穎傳，石鼎聯句詩序，鶯鶯傳等小說傳奇者，其所持之旨意及所用之方法，適相符同。其差異之點，僅爲一在文備衆體小說之範圍，一在純粹詩歌之領域耳。由是言之，樂天之作新樂府，實擴充當時之古文運動，而推及之於詩歌，斯本爲自然之發展。惟以唐代古詩，前有陳子昂李太白之復古詩體。故白氏新樂府之創造性質，乃不爲世人所注意。實則樂天之作，乃以改良當日民間口頭流行之俗曲爲職志。與陳李輩之改革齊梁以來士大夫紙上摹寫之詩句爲標榜者，大相懸殊。其價值及影響，或更較爲高遠也。此爲吾國中古文學史上一大問題，即「古文運動」本由以「古文」試作小說而成功之一事。寅恪曾於韓愈與唐代小說一文中論證之。而白樂天之新樂府，亦是以樂府古詩之體，改良當時民俗傳誦之文學，正同於以「古文」試作小說之旨意及方法。此點似尚未見有言及之者，茲特略發其凡於此，俟他日詳論之，以求教於通識君子焉。

關於元白二公作品之比較，又有可得而論者，即元氏諸篇所詠，似有繁複與龐雜之病，而白氏每篇則各具事旨，不雜亦不複是也。請先舉數例以明之。

元氏長慶集貳肆「上陽白髮人」，本愍宮人之幽閉，而其篇末乃云：

> 此輩賤嬪何足言，帝子天孫古稱貴。諸王在閤四十年，七（七當作十。見舊唐書壹佰柒玄宗諸子傳，新唐書捌貳十一宗諸子傳。）宅六宮門戶閉。隨煬枝條襲封邑，肅宗血胤無官位。王無妃媵主無婿，陽亢陰淫結災累。何如決壅順衆流，女遣從夫男作吏。

可與同集叁貳獻事表所陳十事中：

> 二曰任諸王以固磐石。三曰出宮人以消水旱。四曰嫁諸女以遂人倫。

參證。此爲微之前任拾遺時之言論，於作此詩時不覺連類及之，本不足異，亦非疵累。但樂天上陽白髮人之作，則截去微之詩末題外之意，似更切徑而少支蔓。或者樂天復受「隨煬枝條襲封邑。」句之暗示，別成「二王後」一篇，亦未可知也。又如元氏長慶集貳肆法曲云：

> 漢祖過沛亦有歌，秦王破陣非無作。作之宗廟見艱難，作之軍旅傳糟粕。

又云：

胡音胡騎與胡妝，五十年來競紛泊。

樂天所作，則析此詩所言者爲三題，即七德舞，法曲，時世妝三首。一題各言一事，意旨專而一，詞語明白，鄙意似勝微之所作。蓋新樂府之作，其本旨在備風謠之採擇，自以簡單曉暢爲尙。若微之之詩，一題數意，端緒繁雜。例若元氏長慶集貳肆陰山道既云：

費財爲馬不獨生，耗帛傷工有他盜。

之以迴鶻馬價縑爲非矣。其詩後段忽因絲織品遂至旁及豪貴之踰制，如言：

挑紋變纈力倍費，棄舊從新人所好。越縠撩綾織一端，十匹素縑功未到。豪家富貴踰常制，令族親班無雅操。從騎愛奴絲布衫，臂鷹小兒雲錦韜。群臣利己要差僭，天子深衷空閔悼。

不免稍近支蔓。而樂天新樂府則於陰山道題下仿毛詩小序云：

疾貪虜也。

全詩只斥迴鶻之貪黠，而又別爲繚綾一題，其小序云：

念女工之勞也。

全詩之中，痛惜勞工，深斥奢靡。其意既專，故其言能盡。其言能盡，則其感人也深。此殆樂天所謂「苦教短李伏歌行」，遂使「每被老元偷格律」者耶？

以上所列爲元詩中之一篇雜有數意者，至於一意而復見於兩篇者，則如秦王破陣樂既已詠之於法曲云：

漢祖過沛亦有歌，秦王破陣非無作。作之宗廟見艱難，作之軍旅傳糟粕。

復又見於立部伎中，而有：

太宗廟樂傳子孫，取類群凶陣初破。

之句，即其例也。

至樂天之作，則白氏長慶集壹傷唐衢二首之貳云：

遂作秦中吟，一吟悲一事。

寅恪案：一吟詠一事，雖爲樂天秦中吟十首之通則，實則新樂府五十篇亦無一篇不然。其每篇之篇題，即此篇所詠之事。每篇下之小序，即此篇所持之旨也。每篇唯詠一事，持一旨，而不雜以他事及他旨，此之謂不雜。此篇所詠之事，所持之旨，又不復雜入他篇，此之謂不複。若就其非和微之篇題言之，此特點尤極顯明。如紅線毯與繚綾者，俱爲外州精織進貢之品，宜其詩中所持之旨相同矣。但紅線毯篇之小序云：

憂農桑之費也。

篇中痛斥宣州刺史之加樣進貢，而繚綾篇之小序則云：

念女工之勞也。

篇中深憫越溪寒女之費工耗力，是絕不牽混也。又如李夫人，井底引銀瓶，古冢狐三篇，所詠者皆爲男女關係之事，而李夫人以：

鑒嬖惑也。

爲旨，自是陳諫於君上之詞。井底引銀瓶以：

止淫奔也。

爲旨，則力勸癡小女子，勿爲男子所誘。古冢狐則以：

戒豔色也。

爲旨，乃深戒民間男子勿爲女子所惑者。是又各有區別也。又如紫毫筆所指斥者，乃起居郎與侍御史之失職。秦吉了所致譏者，乃言官之不言。雖俱爲譏斥朝官之尸位，而其針對之人事，又不相侔也。即此所舉，亦足概見其餘矣。至其和微之諸篇則稍有別。蓋微之之作，既有繁複與龐雜之病，樂天酬和其意，若欲全行避免，殆不甚可能。如微之於華原磬，西涼伎，法曲，立部伎，胡旋女，縛戎人六篇中俱涉及天寶末年祿山之反，而樂天於法曲，華原磬，胡旋女，西涼伎等篇中亦均及其事，是其證也。然樂天大抵仍持每篇一旨之通則，如法曲篇云：

苟能審音與政通。

華原磬云：

始知樂與時政通。

是其遺詞頗相同矣。但法曲之主旨在正華聲，廢胡音。華原磬之主旨在崇古器，賤今樂。則截然二事也。又如華原磬五絃彈二篇，俱有慨於雅樂之不興矣。但立部伎言太常三卿之失職，以刺雅樂之陵替。五絃彈寫趙璧五絃之精妙，以慨鄭聲之風靡，則自不同之方面立論也。又如華原磬立部伎二篇，並於當日之司樂者有所譏刺矣。但立部伎所譏者，乃凟職之樂卿。華原磬所譏者，乃愚賤之樂工。則又爲各別之針對也。他若唐代之立部伎，其包括之範圍極廣，舉凡破陣樂太平樂皆在其內，而樂天則以破陣樂既已詠之於七德舞一篇，太平樂又有西涼伎一篇專言其事，故立部伎篇中所述者，唯限於散樂，即自昔相傳之百戲一類。此皆足徵其經營結構，實具苦心也。

又微之所作，其語句之取材於經史者，如立部伎之用小戴樂記史記樂書，乃蠻子朝之用春秋定八年公羊傳疏之例，而有：

終象由文士憲左。

及：

雲鑾通好轡長駷。

等句之類，頗嫌硬澀未融。（轡長駷之轡字似即由公羊傳定八年注之銜字而來。）樂天作中固無斯類，即微之晚作，亦少見此種聱牙之語。然則白詩即元詩亦李詩之改進作品。是乃比較研究所獲之結論，非漫爲軒輊之説也。

至於新樂府詩題之次序，李公垂原作今不可見，無從得知。微之之作與樂天之作，同一題目，而次序不同。微之詩以上陽白髮人爲首。上陽宫在洛陽，微之元和四年以監察御史分務東臺，此詩本和公垂之作，疑是時李氏亦在東都，故於此有所感發。若果如是，則微之詩題之次序，亦即公垂之次序。惟觀微之所作，排列諸題目似無系統意義之可言，而樂天之五十首則殊不然。當日樂天組織其全部結構時，心目中之次序，今日自不易推知。但就尚可見者言之，則自七德舞至海漫漫四篇，乃言玄宗以前即唐創業後至玄宗時之事。自立部伎至新豐折臂翁五篇，乃言玄宗時事。自太行路至縛戎人諸篇，乃言德宗時事。（司天臺一篇，如鄙意所論，似指杜佑而言，而杜佑實亦爲貞元之宰相也。）自此以下三十篇，則大率爲元和時事。（其百鍊鏡兩朱閣八駿圖賣炭翁，雖似爲例外，但樂天之意，或以其切於時政，而獻諫於憲宗者。）其以時代爲劃分，頗爲明顯也。五十首之中，以七德舞以下四篇爲一組冠其首者，此四篇皆所以陳述祖宗垂誡子孫之意，即新樂府總序所謂爲君而作，尚不僅以其時代較前也。其以鵶九劍采詩官二篇居末者，鵶九劍乃總括前此四十八篇之作。采詩官乃標明其於樂府詩所寄之理想，皆所以結束全作，而與首篇收首尾迴環救應之效者也。其全部組織如是之嚴，用意如是之密，求之於古今文學中，洵不多見。是知白氏新樂府之爲文學偉製，而能孤行廣播於古今中外之故，亦在於是也。

元白二公作新樂府之年月，必在李公垂原作後，自無可疑。微之詩未著撰作年月，但其西涼伎云：

開遠門前萬里堠，今來蹙到行原州。去京五百而近何其逼，天子縣内半没爲荒陬。

寅恪案：舊唐書壹肆憲宗紀云：

元和三年十二月庚戌，以臨涇縣爲行原州，命鎮將郝玼爲刺史。自玼鎮臨涇，西戎不敢犯塞。

新唐書叁柒地理志云：

原州。廣德元年没吐蕃，置行原州於靈臺之百里城。貞元十九年徙治平涼。元和三年又徙治臨涇。

是行原州凡三徙治所。其第二次之治所爲平涼縣，屬舊原州，據舊唐書叁捌地理志，原州中都督府在京師西北八百里。與元詩「去京五百而近」之語不合，必非所指。至行原州第一次之治所爲靈臺縣之百里城，第三次之治所爲臨涇縣，則皆屬涇州。據舊唐書叁捌地理志，涇州在京師西北四百九十三里，與元詩「去京五百而近」之語適合。然微之詩斷無遠指第一次即廣德元年所徙之靈臺而言之理，是其所指必是元和三年十二月即第三次所徙之臨涇無疑。然則微之新樂府作成之年月，亦在元和三年十二月以後，與樂天所作同爲元和四年矣。此微之作詩年歲之可考者也。

樂天新樂府雖題爲：

元和四年爲左拾遺時作。

似其作成之年歲無他問題。然詳繹之，恐五十首詩，亦非悉在元和四年所作。見下文海漫漫及杏爲梁兩詩箋證，茲不於此述之。蓋白氏新樂府之體，以一詩表一意，述一事，五十之數，殊不爲少，自宜稍積時日，多有感觸，以漸補成其全數。其非一時所成，極有可能也。今嚴震刊白氏諷諫本新樂府序末有：

元和壬辰冬長至日左拾遺兼翰林學士白居易序。

一行。初視之殊覺不合，以元和壬辰即元和七年，是年樂天以母憂退居渭上。樂天於前二年即元和五年已除京兆府戶曹參軍。其所署官銜左拾遺，自有可議。且兼翰林學士之言，似更與唐人題銜慣例不類。（見歷史語言研究所集刊第玖本肆伍捌頁岑仲勉先生論白氏長慶集源流并評東洋本白集。）但據白氏長慶集伍叁詩解五律云：

舊句時時改，無妨悅性情。

可知樂天亦時改其舊作。或者此新樂府雖創作於元和四年，至於七年猶有改定之處，其「元和壬辰冬長至日」數字，乃改定後隨筆所記之時日耶？否則後人傳寫，亦無無端增入此數字之理也。姑識於此，以待詳考，並於後論海漫漫杏爲梁諸篇中申其疑義焉。

關於篇章之數目，白氏之作爲五十首，自無問題。元氏之作，則郭茂倩樂府詩集玖陸卷玖新樂府上載微之新樂府共十三篇，其言云：

元稹序曰，李公垂作樂府新題二十篇，稹取其病時之尤急者，列而和之，蓋十五而已。今所得纔十二篇，又得八駿圖一篇，總十三篇。

寅恪案：今元氏長慶集貳肆載新樂府共十二篇，序文亦作「十二」，適相符合，無可疑者。郭氏所見本，其「十二」之「二」，殆誤作「五」，因謂其未全。又見樂天所作中有八駿圖一題，而元氏長慶集叁亦有八駿圖一詩，遂取之以補數。殊不知微之八駿圖詩，乃五言古詩，與微之新樂府之悉爲七言體者迥異，斷不合混爲一類。觀於元氏長慶集叁拾敍詩寄樂天書云：

至是元和七年矣，有詩八百餘首，色類相從，共成十體，凡二十卷。

又同集伍陸唐故工部員外郎杜君墓係銘幷序云：

予嘗欲件析其文，體別相附，與來者爲之準，特病嬾未就。

則微之編輯自作之詩，必分別體裁，無以五七言相混淆之理。白氏長慶集之編輯，其旨亦同微之，然則郭氏編入之誤，不待詳辨也。

七　德　舞

元微之樂府新題法曲云：

> 秦王破陣非無作，作之宗廟見艱難。

又立部伎云：

> 太宗廟樂傳子孫，取類群凶陣初破。

白樂天則取其意別爲一篇，即此篇是也。此篇專陳祖宗王業之艱難以示其子孫。易言之，即鋪陳太宗創業之功績，以獻諫於當日之憲宗，所謂「采詩」「諷諫」「爲君」諸義，實在於是。斯樂天所以取此篇，爲其新樂府五十首之冠也。

凡詮釋詩句，要在確能舉出作者所依據以構思之古書，並須說明其所以依據此書，而不依據他書之故。若僅泛泛標舉，則縱能指出最初之出處，或同時之史事，其實無當於第一義諦也。故茲於論述樂天此篇之主旨後，即進而推求其構思時所依據之原書，並先說明其所以取用此書之故焉。

類書之作，本爲便利屬文，樂天尤喜編纂類書，如策林之類。蓋其初原爲供一己之使用，其後乃兼利他人也。唐世應進士制科之舉子，固須翫習類書，以爲決科射策之需，而文學侍從之臣，亦必繙檢類書，以供起草代言之用。觀元氏長慶集貳貳酬樂天餘思不盡加爲六韻之作詩「白樸流傳用轉新。」句自注云：

> 樂天於翰林中書取書詔批答詞等撰爲程式，禁中號曰白樸。每有新入學士求訪，寶重過於六典也。

則知唐世翰林與六典之關係。六典一書，究否施行，自來成爲問題。詳拙著隋唐制度淵源略論稿職官章，茲不多論。要之其書乃以唐代現行令式分配編纂，合於古代禮經，即周官之形式，實是便於官吏公文一種最有權威之類書。他不必旁引，即如樂天新樂府道州民篇述陽城奏語云：

城云臣按六典書。任土貢有不貢無。

是其證也。夫六典爲法令之類書，宜翰林學士所不可須臾離者，但現行法令類書之外，供繙檢者，仍須有本朝掌故之類書。唐代祖宗功德之盛，莫過於太宗，而太宗實錄四十卷部帙繁重，且係編年之體，故事蹟不易檢查。斯太宗實錄之分類節要本，即吳兢貞觀政要一書所以成爲古今之要籍也。此書之實質爲一掌故之類書，必與六典同爲翰林學士所寶重而翫習，固無疑義，則樂天作七德舞時即先取此書尋撦材料以構成其骨幹，乃極自然之理也。何以知其曾取用貞觀政要耶？詩云：

太宗十八舉義兵。白旄黄鉞定兩京。擒充戮竇四海清。二十有四功業成。二十有九即帝位，三十有五致太平。

今世流行之戈直注本貞觀政要第叁玖篇論災祥篇第叁章云：

太宗曰，吾之理國良無〔齊〕景公之過。但朕年十八便爲經綸王業，北翦劉武周，西平薛舉，東擒竇建德王世充，二十四而天下定，二十九而居大位，四夷降伏，海内乂安，自謂古來英雄撥亂之主，無見及者。

同書第肆拾篇論愼終篇第叁章略云：

太宗又曰，但朕年十八便舉兵，年二十四定天下，年二十九昇爲天子，此則武勝於古也。

寅恪案：「太宗十八舉義兵」句，蓋據論愼終篇中之語改寫而成。「擒充戮竇四海淸。二十有四功業成。二十有九即帝位。」三句敍寫次序，全與論災祥篇中之語相同。「三十有五致太平」者，論災祥篇第叁章於「二十九居大位」下，又以「四夷降服海內乂安」爲言，而此篇之第壹章略云：

貞觀六年，太宗謂侍臣曰，如朕本心，但使天下太平，家給人足，雖無祥瑞，亦可比德於堯舜。若百姓不足，夷狄內侵，縱有芝草徧街衢，鳳凰巢苑囿，亦何異於桀紂。

「天下太平」上雖有「但使」一詞，似爲假設之語氣，但察其內容，則疑是已然之辭旨。太宗以武德九年即位，其年二十有九。次年改元貞觀，至貞觀六年適爲三十五歲。故樂天此句殆即由此章暗示而來。貞觀政要災祥愼終兩篇，先後連續，而具有太宗述其創業踐極年歲之紀載，宜樂天注意及此，而取以入詩也。至太宗舉義兵之歲，其年是否十八，乃別一問題，於此不詳論。又詩云：

亡卒遺骸散帛收，饑人賣子分金贖。魏徵夢見子夜泣，張謹哀聞辰日哭。怨女三千放出宮，死囚四百來歸獄。翦鬚燒藥賜功臣，李勣嗚咽思殺身。含血吮創撫戰士，思摩奮呼乞効死。

寅恪案：「怨女三千放出宮。」此今戈本政要第貳拾篇論仁惻篇第壹章事也。「饑人賣子分金贖。」此論仁惻篇第貳章事也。「張謹哀聞辰日哭。」此論仁惻篇第叄章事也。「亡卒遺骸散帛收。」及「含血吮創撫戰士，思摩奮呼乞効死。」此論仁惻篇第肆章事也。今戈本政要論仁惻篇唯此四章，而俱爲樂天此篇所採用。此篇所舉太宗盛德之故實唯此八事，而五出政要論仁惻篇。則其構思時必以政要論仁惻篇爲主，從可知矣。否則太宗之事蹟至多，樂天若未嘗依據此書以組成其全詩之骨幹，何得若是之巧合耶？

復次，今世流行之貞觀政要，皆元代戈直注本，其本曾移改吳氏原書之篇章，如第貳篇論政體篇第拾章下注云：

舊本此章附忠義篇。今按其言於政體尤切，故附於此。

第肆篇論求諫篇第柒章下注云：

舊本此與上章通爲一章。今按不同，分爲二章。

第伍篇論納諫篇下注云：

直諫另爲一類，附此類之後。

其第伍章下注云：

舊本此章之首曰貞觀初。今按通鑑，標〔貞觀三〕年。

其例甚多，不必一一標舉。實則其書中尚有脫漏之章，觀楊守敬之日本訪書志，羅振玉之校補本及影印日本寫本，即可知之。（高郵王氏亦有一校本。）如樂天此篇「以心感人人心歸」句，取白氏長慶集肆伍策林第拾目王澤流人心感中云：

澤流心感而不太平者，未之聞也。

固可相印證，而日本傳寫本貞觀政要載有吳兢上表，其文中即用易經咸卦彖：

聖人感人心而天下和平。

之語，知樂天此句，殆又受此暗示而來，不僅關涉其先時所編之策林也。又取羅氏政要卷伍卷陸二卷之校記觀之，其中亦有戈本所詳，而日本寫本脫略者，則知日本寫本亦非無缺。羅氏雖有「欲復唐本之舊，苦未能得其全本。」（見羅氏松翁近稿貞觀政要殘卷跋。）之言，其實縱得日本傳寫政要之全本，恐亦不能悉復吳氏原書之舊觀。故白氏此篇所詠，其有不見於今日諸本政要者，未必全爲吳氏原書所不載也。

雖然，若更就現存之史料以參校白氏此篇，則知其中所詠太宗時事，一一皆有所本，而其所本者，似不限政要一書，蓋樂天依據政要以構成此篇之骨幹，復於實錄中尋撦材料以修改其詞句，增補其內容而完成此篇也。茲請就已考見者條列於下，其尚有未詳者，俟續考焉。

「三十有五致太平。」句，如前所論，似受政要災祥篇第壹章及第叁章之暗示而成，惟此句下即接以「功成理定何神速。」一句，據小戴樂記云：

王者功成作樂，治定制禮。

又知所謂「致太平」者，直接與制禮作樂有關，易言之，即與七德舞本身有關也。此篇小序下注云：

武德中，天子始作秦王破陣樂以歌太宗之功業。貞觀初，太宗重制破陣樂舞圖，詔魏徵虞世南爲之歌詞，名七德舞。

宜其特有此句以詠之也。考舊唐書貳捌音樂志（參唐會要叁叁破陣樂條，通典壹肆陸樂典坐立部伎條，新唐書貳壹禮樂志，通鑑壹玖肆唐紀太宗紀貞觀七年正月條。）略云：

貞觀元年宴羣臣，始奏秦王破陣之曲。太宗謂侍臣曰，朕昔在藩，屢有征討，世間遂有此樂，豈意今日登於雅樂。然其發揚蹈厲，雖異文容，功業由之，致有今日。所以被於樂章，示不忘本也。其後令魏徵虞世南褚亮李百藥改制歌辭，更名七德之舞，增舞者至百二十人。被甲執戟，以象戰陣之法焉。六年太宗行幸慶善宮，宴從臣於渭水之濱，賦詩十韻。其宮即太宗降誕之所。於是起居郎呂才以御製詩等於樂府被之管絃，名爲功成慶善樂之曲。令童兒八佾皆進德冠，紫袴褶，爲九功之舞。冬至享醮，及國有大慶，與七德之舞偕奏於庭。七年，（會要作七年正月七日。舊紀作戊子，則是正月十日。）太宗制破陣舞圖，左圓右方，先偏後伍，魚麗鵝鸛，箕張翼舒，交錯屈伸，首尾迴互，以象戰陣之形。命呂才依圖教樂工百二十人，被甲執戟而習之，凡爲三變，每變爲四陣。有來往疾徐擊刺之象，以應歌節。（通典曰，和云秦王破陣樂。新書曰，歌者和曰秦王破陣樂。）數日而就，更名七德之舞。癸巳，（會要作正月十五日。）奏七德九功之舞。觀者見其抑揚蹈厲，莫不扼腕踴躍，凜然震竦。武臣列將咸上壽云，此舞皆是陛下百戰百勝之形容。羣臣咸稱萬歲。

依年推計，貞觀七年太宗年三十六歲。此前一年，即貞觀六年，太宗年三十五歲。六年，與七德舞相連之九功慶善樂成。七年正月七日，重制破陣舞圖成。正月十五日（癸巳）奏之於庭。則重制七德舞圖，亦在貞觀六年。此所云「三十有五致太平」者，蓋功成治定，因而製禮作樂也。又岑仲勉先生白集質疑太宗十八舉義兵條論此事（見歷史語言研究所集刊第玖本陸伍頁。）云：

又（册府）元龜三五，（貞觀）六年，公卿百寮以天下太平，四夷賓服，詣闕請封禪者，首尾相屬。白詩其即取意於是歟。

雖與七德舞無關。然當貞觀六年即太宗三十有五之歲，羣臣既以天下太平爲言，似樂天此句亦不能與之無涉也。册府元龜唐會要兩唐志所載，當係采自太宗實錄。

「速在推心置人腹。」句，政要中雖無具體語句可以指實，但其愼終篇中論及漢光武事云：

太宗又曰，朕觀古先撥亂之主，皆年踰四十，惟光武年三十三。但朕年十八便舉兵，年二十四定天下，年二十九昇爲天子，此則武勝於古也。

考後漢書壹光武紀云：

〔銅馬〕降者更相語曰，蕭王推赤心置人腹中，安得不投死乎？。

則樂天此句之構成，固可能受政要此條之暗示，而牽連思及光武之故實。惟據册府元龜玖玖帝王部推誠門封同人條（參通鑑壹玖貳唐紀高祖紀武德九年九月丁未條。）云：

封同人爲韓州刺史。太宗即位，引諸衛驍兵統將等習射於顯德殿。朝臣多有諫者曰，先王制法，有以兵刃至御所者絞刑。所以防萌杜漸，備不虞也。今引卑碎之人，彎弧縱矢於軒陛之側，陛下親在其間，正恐禍出不意，非所爲社稷計也。同人矯乘驛馬入朝切諫，帝皆不納。謂之曰，我以天下爲家，率土之内，盡爲臣子，所恨不能將我心徧置天下〔人腹中〕，（此三字據通鑑補。）豈當有相疑之道也。自是後人人自勵。一二年間兵士盡便弓馬，皆爲鋭卒。

知亦本之實錄也。

「亡卒遺骸散帛收。」句，政要論仁惻篇肆章雖記貞觀十九年太宗征高麗回，次柳城，詔集前後戰亡人骸骨設太牢致祭，親臨哭之之事。但樂天於詩句下有注文云：

貞觀初詔收天下陣死骸骨，致祭而瘞埋之。尋又散帛以求之也。

考唐大詔令集壹壹肆有貞觀元年四月掩暴露骸骨詔云：

諸色骸骨宜令所在官司收斂埋瘞。稱朕意焉。（舊唐書貳新唐書貳通鑑壹玖貳太宗紀俱繫此事於貞觀二年四月己卯。）。

頗疑樂天本從政要此章以構成其詩句，其後復蒐採前後詔收骸骨之事以證釋之也。

「饑人賣子分金贖。」句，白氏注文與政要同，惟坊間汪本作貞觀五年誤，應依全唐詩本作貞觀二年。以政要新舊紀通鑑均繫其事於二年〔三月〕故也。

「魏徵夢見子夜泣。」句，亦見舊唐書柒壹新唐書玖柒魏徵傳，新舊傳當亦採自實錄也。

「張謹哀聞辰日哭。」句，白氏注文不著年月。政要作貞觀七年，通鑑繫張公謹之卒於貞觀六年四月辛卯。太宗以次日即壬辰日哭之。册府元龜壹肆壹帝王部念良臣門亦作貞觀六年。政要作貞觀七年，恐有誤。

「怨女三千放出宮。」句，白氏注文中有：

於是令左丞戴胄給事中杜正倫，於掖庭宮西門，揀出數千人，盡放歸。

之紀載，而政要中則未著遣戴胄杜正倫揀放事。考舊唐書貳太宗紀上〔參通鑑壹玖叁唐紀太宗紀貞觀二年九月天少雨條。〕略云：

〔貞觀二年九月〕丁未，謂侍臣曰，婦人幽閉深宮，情實可憫。今將出之，任求伉儷。於是遣尚書左丞戴胄，給事中杜正倫等於掖庭宮西門簡出之。〔通鑑於此下有前後所出三千餘人一句。〕

則白氏注文，亦依據實錄書之者也。

「死囚四百來歸獄。」句，舊唐書叁太宗紀下云：

> 〔貞觀六年〕十二月辛未，親錄囚徒，歸死罪者二百九十人於家，令明年秋末就刑。其後應期畢至，詔悉原之。

通鑑壹玖肆唐紀太宗紀貞觀七年九月死囚三百九十人自詣朝堂條考異云：

> 四年實錄云，天下斷死罪止二十九人。今年實錄乃有二百九十九人。何頓多如此，事已可疑。又白居易樂府云，死囚四百來歸獄。舊本紀統紀年代記皆云二百九十人。今從新書刑法志。

此種數字之差異，自是傳寫致訛，至於孰正孰誤，恐不可考矣。

「翦鬚燒藥賜功臣。李勣嗚咽思殺身。」句，樂天自注云：

> 李勣常疾，醫云得龍鬚燒灰，方可療之。太宗自翦鬚燒灰賜之，服訖而愈。勣叩頭泣涕而謝。

今戈本政要任賢篇所云：

> 勣時遇暴疾，驗方云，鬚灰可以療之。太宗自翦鬚爲其和藥。勣頓首見血，泣以陳謝。

與舊唐書陸柒李勣傳（新唐書玖叁李勣傳通鑑壹玖柒唐紀太宗紀貞觀十七年四月李勣嘗得暴疾條同。）所云：

> 勣時遇暴疾，驗方云，鬚灰可以療之。太宗乃自翦鬚爲其和藥。勣頓首見血，泣以懇謝。

適相符合，而與樂天注文以「龍鬚」爲言者不同。龍鬚事殊詭異，頗類小說家言，但大唐新語壹壹褒錫篇高宗初立爲太子條云：

勣嘗有疾，醫診之曰，須龍鬚灰方可。太宗翦鬚以療之，服訖而愈。勣頓首泣謝。

則與樂天注文相符。二者必同出一源，似無可疑。劉氏之書雖爲雜史，然其中除諧謔一篇，稍嫌蕪瑣外，大都出自國史。劉書白注此條果出何書，今未敢決言，姑記之以俟考。

「含血吮創撫戰士，思摩奮呼乞效死。」句及其注文，與政要仁惻篇第肆章及舊唐書壹玖玖上高麗傳新唐書貳壹伍上突厥上思摩傳，通鑑壹玖柒唐紀太宗紀貞觀十九年五月丙申條並同，謂之出於政要或出自實錄，俱無不可也。

又此詩末「太宗意在陳王業，王業艱難示子孫。」二句，即本於太宗謂侍臣「功業由之」「示不忘本」（見上引舊唐書貳捌音樂志。）等語也。

總之，樂天此篇旨在陳述祖宗創業之艱難，以寓諷諫。其事尊嚴，故詩中不獨於敍寫太宗定亂理國之實事，一一采自國史，即如「速在推心置人腹」等詞語，亦係本之實錄。其爲竭意經營之作，自無疑也。惟實錄一書，部帙繁重，且係編年之體，若依之以構思而欲求得條理，洵屬非易。此又樂天曾用貞觀政要，即實錄之分類節要本以供參考之故也。然則七德舞一篇必與貞觀政要及現存之史籍參證並讀，始能得其真解，斷可知矣。

又篇中「元和小臣白居易，觀舞聽歌知樂意。」之句，非泛語也。此詩題下注云：

自龍朔以後，詔郊廟享宴皆先奏之。

段安節樂府雜録龜茲部云：

破陣樂曲亦屬此部，秦王所制。舞人皆衣畫甲，執旗旆。外藩鎮春冬犒軍，亦舞此曲，兼馬軍引入場，尤甚壯觀也。

而微之新題樂府法曲篇亦有：

秦王破陣非無作。作之宗廟見艱難，作之軍旅傳糟粕。

之句，故樂天即未見之於祭祀郊廟之上，亦可見之於享宴軍賓之間。其爲親身經歷，因而有所感觸啓發無疑也。

茲更取此篇與新樂府總序相印證，則七德舞一篇首句三字與其篇題符同，即總序所謂「首句標其目」也。結語「歌七德。舞七德。聖人有作垂無極。豈徒耀神武，豈徒誇聖文。太宗意在陳王業，王業艱難示子孫。」一節，說明太宗創作七德舞之旨意，亦樂天作此詩以獻諫於當日憲宗寓意之所在，即總序所謂「卒章顯其志」也。此篇詞語甚曉暢，結構無曲折，可謂與序文「其辭質而徑」「其言直而切」之言相合矣。樂天序和答詩，自謂爲文所長在意切理周，所短在辭繁言激，（見白氏長慶集貳。）觀此知非虛語。其晚歲傾倒劉禹錫至極，頗爲後人所不解，（見白氏長慶集伍玖與劉蘇州書，陸拾劉白倡和集解，王士禎香祖筆記伍，池北偶談壹肆。）其故殆欲藉夢得微婉之長（白氏長慶集陸玖哭劉尙書夢得二首之壹云：「文章微婉我知丘。」）以補己之短耶？（詳見附論戊篇。）又此篇依據貞觀政要以構思，取材於太宗實錄以遣辭，得不謂之「其事覈而實」乎？樂天所作，不似微之所作有晦澀生硬之病，實足當「其體順而肆」之義無愧。而此篇乃以小臣上陳祖宗功業之詩，即序文所謂「爲君而作」者。其取此詩冠於五十篇之首，亦即此意。由是言之，樂天新樂府結構嚴密，條理分明。總序所列作詩之旨，一一俱能實踐，洵非浮誕文士所可及也。

復次，大唐西域記伍羯若鞠闍國條（大唐大慈恩寺三藏法師傳伍同。）略云：

（戒日）王曰，秦王天子，平定海內，殊方異域慕化稱臣，氓庶荷其亭育。咸歌秦王破陣樂，聞其雅頌，於茲久矣。

同書拾迦摩縷波國條略云：

拘摩羅王曰，今印度諸國，多有歌頌摩訶至那國秦王破陣樂者，聞之久矣，豈大德之鄉國耶？（玄奘）曰，然。此歌者，美我君之德也。

寅恪案：印度得聞秦王破陣樂，當在貞觀十四年平定高昌之後。此樂雖於貞觀七年改爲七德舞，但樂舞中「歌者和曰秦王破陣樂」，（見新唐書貳壹禮樂志。）故民間通稱仍用舊名，稱爲秦王破陣樂。如樂府雜錄龜茲部所載（秦王）破陣樂曲云云，即是一例。天竺遠方，固應不以七德舞爲稱也。

法曲

樂天此篇篇題，全唐詩本作法曲，注云：

一本曲下有歌字。

那波道圓本作法曲歌，汪立名本作法曲。考樂天新樂府諸篇篇題例皆不用歌吟等字。而此篇乃和李元之作，今微之此篇篇題，諸本既皆作法曲，則自以無歌字者爲是也。

樂天以此篇次於七德舞之後者，蓋七德舞所以明太宗創業之艱難，此篇則繼述高宗以下祖宗之製定諸樂舞，條理次序極爲明晰，較之微之之遠從黄帝説起者，實有浮泛親切之别，此白作勝於元作之又一例證也。

此詩之華夷音聲理論與微之相同，恐公垂原作亦復如是，其是非如何，姑不置辨。若以史實言之，則殊不正確。如言：

法曲法曲舞霓裳。政和世理音洋洋。開元之人樂且康。

據唐會要叁叁諸樂條云：

天寶十三載七月十日，太樂署供奉曲名及改諸樂名，婆羅門改爲霓裳羽衣。

則知霓裳羽衣曲，實原本胡樂，又何華聲之可言？開元之世治民康與此無涉，固不待言也。又法曲者，據新唐書貳貳禮樂志云：

初隋有法曲，其音清而近雅。其器有鐃鈸，鐘，磬，幢簫，琵琶。

夫琵琶之爲胡樂而非華聲，不待辨證。而法曲有其器，則法曲之與胡聲有關可知也。然則元白諸公之所謂華夷之分，實不過今古之別，但認輸入較早之舶來品，或以外國材料之改裝品，爲眞正之國產土貨耳。今世侈談國醫者，其無文化學術史之常識，適與相類，可慨也。

抑更有論者，李公垂此篇之原作既不可見，姑置不論。若微之樂天皆自稱景慕外來天竺之佛陀宗教者，如白氏長慶集壹肆和夢遊春詩序云：

況與足下（微之）外服儒風，內宗梵行者，有日矣。

又此詩結語云：

法句與心王，期君日三復。

又樂天自注云：

微之常以法句及心王頭陀經相示，故申言以卒其志也。

等例，可以爲證，是與韓退之之力闢佛法者，甚有不同。但何以元白二公忽於茲有此內中國而外夷狄之議論？初視之，頗不可解，細思之，則知其與古文運動有關。蓋古文運動之初起，由於蕭穎士李華獨孤及之倡導與梁肅之發揚。此諸公者，皆身經天寶之亂離，而流寓於南土，其發思古之情，懷撥亂之旨，乃安史變叛刺激之反應也。唐代當時之人既視安史之變叛，爲戎狄之亂華，不僅同於地方藩鎮之抗拒中央政府，宜乎尊王必先攘夷之理論，成爲古文運動之一要點矣。昌黎於此認識最確，故主張一貫。其他古文運動之健者，若元白二公，則於不自覺之中，間接直接受此潮流之震盪，而具有潛伏意識，遂藏於心者發於言耳。古文運動爲唐代政治社會上一大事，不獨有關於文學。此義當於論唐史時詳爲考證，茲以軼出本文範圍，故不多及，聊識其意於此。

元詩「火鳳聲沉多咽絶。春鶯囀罷長蕭索。」句，可參閲向達先生唐代長安與西域文明，茲不多論。「胡騎與胡妝。」句樂府詩集陸拾引此詩。錢牧齋校宋本及全唐詩本，「胡騎」上皆有「胡音」二字，此詩既論音樂，自以有「胡音」二字爲是也。

二王後　海漫漫

白氏新樂府七德舞法曲後，即繼以二王後及海漫漫二篇。此二篇爲微之樂府新題中所無。李公垂原作雖不可見，當亦無此二題。所以知者，微之和公垂之作，取上陽白髮人爲首。上陽宮在洛陽，公垂必依之發興。至於「周武隋文之子孫」，固不易爲作詩時居東都之公垂所同時得見，而秦皇漢武求仙之戒，若非憲宗文學侍從之臣，似亦末由敷陳也。然則此二篇乃樂天所增創，而非因襲李氏之舊題，自不難推見。至樂天何以忽增創此二新題之故，則貞觀政要第貳壹愼所好篇之第叁章云：

貞觀四年太宗曰，隋煬帝性好猜防，專信邪道，大忌胡人，乃至謂胡床爲交床，胡瓜爲黄瓜，築長城以避胡，終被宇文化及使令狐行達殺之。又誅戮李金才及諸李殆盡，卒何所益。

似即爲二王後一篇之所本。其第貳章云：

貞觀二年太宗謂侍臣曰，神仙事本是虚妄，空有其名。秦始皇非分愛好，爲方士所詐，乃遣童男童女數千人隨其入海求神仙，方士避秦苛虐，因留不歸。始皇猶海側踟躕以待之，還至沙丘而死。漢武帝爲求神仙，乃將女嫁道術之士。事既無驗，便行誅戮。據此二事，神仙不煩妄求也。

似即爲海漫漫一篇之所本。頗疑樂天於繙檢貞觀政要尋撦材料以作七德舞時，尚覺有餘賸之義可供採摭，遂取以成此二篇也。而七德舞自「亡卒遺骸散帛收。」以下至「思摩奮呼乞効死。」諸事蹟，多見於貞觀政要第貳拾仁惻篇中，其慎所好篇即次於仁惻篇之後爲第貳壹篇，亦足爲此説之佐證也。

復次，今戈本政要之次序先後，雖不皆仍原本之舊，但慎所好篇中求神仙條在貞觀二年列第貳，隋煬帝條在貞觀四年列第叁，則似未有所改易。樂天之詩不依政要之先後次序，而取二王後列諸海漫漫之前者，蓋二王後之助郊祭與七德舞法曲皆性質上有密切關係，可以相連，其海漫漫篇則性質似較泛也。至海漫漫篇所以特列於第肆篇，有以示異於其他通常諷諫諸篇者，老子亦爲唐皇室所攀認之祖宗。且受大聖祖高上大道金闕玄元天皇大帝之尊號，廟號太清宮，則薦享老子與明堂太廟郊祀爲同一性質，不過與血族祖先之七廟又稍有別耳。樂天於元和二年充翰林學士時，曾撰季冬薦獻太清宮詞文。（見白氏長慶集肆拾。）自易聯想及此，而有「玄元聖祖」之句也。此四篇性質近似，皆標明祖宗垂戒子孫之微意，即新樂府總序所謂「爲君而作」者。故相聯綴自爲一組，此組遂爲新樂府之冠也。

又二王後一篇更有可論者，元微之上陽白髮人有：

隋煬枝條襲封邑。

之語，原注又云：

近古封前代子孫爲二王三恪。

樂天此篇之作，殆受其啓發也。

其海漫漫一篇更有可論者，舊唐書壹肆憲宗紀上（太平御覽壹佰肆亦引此文，較爲明晰，今參合錄之。）云：

元和五年八月乙亥，上顧謂宰臣曰，神仙之事信乎？李藩對曰，神仙之説出於道家。〔道家〕所宗，老子五千文爲本。老子指歸與〔六〕經無異。後代好怪之流，假託老子神仙之説，故秦始皇遣方士載男女入海求仙，漢武帝嫁女與方士求不死藥，二主受惑，卒無所得。文皇帝服胡僧長生藥，遂致暴疾不救。古詩云，服食求神仙，多爲藥所誤。誠哉是言也。君人者但務求理，四海樂推，社稷延永，自然長年也。上深然之。

寅恪案：李藩之語與海漫漫所言幾無不同。豈李白二公各不相謀而適冥合耶？此殊可疑也。以時間先後論，樂天新樂府據其自題作於元和四年，而史載李藩之語於元和五年，則白先而李後。若此二事不能無所關涉，似李語出於白詩。然以常識言之，其可能不多。頗疑樂天新樂府雖大體作於元和四年，其實時時修改增補，不獨海漫漫一篇如此，即杏爲梁等篇亦有成於元和四年以後之疑，俟於論杏爲梁時總括言之，今姑不涉及焉。

又杜陽雜編中略云：

元和五年内給事張惟則自新羅使回，云，於海上泊州島間，忽聞鷄犬鳴吠，似有煙火，遂乘月閑步，約及一二里，則見有數公子，戴章甫冠，着紫霞衣，吟嘯自若。惟則知其異，遂請謁見。公子曰，唐皇帝乃吾友也。汝當旋去爲吾傳語。還舟中，迴顧舊路，悉無蹤跡。上曰，朕前生豈非仙人乎？

寅恪案：蘇鶚撰書，雖多詭異之説，不足深信，然閹寺以神仙事蠱惑君上，自是常情，而元和之時中國與新羅頻有使節往還。（參舊唐書壹玖玖上新唐書貳貳拾新羅傳唐會要玖伍新羅條。）是知其亦有所據。此以元和五年爲言，亦可與上説相參證也。

憲宗爲有唐一代中興之英主，然卒以服食柳泌所製丹藥，躁渴至極，左右宦官多因此得罪，遂爲陳弘志所弑。（見通鑑貳肆壹唐紀元和十四年冬十月及十五年春正月條。）觀元和五年憲宗問李藩之語，知其已好神仙之道。樂天是時即在翰林，頗疑亦有所聞知。故海漫漫篇所言，殆陳諫於幾先者。此篇末句以老子不言藥爲説，遠引祖訓，近切時宜，誠新樂府大序所謂爲君而作者也。

二王後篇「古人有言天下者，非是一人之天下。」句，就寅恪一時記憶所及，則有呂氏春秋壹孟春紀貴公篇云：

天下，天下之天下，非一人之天下。

所謂太公六韜壹文韜文師篇云：

太公曰，天下非一人之天下，乃天下之天下也。

魏徵羣書治要叁壹六韜序云：

天下者，非一人之天下，天下之天下也。

同書同卷武韜云：

天下非一人之天下也。

馬總意林壹引六韜云：

天下非一人天下，天下之天下。

自皆與詩語有關。意林纂輯於貞元之初，與樂天作詩之時代甚近，頗可能爲樂天此二句之所依據。但羣書治要似爲其所從出，蓋李相國論事集壹進歷代君臣事蹟五十餘狀略云：

元和四年奏，昔太宗亦命魏徵等博采歷代事蹟，撰羣書政（寅恪案，此避高宗諱改作政。）要，置在座側，常自省閱，書於國史，著爲不刊。今陛下朝夕觀覽，必致貞觀之盛理。

李絳與樂天於元和四年，即樂天作此詩之年，同爲翰林學士，而深相交好。深之既如此推崇魏氏之書，則樂天此詩之依據羣書治要，最爲可能也。

立部伎

樂天所以列立部伎於海漫漫之後者，殆以七德舞法曲二王後海漫漫四篇性質近似，故聯綴編列。而立部伎與華原磬性質相類，復連續列之。觀此可知樂天之匠心，即此篇題排列之末節，亦不率爾爲之也。

白詩立部伎小序下之注及元詩此篇題下之注，應互相校正，以兩注俱爲李公垂傳原文故也。今本元氏長慶集貳肆立部伎題下注云：

退入雅樂可知矣。

應依全唐詩本元稹詩與白氏長慶集貳立部伎小序下注同作：

退入雅樂部，則雅樂可知矣。

又今本白詩立部伎小序下注中「性識」二字，雖元稹詩全唐詩本題下注亦與相同，然應依明嘉靖壬子董氏刊本元氏長慶集貳肆，及嚴氏影宋本白氏諷諫本立部伎作「性靈」。蓋元氏長慶集貳陸琵琶歌有「性靈甚好功猶淺。」之句，又樂府雜錄（守山閣叢書本。）琵琶條云：

武宗初，朱崖李太尉有樂吏（史？）廉郊者，師於曹綱，盡綱之能。綱嘗謂儕流曰，教授人亦多矣，未有此性靈弟子也。

是作「性靈」者，更爲有據也。

微之此篇以秦王破陣樂功成慶善樂之今昔比較，寓其感慨。蓋當時之制，享宴之樂分爲坐立二部，而秦王破陣樂屬於立部。如舊唐書貳玖音樂志略云：

高祖登極之後，享宴因隋舊制，用九部之樂。其後分爲立坐二部，今立部伎有安樂太平樂破陣樂慶善樂大定樂上元樂聖壽樂光聖樂，凡八部。安樂等八舞，聲樂皆立奏之，樂府謂之立部伎，其餘總謂之坐部伎。坐部有讌樂長壽樂天授樂鳥歌萬壽樂龍池樂破陣樂（此玄宗所作者。）自長壽樂已下皆用龜茲樂。

者，是也。樂天此篇，則雖襲用李元舊題，而其所述内容，實與微之之以立部伎中之破陣樂慶善樂爲言者不同。蓋白氏新樂府中既專有七德舞一篇以陳王業之艱難，於此自不必重複。斯固樂天新樂府一事唯以一篇詠之之通則，此通則，即不複是也。而微之西涼伎云：

哥舒開府設高宴，八珍九醞當前頭。前頭百戲競撩亂，丸劍跳擲霜雪浮。師子搖光毛彩豎，胡姬醉舞筋骨柔。

樂天則取跳丸擲劍諸雜戲之摹寫，專成此篇，以刺雅樂之陵替。而西涼伎專述師子戲，以刺疆臣之貪懦。此又樂天一詩詠一事之通則。此通則，即不雜是也。

丸劍跳擲諸戲者，即自昔相傳之百戲，亦即舊唐書貳玖音樂志略云：

散樂者，歷代有之。非部伍之聲，俳優歌舞雜奏。玄宗以其非正聲，置教坊於禁中以處之。

之散樂也。隋書壹伍音樂志云：

始齊武平中，有魚龍爛漫俳優朱儒山車巨象拔井種瓜殺馬剝驢等奇怪異端，百有餘物，名爲百戲。周時鄭譯有寵於宣帝，奏徵齊散樂人，並會京師爲之，蓋秦角抵之流者也。開皇初，並放遣之。及大業二年突厥染干來朝，煬帝欲誇之，總追四方散樂，大集東都。

寅恪案：此類百戲，源出西胡，北齊以前，已輸入中國。惟北齊宮廷，最爲西胡化，（詳拙著隋唐制度淵源略論稿音樂章。）史家因有「始齊武平中」之言耳。唐世此類百戲，雖亦有新自中亞輸入者，但多爲因襲前代者也。

白詩之述此類百戲者，有「舞雙劍，跳七丸。嫋巨索，掉長竿。」諸句。茲請略徵舊籍以供例證，俾明其內容，並據之稍加解釋，以闡其源出西胡之説焉。

文選貳張衡西京賦云：

跳丸劍之揮霍，走索上而相逢。

又云：

奇幻儵忽，易貌分形，吞刀吐火，雲霧杳冥。

三國志魏志貳壹王粲傳潁川邯鄲淳條裴注引魏略略云：

太祖遣（邯鄲）淳詣（臨菑侯）植。時天暑熱，植因呼常從取水自澡訖，傅粉，遂科頭拍袒，胡舞五椎鍛，跳丸擊劍。

寅恪案：跳丸擊劍走索諸戲，及易貌分形吞刀吐火等幻術，自兩漢曹魏之世，即已有之，而此類係統之伎藝，實盛行於西方諸國。據史記壹貳叁大宛列傳略云：

條枝在安息西數千里，國善眩。

同書同卷又略云：

漢使還，而後（安息王）發使隨漢使來觀漢廣大。以大鳥卵及黎軒（靬）善眩人獻於漢。於是大觳抵，出奇戲諸怪物，多聚觀者。

後漢書壹壹陸西南夷傳略云：

永寧元年撣國王雍由調復遣使者詣闕朝賀，獻樂及幻人，能變化吐火，自支解，易牛馬頭。又善跳丸，數乃至千(?)。自言我海西人，海西即大秦也。

三國志魏志叁拾總論裴注引魏略略云：

西戎傳曰：大秦國一號犂靬，俗多奇幻，口中出火，自縛自解，跳十二丸巧妙。

可證也。

諸種雜戲於唐代流行頗盛。其見於文物典籍者，關於「舞雙劍」句，教坊記曲名有西河劍器。錢注杜詩柒觀公孫大娘弟子舞劍器行序云：

開元三載，余尚童稚，記於郾城觀公孫氏舞劍器渾脫。

錢注引明皇雜錄略云：

上素曉音律，時有公孫大娘者，善舞劍，能爲鄰里曲，裴將軍滿堂勢，西河劍器渾脫，遺(?)妍妙皆冠絕於時也。

新唐書叁肆五行志云：

太尉長孫无忌以烏羊毛爲渾脫氈帽，人多效之，謂之趙公渾脫，近服妖也。

寅恪案：據上引諸條，知劍器渾脫蓋爲連文，而渾脫本是胡物。西河疑即河西或河湟之異稱，乃與西域交通之孔道。又裴爲疎勒國姓，(見舊唐書壹肆陸新唐書壹佰拾裴玢傳。)皆足明此伎實源出西胡也。近四川出土古磚，有繪寫舞劍器渾脱之狀者，可資參證。又坊間汪本此句作「雙舞劍」，今全唐詩本那波本及諸善本皆作舞雙劍，故坊間汪本之爲誤倒可不待辨。

關於跳七丸句，寅恪甲申歲客成都，見唐磚一方，刻跳丸之伎。同觀者數其丸曰，六丸耳。寅恪因舉樂天詩此句，謂必七丸。再詳數之，其數果七，殊足爲此詩之證。(正倉院考古記圖版貳陸南棚漆彈弓背，亦繪跳丸之伎，所印圖版，只見六丸，惟左手指尖黑暗不明，未審其上別有一丸否，俟考。)以此推之，跳丸之數既爲七，舞劍之數亦必爲雙。樂天作詩，必指當時實狀，非率爾泛用數字。蓋樂天所知跳丸伎藝之最精者，丸數止於七，故詩中以爲言也。跳丸之技，自古盛行於大秦，雖丸數各異，然爲技則一，知此技亦來自西方之國也。

關於嫋巨索句，封氏聞見記陸繩伎條(唐語林伍同。)略云：

明皇開元二十四年八月五日御樓設繩伎。伎者先引長繩，兩端屬地，埋鹿盧以繫之，鹿盧內數丈立柱，以起繩，直如弦。然後伎女自繩端躡足而上，往來倏忽之間，望若飛仙。有中路相遇，側身而過者。有著履而行，從容俯仰者。或以畫竿接脛，高六尺。或蹋肩蹈頂，至三四重，既而翻身擲倒至繩，還往曾無蹉跌，皆應嚴鼓之節。衛士胡嘉隱作繩伎賦獻之。自安寇覆蕩，伶倫分散，外方始有此伎。軍州宴會，時或有之。

杜陽雜編中略云：

上(敬宗)降日，大張音樂，集天下百戲於殿前。時有伎女石火胡，本幽州人也。於百尺竿上張弓絃五條，令五女各居一條之上，衣五色衣，執戟持戈，舞破陣樂曲，俯仰來去，赴節如飛。是時觀者目眩心怯。文宗即位，惡其太險傷神，遂不復作。

寅恪案：石爲昭武九姓之一。火胡之名，尤爲其人出自信奉火祆教之西胡族之證。此戲源於西胡，自可推知也。

關於掉長竿句，則朝野僉載云：

幽州人劉交，戴長竿高七十尺，自擎上下，有女十二，甚端正，於竿上置定，跨盤獨立。見者不忍，女無懼色。後竟爲撲殺。

明皇雜錄略云：

玄宗御勤政樓，羅列百伎。時教坊有王大娘者，善戴百尺竿。劉晏詠曰，樓前百戲競爭新。惟有長竿妙入神。

安祿山事蹟下略云：

向潤客等計無所出，遂以樂人戴竿索者爲趫捷可用，授兵出戰。至城北清水河，爲奚羯所戮，唯三數人伏草莽間獲免。其樂人本玄宗所賜，皆非人間之伎，轉相教習，得五百餘人。

或一人肩符，首戴二十四人。（寅恪案：肩一本作扇，「首戴」下有闕字，符字義亦難通，疑並脱誤，俟考。）戴竿長百餘尺，至於竿杪人騰擲如猿狖飛鳥之勢，竟爲奇絶，累日不憚。觀者汗流目眩。

獨異志上云：

德宗朝有戴竿三原婦人王大娘，首戴十八人而行。

教坊記云：

筋斗裴承恩妹大娘，善歌，兄以配竿木侯氏。

又云：

范漢女大娘子，亦是竿木家。開元二十一年出内，有姿媚而微慍羝。（原注云：謂腋氣也。）

寅恪案：裴爲疏勒國姓。（參舊唐書壹肆陸新唐書壹佰拾裴玢傳。）裴承恩有爲西胡之可能。范漢女大娘子有腋氣，疑即是胡臭。（參拙著狐臭與胡臭，載一九三七年六月清華大學中國文學會編語言與文學。）夫范氏既爲竿木家，當與其同類爲婚姻，亦雜有西胡血統。故疑此戲亦來自西域也。日本正倉院南棚漆彈弓背第二段繪有戴竿戲，（見正倉院考古記圖版貳陸。）又史浩鄮峯眞隱漫錄亦有竹竿子之語，皆可資參考。（周一良先生謂齊東昏侯善作擔幢之戲，是此技亦傳入南朝也。詳見南史陸齊本紀東昏侯紀南齊書柒東昏侯紀及通鑑壹肆貳齊紀永元元年十二月條。）

總之，此類百戲，來自中亞。雖遠在漢世，已染其風。而直至唐朝，猶有輸入。如舊唐書貳玖音樂志略云：

幻術皆出西域，天竺尤甚。漢武帝通西域，始以善幻人至中國。我高宗惡其驚俗，勑西域關令，不令入中國。

即爲其證。然頗疑唐世所盛行者，多因於後魏北齊楊隋之一脈流傳，一如胡樂之比。拙著隋唐制度淵源略論稿音樂章中曾涉及此事，故於此不多贅列焉。

抑尤可論者，微之立部伎云：「胡部新聲錦筵坐。」指坐部伎而言，此唐代新輸入之胡樂也。其所謂「中庭漢振高音播。」以及樂天所詠之雜戲，指立部伎而言。則後魏北齊楊隋及李唐初年輸入之胡樂與胡伎也。至二公所謂雅樂，即法曲之類，其中既不免雜有琵琶等胡器，是亦更早輸入之胡樂也。然則二公直以後來居上者，爲胡部新聲，積薪最下者，爲先王雅樂耳。夫法曲之樂，既雜有胡器，而破陣樂之類，據通典壹肆陸樂典坐立部伎條所云：

自安樂以後，皆雷大鼓，雜以龜兹樂，聲振百里，並立奏之。

知尤多胡音，則微之詩注所云：

太常丞宋沇傳漢中王舊説云，明皇雖雅好度曲，然而未嘗使蕃漢雜奏。天寶十三載始詔道調法曲與胡部新聲合作。識者異之。明年祿山叛。

樂天法曲篇注所云：

法曲雖似失雅音，蓋諸夏之聲也。故歷朝行焉。（此下略同元詩立部伎注。）

其不合事實眞相，自極明顯。特古文運動家尊古卑今，崇雅賤俗，乃其門面語，本不足深論也。

白詩「太常三卿爾何人。」句，太常三卿云者，唐六典壹肆（舊唐書肆肆職官志新唐書肆捌百官志並同。）云：

太常寺卿一人，少卿二人。

是也。

元詩「中庭漢振高音播。」句，所謂漢振者，據守山閣本羯鼓錄（唐語林伍同。）略云：

宋開府璟與上（明皇）論鼓事曰，不是青州石末，即是魯山花甆。撚小碧上掌下須有朋（原注云：去聲。）肯聲。據此，乃是漢震第二鼓也。上與開府兼善兩鼓，而羯鼓偏好，以其比漢震稍雅細焉。

此漢震即漢振也。

元詩「昔日高宗嘗立聽，曲終然後臨御座。」者，舊唐書貳玖音樂志略云：

破陣樂太宗所造也。享宴奏之，天子遜位，坐宴者皆興。

舊唐書壹捌捌孝友傳裴守眞傳（通典壹肆陸樂典坐立部伎條原注，唐會要叁叁破陣樂條同。）略云：

又神功破陣樂功成慶善樂二舞，每奏，上皆立對。守眞又議曰，詳覽博記，未有皇王立觀之禮。臣等詳議，奏二舞時，天皇不合起立。時並從守眞議。會高宗不豫，事竟不行。

者，是也。

元詩「明年十月燕寇來。」句，與其連昌宮詞「明年十月東都破。」句俱爲誤記。據新唐書伍玄宗紀（舊唐書玖玄宗紀下及通鑑貳壹柒唐紀玄宗紀天寶十四載。貳壹捌肅宗紀至德元載諸條同。）略云：

（天寶十四載）十一月安祿山反。十二月丁酉陷東京。天寶十五載六月己亥祿山陷京師。

則祿山之反，在天寶十四載十一月。其破東都，在同年十二月。微之於此一誤再誤，必非偶爾忽略，可謂疏於國史矣。

華原磬

樂天新樂府於立部伎之後，即繼以華原磬上陽白髮人胡旋女新豐折臂翁諸篇者，以此數篇皆玄宗時事。自此以上由七德舞至海漫漫，則以太宗時事爲主。（法曲一篇雖以永徽始，然永徽之政有貞觀之風，故詩中有「積德重熙有餘慶。」之言，是亦與太宗有關也。）此蓋以時代爲分合者也。樂天此篇小序下自注與微之詩題下自注同，蓋皆出於李公垂原詩傳。大唐新語拾釐革篇開元中天下無事條末語亦與相同。劉氏與李元白三公爲同時人，其所述亦同出於一源也。

元白二公此篇意旨，俱崇古樂賤今樂，而據白氏長慶集肆捌策林第陸肆目復樂古器古曲略云：

> 夫器者所以發聲，聲之邪正，不繫於器之今古也。曲者所以名樂，樂之哀樂，不繫於曲之今古也。若君政驕而荒，人心動而怨，則須捨今器用古器，而哀淫之聲不散矣。若君政善而美，人心平而和，則雖奏今曲廢古曲，而安樂之音不流矣。臣故以爲銷鄭衛之聲，復正始之音者，在乎善其政，和其情，不在乎改其器易其曲也。

然則射策決科之論，與陳情獻諫之言，固出一人之口，而乖牾若是，其故何耶？樂天和答詩十首序（白氏長慶集貳。）云：

> 同者謂之和，異者謂之答。

殆即由李氏原倡本持此旨，二公賦詩在和公垂原意，遂至不顧其前日之主張歟？

雖然，寅恪嘗反覆詳讀元白二公華原磬之篇，竊疑微之詩篇末所云：「願君每聽念封疆，不遣豺狼剸人命。」樂天詩篇中所云：「古稱浮磬出泗濱。立辯致死聲感人。」及「宮懸一聽華原石，君心遂忘封疆臣。果然胡寇從燕起。武臣少肯封疆死。」殆有感於當時之邊事而作。微之所感者，爲其少時旅居鳳翔時所見。樂天所感者，則在翰林內廷時所知。故皆用樂記：

> 鐘聲鏗，鏗以立號，號以立橫，橫以立武。君子聽鐘聲，則思武臣。石聲硜，硜以立別，別

以致死。君子聽磬聲，則思死封疆之臣。

之義，以發揮其胸中之憤懣，殊有言外之意，此則不必悉本之於公垂之原倡也。樂天新樂府大序謂其辭直而徑，揆以此篇，則亦未盡然。陸務觀序施注蘇詩，極言能得作者微旨之難，（見渭南集壹伍施司諫注東坡詩序。）今讀華原磬之篇而益信。其説詳後樂天新樂府西涼伎篇及前微之豔體詩箋證中，茲不贅論。

此外尚有可論者，自古文人尊古卑今，是古非今之論多矣，實則對外之宣傳，未必合於其衷心之底蘊也。沈休文取當時善聲沙門之説創爲四聲，而其論文則襲用自昔相傳宫商五音之説，（詳見清華學報玖卷貳期拙著四聲三問。）韓退之酷喜當時俗講，以古文改寫小説，而自言非三代兩漢之書不敢觀。（見前長恨歌章。）此乃吾國文學史上二大事，而其運動之成功，實皆爲以古爲體，以今爲用者也。樂天之作新樂府，以詩經古詩爲體裁，而其骨幹則實爲當時民間之歌曲，亦爲其例。韓白二公同屬古文運動之中心人物，其詩文議論外表内在衝突之點，復相類似。讀此華原磬篇者，苟能通知吾國文學史上改革關鍵之所在，當不以詩語與策林之説互相矛盾爲怪也。

上陽〔白髮〕人

此題今敦煌本（巴黎圖書館伯希和號伍伍肆貳。）作上陽人，無白髮二字。全唐詩作上陽白髮人，注云：

一無白髮字。

汪本同敦煌本，注云：

一本有白髮二字。

那波本及盧校本皆有白髮二字。考此篇乃樂天和微之作者，微之詩題，諸本既均作上陽白髮人，則似有白髮字者爲是。可參閱法曲條。

此題公垂原倡，而元白二公和之。考竇氏聯珠集有竇庠陪留守僕射巡視至上陽宮感興二絶句，則李公垂或亦乘此類似機會感興成詩，否則雖在東都，似亦無緣擅入宮禁之内也。

白氏長慶集肆壹奏請加德音中節目有請揀放後宮人一條，略云：

臣伏見大曆以來四十餘載，宮内人數積久漸多。伏慮驅使之餘，其數猶廣。上則屢給衣食，有供億糜費之煩。下則離隔親族，有幽閉怨曠之苦。事宜省費，物貴遂情。臣伏見自太宗玄宗以來，每遇災旱，多有揀放。伏望聖慈，再加處分。

而通鑑貳叁柒唐紀憲宗紀載李絳與樂天同言此事，並繫之於元和四年三月之末，又云：

閏三月己酉，制出宮人如二人之請。

則其事既與樂天作詩之時相同，自必有關於白公此篇及七德舞一篇無疑也。

題下注所引李傳有：

天寶五載已後，楊貴妃專寵，後宮人無復進幸矣。

之言，是公垂之意必以册楊氏爲貴妃事在天寶四年八月，故云「五載已後」也。餘詳長恨歌箋證。「唯向深宮望明月，東西四五百迴圓。」句，據詩云：

玄宗末歲初選入，入時十六今六十。

假定上陽宮人選入之時爲天寶十五載（西曆七五六年），其年爲十六。則至貞元十六年（西曆八〇〇年）其年六十。自入宮至此凡歷四十五年，須加十六閏月，共約五百五十六望，除去陰雨暗夕，上陽宮人之獲見月圓次數，亦不過四五百迴。三五之時，月夕生於東，朝沒於西，所以言東西者，蓋隱含上陽人自夕至旦通宵不寐之意也。

「大家遙賜尚書號。」句，「大家」者，據蔡邕獨斷上云：

親近侍從官稱（天子）曰大家。

蓋「大家」乃漢代宮中習稱天子之語也。而劉肅大唐新語壹貳酷忍篇（參酉陽雜俎前集壹忠志類上嘗夢日烏飛條。）云：

初令宮人宣勑示王后。后曰，願大家萬歲，昭儀長承恩澤，死自吾分也。

舊唐書壹捌肆宦官傳李輔國傳云：

〔李輔國〕私奏曰，大家但内裏坐，外事聽老奴處置。

李義山文集肆紀宜都内人事云：

宜都内人曰，大家知古女卑於男邪？（寅恪案，宜都内人以皇帝稱武則天也。）是直至唐世，猶保存此稱謂。樂天詩詠宮女，故用宮中俗語也。依唐人作詩通則，俗語限用於近體如七絶之類，而古體則用典雅之詞，此新樂府雖爲摹擬古詩之體，但「大家」一詞既於古典有徵，而又合於當時宮庭習俗，則樂天下筆時煞費苦心，端可見矣。又女尚書之號，古已有之，如三國志魏志叁明帝青龍三年注引魏略，及北史壹伍魏書壹叁后妃傳序等，即是其例。據舊唐書肆肆職官志宮官條（參新唐書肆柒百官志尚宮局條。）云：

宮官。（六尚如六尚書之職掌。）

是唐代沿襲前代，宮中亦有女尚書之號也。此老宮女身在洛陽之上陽宮，當時皇帝從長安授以此銜，即所謂「遙賜」也。噫！以數十年幽閉之苦，至垂死之年，始博得此虚名，聊以快意，實可哀憫，而詩人言外之旨抑可見矣。（全唐詩第壹壹函王建宮詞「宮局總來爲喜樂，院中新拜内尚書。」亦可供參考也。）

「小頭鞵履窄衣裳。青黛點眉眉細長。外人不見見應笑，天寶末年時世妝。」句，所以言「外人不見見應笑。」者，實有天寶末載與貞元元和之際時尚不同之意，兹略徵舊籍以考釋之如下。

關於衣履事，姚汝能安祿山事蹟下云：

天寶初，貴游士庶，好衣胡服，爲豹皮帽。婦人則簪步搖，衩衣之制度，衿袖窄小。

今新唐書叁肆五行志云：

天寶初，貴族及士民好爲胡服胡帽。婦人則簪步搖釵，衿袖窄小。

即用姚書，足可爲此詩「小頭鞵履窄衣裳。」句之注脚。惟姚書作「天寶初」，而此云「天寶末年時世妝。」者，豈窄小之時尚起自天寶初年，下至天寶末載尚未已耶？（又馬元調本天寶末年作天寶年中，雖與姚歐之書不相衝突，但詩中明言玄宗末歲初選入，似作天寶末年者，更爲確切也。）

又白氏長慶集壹肆和夢遊春詩云：

時世寬妝束。

則知貞元末年婦人時妝尙寬大，是即樂天「外人不見見應笑。」詩意之所在也。

又觀舊唐書壹柒上文宗紀云：

太和二年五月丁巳，命中使於漢陽公主及諸公主第宣旨，今後每遇對日，不得廣插釵梳，不須著短窄衣服。

然則太和初期婦人時妝復轉向短窄矣。時尚變遷，迴環往復，此古今不殊之通則。寅恪嘗以爲證釋古事者，不得不注意其時代限制，此足爲其例證也。

關於畫眉事，才調集伍元微之有所教詩云：

莫畫長眉畫短眉。斜紅傷豎莫傷垂。（寅恪案，此兩句乃當日時勢妝，即時世妝之教條也。前已論及。）人人總解爭時勢，都大須看各自宜。

有所教一首在豔體詩中，當爲貞元末所作，與樂天和夢遊春詩所謂「風流薄梳洗，時世寬妝束。」爲描寫同一時代之流行妝束。頗疑貞元末年之時世妝，其畫眉尚短，與樂天此詩所言天寶末年之時尚爲「青黛點眉眉細長。」者，適得其反也。姑記此以俟更考。

「君不見昔時呂尙美人賦。」句及此句小注中之呂尙，俱應依傳世善本作呂向。今文苑英華玖陸有呂向美人賦，（參新唐書貳佰貳文藝傳呂向傳及全唐文叁佰壹。）即樂天所言者也。其作「呂尙」者，蓋因太公望之故而誤書耳。

復次，微之行宮五絕（元氏長慶集壹伍。）云：

寥落古行宮。宮花寂寞紅。白頭宮女在，閑坐說玄宗。

可與此篇參互並觀，蓋二者既同詠白頭宮女，可藉以窺見二公作品關係之密切也。

復次微之上陽白髮人詩云：

諸王在閤四十年，七宅六宮門戶閟。

寅恪案，錢牧齋校改「七宅」爲「十宅」是也。唐會要伍諸王門（參舊唐書壹佰柒玄宗諸子涼王璿傳及新唐書捌貳十一宗諸子汴哀王璥傳。）略云：

先天之後，皇子幼則居内。東封後（寅恪案，指開元十三年東封泰山言。）以年漸長成，乃於安國寺東附苑城爲大宅，分院居之，名爲十王宅。十王謂慶忠棣鄂榮光儀潁永延盛濟等，以十舉全數。其後壽信義陳豐恆涼七王，又就封入内宅。開元二十五年鄂光得罪，忠王繼大統，天寶中慶棣又歿，惟榮儀十四王居内，而府幕列於外坊，歲時通名起居而已。外諸孫長成，又於十宅外置百孫院。每歲幸華清宮，側亦有十王宅百孫院。十王宮人每院四百餘人，百孫院三四十人。諸孫納妃嫁女，亦就十宅中。太子不居於東宮，但居於乘輿所幸之別院。太子之子亦分院而居，婚嫁則同親王公主於崇仁里之禮院。

故「七宅」爲「十宅」之譌，據此可以證明矣。至微之此詩結語又云：

隨煬枝條襲封邑，肅宗血胤無官位。（原注云：肅宗已後諸王並未出閣。）王無妃媵主無壻。陽亢陰淫結災累。何如決壅順衆流，女遣從夫男作吏。

亦可與元氏長慶集叁貳獻事表所列十事中「二曰任諸王以固磐石。三曰出宮人以消水旱。四曰嫁諸女以遂人倫。」等相參證也。

胡旋女

微之此篇注云：

緯書曰，僧一行嘗奏明皇曰，陛下行幸萬里，聖祚無疆。故天寶中歲幸洛陽，冀充盈數。及上幸蜀，至萬里橋，乃歎謂左右曰，一行之奏其是乎？。

寅恪案：此條亦見國史補上及唐語林伍等書。關於預言後驗之物語，可不置辨。惟玄宗自開元二十四年冬十月丁卯由洛陽還長安後，即不復再幸東都。此所云：「天寶中歲幸洛陽」者，非史實也。可參考連昌宮詞章。

樂天詩云：

天寶季年時欲變。臣妾人人學圓轉。中有太眞外祿山，二人最道能胡旋。

寅恪案：安祿山能胡旋舞事，見於史傳中，如舊唐書貳佰上安祿山傳（新唐書貳貳伍上逆臣傳安祿山傳及安祿山事蹟上並同。又舊唐書壹捌叁外戚傳武承嗣傳附延秀傳亦有胡旋舞之記載。其事在玄宗前，則此舞爲唐代宮中及貴戚所愛好，由來久矣。）云：

〔祿山〕晚年益肥壯，腹垂過膝，重三百三十斤。每行以肩膊左右擡挽其身，方能移步。至玄宗前，作胡旋舞，疾如風焉。

即爲其證。至於楊太眞，則舊唐書伍壹后妃傳上玄宗楊貴妃傳，新唐書柒陸后妃傳上玄宗貴妃楊氏傳，俱止言其善歌舞，而不特著其長於胡旋舞。然太眞既善歌舞，而胡旋舞復爲當時所尚，則太眞長於此舞，自亦可能。樂天之言，或不盡出於詩才之想像也。

樂天詩云：

梨花園中册作妃。金鷄障下養爲兒。

寅恪案：唐長安有二梨園。一在光化門北，一在蓬萊宮側。其光化門北者，遠在宮城以外。其蓬萊宮側者，乃教坊之所在。（詳徐松兩京城坊考。）準以地望與情事，似俱無作爲册妃處所之可能。樂天之言未知所據，又太眞外傳上云：

天寶四載七月册左衛中郎將韋昭訓女配壽邸。是月（寅恪案，樂史作是月即七月，誤。應作八月。詳見長恨歌章，茲不置辨。）於鳳凰園册太眞宮女道士楊氏爲貴妃。

則樂史以册楊氏爲貴妃之地爲鳳凰園。鳳凰園之位置，今亦無考。或謂宋敏求長安志西內一章（畢沅關中勝蹟圖志伍及徐松兩京城坊考此條俱出宋氏之書。）云：

東面一門鳳凰門，隋曰建春門，後改通訓門。明皇時鳳凰飛集通訓門，詔改爲鳳凰門。

似鳳凰園與鳳凰門有關。惟據通鑑貳壹陸唐紀玄宗紀略云：

〔天寶十一載八月〕癸巳楊國忠奏有鳳凰見於左藏庫屋，出納判官魏仲犀言，鳳集庫西通訓門。十月己亥，改通訓門曰凰集門。魏仲犀遷殿中侍御史，楊國忠屬吏率以鳳凰優得調。

知改通訓門爲鳳凰門在天寶十一載。其事在天寶四載八月册楊氏爲貴妃事以後。準以時間，亦殊不合。故於此册妃之處所，惟有闕疑，以俟更考。

至「金鷄障下養爲兒。」者，據次柳氏舊聞（兩唐書安祿山傳及安祿山事蹟上並同。）云：

天寶中，安祿山每來朝，上特異待之，每爲致殊禮，殿西偏張金鷄障，其來輒賜坐。肅宗曰，天子殿無人臣坐禮，陛下寵之已甚，必將驕也。上呼太子前曰，此胡有奇相，吾以此厭弭之爾。

安祿山事蹟上（參兩唐書安祿山傳，通鑑貳壹陸唐紀玄宗紀天寶十載正月甲辰條及考異，趙璘因話錄等。）云：

召祿山入内，貴妃以繡綳子綳祿山，令内人以綵輿舁之，歡呼動地。玄宗使人問之，報云，貴妃與祿山作三日洗兒，洗了又綳祿山，是以歡笑。玄宗就觀之，大悦。因加賞賜貴妃洗兒金銀錢物，極樂而罷。自是宫中皆呼祿山爲祿兒，不禁其出入。

則金鷄障與養爲兒本是兩事，樂天以之牽合爲一，作爲「梨花園中册作妃。」之對文耳。

新豐折臂翁

此題新豐折臂翁，一作折臂翁，似作新豐折臂翁者爲是。蓋樂天新樂府大序明言「首句標其目」。則新豐折臂翁之目，與此篇首句「新豐老翁八十八。」更適合故也。

此篇主旨即其結語云：

君不聞開元宰相宋開府。不賞邊功防黷武。又不聞天寶宰相楊國忠。欲求恩幸立邊功。邊功未立生人怨，請問新豐折臂翁。

舊唐書壹肆柒杜佑傳（新唐書壹陸陸杜佑傳同。）略云：

元和元年册拜司徒同平章事。時河西党項，潛導吐蕃入寇。邊將邀功，亟將擊之。佑上疏論之曰，國家自天后以來，突厥默啜兵強氣勇，屢寇邊城，爲害頗甚。開元初，邊將郝靈佺親捕斬之，傳首闕下。自以爲功代莫與二，坐望榮寵。宋璟爲相，慮武臣邀功，爲國家生事，止授以郎將。由是訖開元之盛，無人復議開邊。中國遂寧，外夷亦靜。

寅恪案：樂天所以稱宋璟爲宋開府者，雖由宋璟之文散階至開府儀同三司，（參舊唐書玖陸宋璟傳壹佰陸王毛仲傳。）實亦以此爲當日通用以稱宋璟者，觀國史補下（唐語林肆企羨類同。）略云：

開元日（後？）通不以名，而可稱者宋開府。

可證也。尤可注意者，樂天此篇論天寶末宰相楊國忠，而取開元初宰相宋璟爲對文，固當時迹玄宗一朝理亂所繫者常舉之事例。（參李相國論事集伍論任賢事條及同集陸上言開元天寶事條。）然君卿上疏，在樂天作此詩之前。杜氏之疏傳誦一時，白氏此詩以宋璟防黷武事爲言，與之符同，或受其影響，未可知也。詩中「此臂折來六十年。」句，全唐詩本「折來」下注云：「一作臂折。」此「一作」語不可通，蓋不可讀爲「此臂臂折六十年。」也。今敦煌本及那波道圓本俱作「臂折來來六十年。」初視之，似亦甚不可通，然考全唐詩第貳貳函段成式戲高侍御七首之壹云：

百媚城中一個人。紫羅垂手見精神。青琴仙子常教示，自小來來號阿真。

則「來來」連文亦唐人常語，全唐詩小注殆校寫者有所誤會耳。至今之翻刻那波本者，亦改唐世舊語之「臂折來來六十年。」爲令人易解之「此臂折來六十年。」則大可不必矣。

「痛不眠，終不悔。」句，敦煌本作「痛不眠兮終不悔。」併兩句爲一句。考樂天新樂府五十篇中多有重疊三言之句，此「兮」字似可不用，敦煌本不必盡從也。

注文中「即鮮于仲通李密覆軍之所也。」之「李密」，應作「李宓」，此世所熟知者，可勿置論。惟「郝靈佺」之名，則白詩諸本與史傳之紀載歧異至多。如今汪本及全唐詩本俱作靈筌，費袞梁谿漫志捌樹稼靈佺誤條（知不足齋叢書本。）略云：

白樂天樂府新豐折臂翁注云：天武軍牙將郝雲岑，按此則名雲岑，而舊唐書作靈儉。新唐書作靈佺。資治通鑑作靈荃，考異中亦無（「無」疑當作「如」。）之。（程大昌考古編玫作雲芩。）

通鑑貳壹壹唐紀玄宗紀開元四年六月條作靈荃，考異云：

唐曆又云靈荃，舊傳爲靈儉，今從唐曆。

岑建功舊唐書校勘記陸伍突厥傳上略云：

仍與入蕃使郝靈筌。寰宇記筌作佺。而通鑑考異引舊傳作郝靈儉。疑佺字之誤。（寅恪案，百衲本此傳筌作儉，與溫公所見者同。）

寅恪案：舊唐書壹肆柒杜佑傳新唐書伍玄宗紀開元四年六月癸酉條，新唐書壹貳肆宋璟傳，新唐書壹陸陸杜佑傳，新唐書貳壹伍上突厥傳上，俱作郝靈佺，自以作靈佺者爲是。蓋「靈」字在史籍中均同，今白詩諸本亦無歧異。費程書中作雲者，自不可從。而佺字乃取義於堯時仙人偓佺，與靈字有關，不可別作他字也。

又「特勒」當作「鐵勒」。蓋通常多誤「特勤」爲「特勒」，而「特勒」復世所習見，淺人因改「鐵」爲「特」。殊不知「鐵勒」爲種族之名。「特勤」即「特勤」，乃王子之稱，不可混淆也。復次，注文中，「天寶末楊國忠爲相，重構閣羅鳳之役，募人討之。」之「天寶末」，宋本作「天寶十一載。」其實鮮于仲通之敗，尚在其前一歲，即天寶十載也。又樂天蠻子朝「至今西洱河岸邊，箭孔刀痕滿枯骨。」句注云：

天寶十三載鮮于仲通統兵六萬討雲南王閣羅鳳於西洱河，全軍覆没也。

寅恪案：天寶十三載李宓敗死於西洱河，樂天此篇注謂楊國忠重構閣羅鳳之役，其意亦恐是指天寶十三載李宓之敗而言，特混李宓爲鮮于仲通耳。若果如是，則宋本注中之天寶十一載，當作十三載矣。今計自天寶十載即西曆七五一年，或天寶十三載即西曆七五四年，至元和四年即西曆八〇九年此篇作成之歲，共爲五十九年或五十六年。例如詩言新豐翁年二十四爲天寶十三載，則是歲其年八十。然則所謂「新豐老翁八十八。」者，押韻之故，「臂折來來六十年。」者，舉成數言之，不足深論。至「八十八」三字，敦煌本作「年八十」者，詩人舉成數言之，本亦可通，不必以其巧合八十之年爲説也。

復次，此篇爲樂天極工之作。其篇末「老人言，君聽取。」以下，固新樂府大序所謂「卒章顯其志。」者，然其氣勢若常山之蛇，首尾迴環救應，則尤非他篇所可及也。後來微之作連昌宫詞，恐亦依約摹仿此篇，蓋連昌宫詞假宫邊老人之言，以抒寫開元天寶之治亂繫於宰相之賢不肖及深戒用兵之意，實與此篇無不相同也。（此篇所寫之折臂翁爲新豐人。新豐即昭應縣之本名，爲華清宫之所在，是亦宫旁居民也。）至連昌宫詞以「連昌宫中滿宫竹。」起，以「努力廟謨休用兵。」結，即合於樂天新樂府「首句標其目，卒章顯其志。」之體制，自更不待論矣。

太行路

樂天此篇小序云：

借夫婦以諷君臣之不終也。

或疑李相國論事集貳論白居易事條所云，憲宗怒白居易不遜，欲逐之出翰林事。與此有關。考此事亦見於通鑑貳叁捌唐紀憲宗紀中，而附記於元和五年六月甲申白居易復上奏以爲臣比請罷兵條下。其時間雖似稍晚，但樂天新樂府五十首中如海漫漫杏爲梁諸篇，疑亦作於元和四年以後，則此說不爲無見。惟可注意者，樂天此時雖居禁近，實爲小臣，詩中「左納言，右納(內)史。」句，乃指宰相大臣而言，非樂天自況之辭也。

復次，新樂府之作既在元和四年或略後，而其時憲宗朝大臣並無所謂「朝承恩，暮賜死。」之情事，樂天所指言者，其在德順二宗之世乎？

舊唐書壹貳德宗紀上(舊唐書壹壹捌新唐書壹肆伍楊炎傳同。)略云：

建中二年七月庚申，以中書侍郎平章事楊炎爲左僕射。十月乙酉，尚書左僕射楊炎貶崖州司馬，尋賜死。

同書壹叁陸竇參傳(參新唐書壹肆伍竇參傳，通鑑貳叁肆唐紀德宗紀貞元八年四月乙未條，貞元九年三月條。）略云：

明年（貞元五年）拜中書侍郎同平章事領度支鹽鐵轉運使。貶參郴州別駕，貞元八年四月也。（九年三月）乃再貶爲驩州司馬，未至驩州，賜死於邕州武經鎮。

寅恪案：楊炎以文學器用，竇參以吏識強幹，俱爲德宗所寵任，擢登相位，而並於罷相後不旋踵之間，遂遭賜死，此誠可致慨者也。

又會昌一品集壹貳論救楊嗣復李珏陳（裴？）夷直第叁狀（參新唐書壹捌拾李德裕傳。）云：

伏見貞元初（寅恪案，劉晏之賜死實在建中初。）宰臣劉晏緣德宗在東宮時涉動搖之論，竟以此坐死。旋則朝廷中外皆以爲冤。兩河不臣之地，悉恐亡懼（？）。德宗尋亦追悔，官其子孫。

寅恪案：劉晏爲代宗朝舊相，最有賢名，而德宗以疑似殺之，斯爲失政之尤。此當時後世所以咸致冤痛也。

舊唐書壹肆憲宗紀上（參新唐書柒憲宗紀陸貳宰相表中。）云：

（永貞元年十一月）貶正議大夫中書侍郎韋執誼爲崖州司馬，以交王叔文也。

寅恪案：韋執誼流貶於憲宗即位之年，距樂天作詩之時甚近。樂天始終同情於牛僧孺，而牛僧孺曾受韋執誼之知獎。（見唐文粹伍陸李珏牛僧孺神道碑及陸捌杜牧丞相奇章公墓誌銘。）復考白氏長慶集貳柒有爲人上宰相書一篇，據其中所言此宰相拜相之日，知必爲執誼無疑。然則執誼雖未賜死，但其進退榮辱，易致樂天之感觸，自甚明也。樂天此篇之作，或竟爲近慨崖州之沉淪，追刺德宗之猜刻，遂取以諷諫元和天子耶？

詩中「左納言，右納史。」句，唐六典捌門下省侍中條略云：

門下省侍中二人，隋氏諱忠，改爲納言。煬帝十二年，改納言爲侍内。皇朝初爲納言，武德四年，改爲侍中，龍朔二年，改爲東臺左相。咸亨元年復舊。光宅元年改爲鸞臺納言。神龍元年復舊。開元元年改爲黄門監，五年復舊，曰門下省侍中。

同書玖中書省中書令條略云：

中書省中書令二人，隋氏改中書省爲内史省，置内史省監令各一人，尋廢監，置令二人。煬帝十二年改爲内書省。武德初爲内史省。三年改爲中書省。龍朔三年改省爲西臺，令爲右相。咸亨元年復舊。光宅二年改中書爲鳳閣，令爲内史。神龍元年復舊。開元元年改爲紫微令，五年復舊。

寅恪案：據此，則右納史當作右内史也。

又白氏長慶集壹初入太行路詩結語云：

若比世路難，猶自平於掌。

可與此篇旨意相參照也。

司天臺

此篇小序云：

引古以儆今也。

其詩云：

耀芒射角動三台，上台半滅中台坼。

寅恪案：晉書叁陸張華傳略云：

代下邳王晃爲司空，領著作。初華所封壯武郡，有桑化爲柏。又華舍及監省數有妖怪。〔華〕少子韙以中台星坼，勸華遜位。華不從。

則古有中台星坼三公須避位之説，是此篇所刺者，豈即當時之執政耶？考元和四年之三公及宰相爲杜佑于頔鄭絪裴垍李藩五人。其中裴垍曾在翰林與樂天同官交好。（參白氏長慶集肆壹論制科人狀。）李藩則由裴垍之推薦，致身相位。（參舊唐書壹肆捌李藩傳。）鄭絪亦嘗爲樂天素所不喜之李吉甫所誣構，而爲其道誼相合之李絳所救解。（參李相國論事集貳論鄭絪條及通鑑貳叁柒唐紀憲宗紀元和二年十一月它日上召李絳對於浴堂條。）則此三人者，似俱不應爲樂天所譏誚。又漢家故事，凡遇陰陽災變，則三公縱不握實權者，亦往往爲言者所指斥，而實際柄政之臣，則時或不任其咎。樂天作詩時，裴垍爲中書侍郎同平章事，鄭絪李藩相代爲門下侍郎同平章事。（鄭絪於二月丁卯罷爲太子賓客，李藩於二月丁卯由給事中拜。）雖爲宰相，並非三公。揆以樂天引古儆今之語，則樂天所指言者，殆屬之當時司徒杜佑司空於頔二人之一矣。

周禮注疏壹捌春官大宗伯之職條賈公彥疏引武陵太守星傳云：

> 三台一名天柱。上台司命爲太尉，中台司中爲司徒，下台司祿爲司空。

後漢書陸拾下郎顗傳略云：

> 順帝時災異屢見，陽嘉二年正月公車徵，顗詣闕拜章（言七事，其六事曰），又易傳曰，公能其事，序賢進士，後必有喜。反之，則白虹貫日。以甲乙見者，則譴在中台。自司徒（劉崎）居位，陰陽多謬。宜黜司徒，以應天意。

寅恪案：古以司徒上應三台之中台，故「譴在中台」則「宜黜司徒」。前引晉書之文，所謂「中台星坼」而張華子韙勸其避位者，不過張韙鑒於當時政局之動盪，特欲其父避禍引退耳，非即謂中台直指司空而言也。然則是篇所指，其杜岐公乎？又白氏長慶集陸柒司徒令公（裴度）分守東洛移鎮北都輒奉五言四十韻寄獻以抒下情詩云：

> 天上中台正，人間一品高。

尤可與此說相印證也。當日杜岐公以年過七十尚不致仕，深爲時論所非。樂天秦中吟不致仕一首，顯爲其事而發，宜新樂府中有此一篇也。或有以杜岐公已於元和二年正月請致仕，而爲憲宗所不許。且樂天又深有取於其戒邊功防黷武之論，似不應致過分之譏誚爲疑者。是又不然。高郢以元和五年九月致仕，（舊唐書壹肆憲宗紀。）時草制者猶以「近代寡廉，罕由斯道。」隱譏杜氏，（國史補中。）而樂天所草答高郢請致仕第二表（白氏長慶集叁玖。）亦以：

> 援禮引年，遺榮致政。人鮮知止，卿獨能行。不唯振起古風，亦足激揚時俗。

爲言，（可參白氏長慶集壹高僕射詩。）則當日之輿論可知矣。至新豐折臂翁一篇，或即取義於杜岐公之疏者，亦不過不以人廢言之義耳。

復次，白氏長慶集肆拾季冬薦獻太清宮詞略云：

> 維元和二年，歲次丁亥，十二月甲寅朔二十六日己卯，嗣皇帝臣稽首大聖祖高上大道金闕玄元天皇大帝。伏以今年司天臺奏，正月三日祀上帝於南郊，佳氣充塞，四方溫潤，祥風微起。司天臺奏，六月五日夜鎮星見。司天臺奏，六月十三日夜老人星見。司天臺奏，冬至日佳氣充塞，瑞雪祁寒者。謹遣攝太尉司徒平章事杜佑薦獻以聞。

樂天此篇之作，或即以曾草是文而有所感觸耶？

捕蝗

舊唐書壹貳德宗紀上（參舊唐書叁柒新唐書叁柒五行志。）略云：

興元元年，是秋螟蝗蔽野，草木無遺。貞元元年四月，關東大饑，賦調不入，由是國用益窘，關中饑民蒸蝗蟲而食之。五月癸卯，分命朝臣禱羣神以祈雨。蝗自海而至，飛蔽天，每下則草木及畜毛無復孑遺，穀價騰踊。七月，關中蝗食草木都盡。甲子，詔蝗蟲繼臻，彌亙千里，菽粟翔貴，稼穡枯瘁，嗷嗷蒸人，聚泣田畝。朕自今視朝不御正殿，有司供膳，並宜減省，不急之務，一切停罷。

考貞元元年樂天年十四，時在江南，求其所以骨肉離散之故，殆由於朱泚之亂。而興元貞元之饑饉，則又家園殘廢之因。觀白氏長慶集壹叁自河南經亂，關內阻飢。弟兄離散，各在一處。因望月有感，聊書所懷。寄上浮梁大兄，於潛七兄，烏江十五兄，兼示符離及下邽弟妹。詩云：

時難年饑世業空。

可證也。又通鑑貳叁貳唐紀德宗紀貞元二年夏四月條云：

時比歲饑饉，兵民率皆瘦黑。至是麥始熟，市有醉人，當時以爲嘉瑞。人乍飽食，死者復伍之一。數月人膚色乃復故。

夫兵亂歲饑，乃貞元當時人民最怵目驚心之事。樂天於此，既餘悸尚存，故追述時，下筆猶有隱痛。其貞元十四五年間所作寄家人詩，（見歷史語言研究所集刊第拾貳本岑仲勉先生文苑英華辨證校白氏詩文附按。）實可與元和四年所作此捕蝗詩互相證發也。樂天於元和中不主張用兵，固習於貞元以來朝廷姑息藩鎮，以求苟安之措施。惟與此似亦不無心理情感之關係。未必悉因黨派之分野，而反對李吉甫吐突承璀之積極政策也。舊唐書玖陸姚崇傳（舊唐書叁柒新唐書叁陸五行志及新唐書壹貳肆姚崇傳略同。）所記捕蝗之事，多可與此篇詞語相參證。茲略錄其文如下：

開元四年（五月）山東蝗蟲大起，崇乃遣御史分道殺蝗。汴州刺史倪若水執奏曰，蝗是天災，自宜修德。仍拒御史不肯應命。崇大怒，牒報之曰，古之良守，蝗蟲避境。若其修德可免，彼豈無德致然？今坐看食苗，何忍不救？因以饑饉，將何以安？若水乃行焚瘞之法，獲蝗一十四萬石，投汴渠，流下者不可勝紀。時朝廷喧議，皆以驅蝗爲不便，黃門監盧懷愼謂崇曰，蝗是天災，豈可制以人事，外議咸以爲非。又殺蟲太多，有傷和氣。今猶可復，請公思之。崇曰，若殺蟲救人，因緣致禍，崇請獨受，義不仰關。

寅恪案：姚崇所謂「古之良守，蝗蟲避境。」與白詩所謂「我聞古之良吏有善政，以政驅蝗蝗出境。」並可參閱後漢書伍伍卓茂傳。白詩所謂「豈將人力競天災。」者，即如倪若水「蝗是天災，自宜修德。」及盧懷愼「蝗是天災，豈可制以人事。」之說。樂天對於蝗蟲之識解，同於盧倪，此則時代囿人，賢者不免，亦未足深責也。

詩末自注云：

貞觀二年太宗呑蝗蟲事，具貞觀實錄。

寅恪案：此篇結語以文皇呑蝗事爲言，疑亦爲樂天作七德舞時搼尋材料所採摭之餘義。可與論二王後海漫漫百鍊鏡諸條相參證。又此事亦見今戈本貞觀政要捌論務農篇。

昆明春

此篇小序下注云：

貞元中始漲之。

册府元龜壹肆帝王部都邑門（參舊唐書壹叁德宗紀下貞元十三年八月丁巳條。）云：

（貞元十三年）八月詔曰，昆明池俯近都城，古之舊制，蒲魚所產，實利於人。宜令京兆尹韓皐充使即勾當修堰漲池。

者，是也。今文苑英華叁伍（全唐文陸肆肆。）有張仲素漲昆明池賦，同書同卷（全唐文玖伍柒。）亦載宋悛漲昆明池賦。徐松登科記考壹肆貞元十四年李隨榜有李翺張仲素呂溫等，惟此年試題爲鑒止水賦及青出藍詩，與此無涉。考董逌廣川書跋捌李翺題名條略云：

今考文公所書，知府送皆有會集，書於慈恩石楹。蓋當時等甲進士便與科名等，故世尤貴重。觀韋貫之集有啓獻韓貞公乞免知進士舉，當時貞公欲以解頭目送文公，由是乃得以李翺爲第一，張仲素次之。蓋自十人解送而九人入等，時以爲盛，即此題名是也。

徐氏所據以考定李張爲貞元十三年京兆等第者，即李文公感知己賦與此條也。董氏所記韓貞公即皐，既與李文公之府送有此一段因緣，而皐實又爲貞元十三年以京兆尹主持漲昆明池之役者，頗疑張氏之賦即應京兆府試而作，樂天爲貞元十六年進士，與張氏作賦時相距至近，殊有得見此賦之可能，或者樂天新樂府中昆明春一篇，殆即受張賦之啓發耶？

復次，盧校本云：

題無水滿二字，貞元中始弛之，與上文連。

岑仲勉先生論白氏長慶集源流，並評東洋本白集（見歷史語言研究所集刊第玖本肆肆伍頁。）云：

按作弛之是也。東本全詩均誤。唯此句是注，與題連則非。

寅恪案：岑說「此句是注，與題連則非。」是也。惟詩中雖有：

詔以昆明近帝城。官家不得收其征。菰蒲無租魚無稅。近水之人感君惠。

諸句，即弛禁之意，但亦別有：

詔開八水注恩波，千介萬鱗同日活。

之言，可與「漲之」語意相應。若再以張宋之題作漲昆明池賦證之，則那波本汪本注作「漲之」，全唐詩注作「漲泛」者，當亦非無據也。

「詔開八水注恩波。」句，所謂八水者，三輔黄圖陸所紀，關中八水皆出上林，(一)灞水。(二)滻水。(三)涇水。(四)渭水。(五)豐水。(六)鎬水。(七)牢水。(八)潏水。是也。

「吴興山中罷榷茗。」者，國史補下云：

風俗貴茶，茶之名益重。湖州有紫笋。

同書同卷又云：

常魯公(舊唐書壹玖陸下吐蕃傳下及册府元龜玖捌拾外臣部出使門並有建中二年常魯隨崔漢衡出使吐蕃事。李氏所指，殆即常魯。今本作常魯公，乃傳寫之誤。)使西蕃，烹茶帳中。贊普問曰，此爲何物？魯公曰，滌煩療渴，所謂茶也。贊普曰，我此亦有。遂命出之。以指曰，此壽州者，此舒州者，此顧渚者，此蘄門者，此昌明者，此㴩湖者。(寅恪案，據此可知顧渚之茶，亦遠輸吐蕃矣。)

南部新書戊云：

唐制，湖州造茶最多，謂之顧渚貢焙。焙在長城縣西北。大曆五年以後，始有進奉。故陸鴻漸與楊祭酒書云，顧渚山中紫笋茶兩片。此物但恨帝城未得嘗，實所嘆息。一片上太夫人，一片充昆弟同啜。後開成三年，以貢不如法，停刺史裴充。

新唐書肆拾地理志湖州吳興郡條云：

土貢，紫筍茶，長城（縣）顧山，有茶以供貢。

舊唐書壹叁德宗紀下云：

貞元九年春正月癸卯，初稅茶，歲得錢四十萬貫，從鹽鐵使張滂所奏。茶之有稅，自此始也。

同書肆玖食貨志云：

貞元九年正月，初稅茶。

新唐書伍肆食貨志云：

貞元八年，以水災減稅。明年，諸道鹽鐵使張滂奏，出茶州縣若山及商人要路，以三等定估，十稅其一，自是歲得錢四十萬緡，然水旱亦未嘗拯之也。

皆有關稅茶與吳興顧渚盛產名茶之史料也。

「鄱陽坑裏休稅銀。」者，貞觀政要陸論貪鄙篇云：

貞觀十年治書侍御史權萬紀上言，宣饒二州諸山，大有銀坑，採之極是利益，每歲可得錢數百萬貫。

舊唐書壹叁陸齊映傳（新唐書壹伍拾齊映傳同。）云：

又改洪州刺史江西觀察使。映常以頃爲相輔，無大過而罷，冀其復入用，乃掊斂貢奉，及大爲金銀器以希旨。先是銀缾高者五尺餘，李兼爲江西觀察使，乃進六尺者。至是因帝（德宗）誕日，端午，映爲缾高八尺者以獻。

新唐書肆壹地理志饒州鄱陽郡條云：

土貢麩金銀。

榷茗貢銀者，貞元之弊政。放昆明池魚蒲之稅租者，德宗之仁施。映對明顯，寄慨至深。以此爲言，誠可謂善諷者矣。

又樂天於貞元十五年由宣州解送，十六年成進士。若貞元十三年京兆府試以漲昆明池爲試題，唐世選人必深注意其近年考試之題目，以供揣摩練習，與明清時代無異，則修治昆明池一事，自當爲樂天所記憶。又樂天少時曾往來吳越間，其兄復在浮梁，（可參汪立名本樂天年譜。）是以追憶京都之往事，兼念水鄉之舊遊，遂就其親所聞見榷茗稅銀之弊政，而痛陳之也。

城鹽州

微之新樂府雖無此題，但樂天此篇誚邊將之旨，必有取於其西涼伎縛戎人二篇之意，自不待言，惟此篇：

美聖謨而誚邊將也。

之全部主旨，及詩中「鹽州未城天子憂。」「德宗按圖自定計，非關將略與廟謀。」「翻作歌詞聞至尊。」諸句，則不獨造意悉承自杜工部諸將第貳首「獨使至尊憂社稷，諸君何以答昇平。」之結論，即其遣詞亦多用浣花原語。他如此篇「韓公創築受降城。」一句，乃諸將第貳首起句「韓公本意築三城。」之改寫，亦其證也。夫樂天於貞元之時，既未嘗歷職清要，自不得預聞朝廷之大計。其崇美君主之英明獨斷，全遠資少陵於代宗時所作之詩爲模楷，此所以未見有當於當日之情事也。（詳見下論。）至於譏誚邊將之養寇自重，則近和微之在鳳翔時親見親聞之原意，故不爲泛泛之詞也。由是觀之，讀樂天此篇者，必應取少陵諸將第貳首參互比較，始能得其眞解，又可知矣。此篇小序下注云：

貞元壬申歲，特詔城之。

寅恪案：壬申歲，貞元八年也。考舊唐書壹叁德宗紀下云：

貞元九年二月辛酉，詔復築鹽州城。貞元三年，城爲吐蕃所毀。自是塞外無堡障，犬戎入寇。既城之後，邊患息焉。

同書壹肆肆杜希全傳楊朝晟傳及壹玖陸下吐蕃傳下亦均繫是役於貞元九年，獨通鑑貳叁肆唐紀德宗紀貞元九年二月辛酉條考異略云：

邠志，八年詔追張公(獻甫)議築鹽夏二城云云。白居易樂府鹽州注亦云，貞元壬申歲特詔城之。而實錄在九年二月，蓋去歲詔使城之。今年因命杜彦光等而言之。

君實作史，采及此注，足徵雖細不遺。通鑑之爲傑作，於此可見矣。兹略迻録舊唐書杜希全傳(參新唐書壹伍陸杜希全傳。)紀載當日築城之經過於下，以備讀樂天此詩者之參證焉。

希全以鹽州地當要害，自貞元三年西蕃劫盟之後，州城陷虜，自是塞外無保障，靈武勢隔，西通鄜坊，甚爲邊患。(新傳此下有請復城鹽州五字。)朝議是之。九年，詔曰，設險守國，易象垂文，有備無患，先王令典。況修復舊制，安固疆里，偃甲息人，必在於此。鹽州地當衝要，遠介朔陲，東達銀夏，西援靈武，密邇延慶，保扞王畿。乃者城池失守，制備無據，千里庭障，烽燧不接，三隅要害，役戍其勤。若非興集師徒，繕修壁壘，設攻守之具，務耕戰之方，則封内多虞，諸華屢警，由中及外，皆靡寧居。深惟永圖，豈忘終食。顧以薄德，至化未孚。既不能復前古之治，致四夷之守，與其臨事而重擾，豈若先備而即安。是用弘久遠之謀，修五原之壘，使邊城有守，中夏克寧，不有暫勞，安能永逸。宜令渾瑊杜希全張獻甫邢君牙韓潭王栖耀范希朝，各於所部簡練將士，令三萬五千人同赴鹽州，神策將軍張昌宜權知鹽州事，應板築雜役，取六千人充。其鹽州防秋將士率三年滿更代，仍委杜彦先(光？)具名奏聞，悉與改轉。朕情非己欲，志在靖人，咨爾將相之臣，忠良之士，輸誠奉命，陳力忘憂，勉茂功勳，永安疆埸，必集兵事，實惟衆心，各相率勵，以副朕志。凡役六千人，二旬而畢。時將板築，仍詔涇原劍南山南諸軍深討吐蕃以牽制之。由是板築之時，虜不及犯塞。城畢，中外稱賀。由是靈武銀夏河西稍安，虜不敢深入。

詩云：

城在五原原上頭。

寅恪案：元和郡縣圖志肆靈武節度使鹽州五原縣條略云：

鹽州〔治〕五原縣。五原謂龍游原，乞地干原，青領原，可嵐貞原，横槽原也。

則五原爲鹽州治所及五原縣之得名，可據知也。

詩云：

蕃東節度鉢闡布。

寅恪案：新唐書貳壹陸下吐蕃傳下云：

〔元和〕五年，以祠部郎中徐復往使，並賜鉢闡布書。虜浮屠豫國事者也，亦曰鉢掣逋。

又白氏長慶集叁玖有與吐蕃宰相鉢闡布勅書，乃樂天在翰林時所草。蓋城鹽州時，鉢闡布尚未爲吐蕃宰相也。

詩云：

金烏飛傳贊普聞。建牙傳箭集羣臣。

寅恪案：舊唐書壹玖陸下云：

適有飛鳥使至，飛鳥猶中國驛騎也。

新唐書貳壹陸上吐蕃傳上云：

其舉兵以七寸金箭爲契，百里一驛。有急兵，驛人臆前加銀鶻。甚急，鶻益多。

趙璘因話錄肆角部之次（參唐語林捌補遺。）云：

蕃法刻木爲印，每有急事，則使人馳馬赴贊府牙帳。日行數百里，使者上馬如飛，號爲鳥使。

知此乃吐蕃之制度也。

詩云：

君臣赭面有憂色。

寅恪案：舊唐書壹玖陸上吐蕃傳上（新唐書貳壹陸上吐蕃傳上同。）云：

〔文成〕公主惡其人赭面，〔棄宗〕弄贊令國中權且罷之。

敦煌寫本法成譯如來像法滅盡之記中有赤面國，乃藏文（Kha-dmar）之對譯，即指吐蕃而言。蓋以吐蕃有赭面之俗故也。

詩云：

長安藥肆黄蓍賤。

寅恪案：本草綱目壹壹引唐蘇恭本草云：

黄蓍今出原州者最良。

蓋秦原闇通，故黄蓍價賤也。

詩云：

韓公創築受降城。

寅恪案：張仁亶築三受降城事，世所習知，亦唐人所盛稱者。如杜子美之詩，呂和叔之銘，皆其例證也。

詩云：

德宗按圖自定計，非關將略與廟謀。

寅恪案：樂天此語，意謂城鹽州之舉，全出德宗之旨，非關將相謀略，不知有何依據。考上引舊唐書杜希全傳之紀載，則城鹽州之議，本由希全發之，而貞元八九年間，陸宣公正爲宰相，甚得君心，事關軍國大計，德宗似無不與商議之理，故此句所詠，疑與當時情勢有所未合也。

道州民

陽城事蹟，見韓愈順宗實錄貳永貞元年三月壬申追前諫議大夫道州刺史陽城赴京師條，及同書肆永貞元年六月癸丑贈故道州刺史陽城左常侍條，舊唐書壹玖貳隱逸傳新唐書壹玖肆卓行傳陽城傳等，此皆世所習知，茲不備錄。惟節錄舊傳（參新傳。）所紀陽城抗疏論免道州貢矮奴事於下，以供讀此篇者之參證焉。

> 道州土地產民多矮，每年常配鄉户，竟以其男號爲矮奴。城下車，禁以良爲賤。又憫其編甿歲有離異之苦，乃抗疏論而免之。自是乃停其貢。民皆賴之，無不泣荷。

詩云：

> 城云臣按六典書。任土貢有不貢無。道州水土所生者，只有矮民無矮奴。

寅恪案：樂天此數句，似即依據陽氏原奏之文。今此奏不載於全唐文等書，自無可考。惟道州產民多矮事，除見於前引之新舊傳外，劉賓客嘉話錄（劉叔遂蘇萊曼東遊記證聞曾引之，載中國文化研究彙刊第肆卷。）云：

> 楊國忠嘗會諸親，時知吏部銓事，且欲大噱，已設席呼選人名，引入於中庭，不問資序，短小者道州參軍，胡者湖州文學，簾中大笑。

亦可資參證也。所謂「按六典書。」「任土貢有不貢無。」者，即唐六典叄戶部郎中員外郎條云：

郎中員外郎，掌領天下州縣户口之事，凡天下十道，任土所出而爲貢賦之差。

注云：

舊額，貢獻多非土物，或本處不產而外處市供，或當土所宜，緣無額遂止。開元二十五年，令中書門下對朝集使隨便條革，以爲定準。

者，是也。至關於六典曾否行用問題，則自來多所辨說。已詳拙著隋唐制度淵源略論稿職官章，茲不贅述。所可言者，六典一書，自大曆後公式文中，可以徵引，與現行法令同一效力。觀樂天詩所述陽城奏語，亦此問題例證之一也。

篇末云：

道州民，民到於今受其賜。欲說使君先下淚。仍恐兒孫忘使君，生男多以陽爲字。

寅恪案：道州民以陽城之姓名子之事，不見於順宗實錄及舊傳，惟新傳書之，未知所本。考新唐書壹柒陸韓愈傳云：

貶陽山令，有愛在民，民生子多以其姓字之。

而其事亦不見於舊唐書壹陸拾韓愈傳。此殆爲宋景文取自李翺所撰之韓文公行狀（李文公集壹壹。）者。實則後漢書壹佰陸循吏傳任延傳略云：

徵爲九眞太守，駱越之民，無嫁娶禮法，不識父子之性，夫婦之道。延乃移書屬縣，各使男年二十至五十，女年十五至四十，皆以年齒相配，其產子者，始知種姓。咸曰，使我有是子者，任君也。多名子爲任。

白詩李狀恐是用此故典以爲虛美推贊陽韓二公之詞，未必果有其事也。又如白氏長慶集陸壹元稹墓誌銘云：

三川人慕之，其後多以公姓字名其子。

蓋亦同此例也。

抑又可論者，元氏長慶集貳有陽城驛詩，乃微之元和五年春貶江陵士曹參軍途中所作，觀白氏長慶集貳和答詩十首第貳首爲和陽城驛，其序略云：

〔元和〕五年春，微之從東臺（東都洛陽御史臺）來。不數日，又左轉爲江陵士曹掾。及到江陵，寄在路所爲詩十七章。

可知，頗疑樂天此作與其和微之陽城驛詩有關。蓋受此暗示，因詠貞元時事，而並及之也。此可與海漫漫杏爲梁兩篇參證，以此兩篇俱有作於元和五年或以後之可能，則道州民一篇，亦自有此種可能也。

復次，微之陽城驛詩云：

祠(詞?)曹諱羊祜，(寅恪案：晉書叁肆羊祜傳，荆州人爲祜諱名，屋室皆以門爲稱，改户曹爲辭曹焉。)此驛何不侔。我願避公諱，名爲避賢郵。

樂天和陽城驛詩，深贊同微之改驛名之意，其結語至云：

若作陽公傳，欲令後世知。不勞敍世家，不用費文詞。但使國史上，全錄元稹詩。

可謂極其傾倒矣。後來此驛名竟爲之改易。杜牧樊川集肆商山富水驛詩注云：

驛本名與陽諫議同姓名，因此改爲富水驛。

即可爲證。然則元白詩之流行於當時及其影響之深鉅，信有徵矣。惟牧之詩之結語云：

驛名不合輕移改，留警朝天者惕然。

雖文人喜作翻案文字，然亦牧之素惡元白之詩所使然也。以其亦與陽城有關，因並附論及之。

馴犀

公垂此篇詩旨如何，不可考見。微之和其詩，則意主治民不擾，使之遂性，以臻無爲之治。所謂：

乃知養獸如養人，不必人人自敦獎，不擾則得之於理，不奪有以多於賞。脱衣推食衣食之，不若男耕女令紡。堯民不自知有堯，但見安閑聊擊壤。前觀馴象後觀犀，理國其如指諸掌。

是也。微之是篇，議論稍繁，旨意亦略嫌平常，似不如樂天此篇末數語，俯仰今昔，而特以爲善難終爲感慨之深摯也。陸放翁劍南詩稿壹新夏感事詩云：

聖主不忘初政美，小儒唯有涕縱橫。

蓋與樂天此篇有同感而深得其旨矣。考舊唐書壹叁德宗紀下略云：

史臣曰，德宗皇帝初總萬機，勵精治道，思政若渴，視民如傷。凝旒延納於讜言，側席思求於多士。其始也，去無名之費，罷不急之官。出永巷之嬪嬙，放文單之馴象。減太官之膳，戒服玩之奢。解鷹犬而放伶倫，止榷酤而絕貢奉。百神咸秩，五典克從。御正殿而策賢良，輟廷臣而治畿甸。此皆前王之能事，有國之大猷，率是而行，夫何敢議。一旦德音掃地，愁歎連甍，果致五盜僭擬於天王，二朱憑陵於宗社。奉天之窘，可爲涕零。罪己之言，補之何益。所賴忠臣戮力，否運再昌。雖知非竟逐於楊炎，而受佞不忘於盧杞。用延賞之私怨，奪李晟之兵符。取延齡之奸謀，罷陸贄之相位。知人則哲，其若是乎？貞元之辰，吾道窮矣。

據此，白詩措辭微婉，與史臣書事直質者殊異，此或亦昔人所謂詩與春秋經旨不同之所在歟？

關於德宗放馴象事，杜陽雜編上云：

宏詞獨孤綬，所司試放馴象賦，及進其本，上（德宗）自覽考之，稱歎得人。因吟其句曰，化之式孚，則必受乎來獻。物或違性，斯用感於至仁。上以綬爲知去就，故特書第三等。先是代宗朝文單國累進馴象三十有二。上即位，悉令放之於荊山之南。而綬不斥受獻，不傷放棄，故賞其知去就焉。

又舊唐書壹貳德宗紀上略云：

（大曆十四年五月）癸亥即位於太極殿。閏（五）月丁亥，詔文單國所獻舞象三十二，令放荆山之陽。

寅恪案：德宗即位於大曆十四年五月，放馴象即在是年閏五月，但大曆爲代宗年號，故樂天以德宗初次改元之建中爲言，其實非建中元年也。（參劉文典先生羣書斠補。）又舊紀所謂「放於荆山之陽」者，據通鑑貳貳伍唐紀德宗紀大曆十四年閏五月命縱馴象於荆山之陽條胡注云：

此禹貢所謂導汧及岐至於荆山者，唐屬京兆府富平縣界。

然則詩云「馴象生還放林邑。」及注云「放歸南方。」皆有所誤會也。

關於馴犀凍死事，舊唐書壹叁德宗紀下略云：

（貞元九年）十月癸酉，環王國獻犀牛，上令見於太廟。十二年十二月己未，大雪平地二尺，竹柏多死。環王國所獻犀牛，甚珍愛之，是冬亦死。

寅恪案：貞元九年歲次癸酉，十二年歲次丙子，元氏長慶集貳肆馴犀篇引李傳云：

貞元丙子歲南海來貢。至十三年冬苦寒，死於苑中。

而樂天此篇注中「貞元丙戌。」固應如汪立名之言改爲丙子，但「貞元十三年」亦應依舊唐書德宗紀改爲「貞元十二年」，則汪氏所未及知者也。

詩云：

馴犀馴犀通天犀，軀貌駭人角駭雞。

者，抱朴子壹柒內篇登涉云：

通天犀角有一赤理如綖，有自本徹末。以角盛米，置羣雞中，雞欲啄之，未至數寸，即驚退却，故南人或名通天犀爲駭雞犀。

是也。

詩云：

上嘉人獸俱來遠。蠻館四方犀入苑。

寅恪案：詩所謂「蠻館四方」者，即唐六典壹捌典客署典客署令條注云：

〔隋〕於建國門外置四方館，以待四方使客，各掌其方國及互市事。皇朝以四方館隸中書。

及唐兩京城坊考壹承天門街之西宮城之南第二橫街之北條云：

從東第一中書外省，次西，四方館。（隋曰謁者臺，即諸方通表通事舍人受事之司。）者是也。

復次，此篇詩句，如「飫以瑶芻鏁以金。故鄉迢遞君門深。海鳥不知鐘鼓樂，池魚空結江湖心。」亦樂天自比之詞。又「一入上林三四年。」句，則馴犀於貞元九年十月入獻，十二年十二月凍死，實在苑中四年有餘，而樂天於元和二年十一月入翰林，至作此篇時在元和四年，亦與馴犀在苑中之歲月約略相近。故此句比擬尤切，詞意相關，物我俱化。樂天之詩才，實出微之之上。李公垂之歎服其歌行，固非無因也。

五絃彈

此題公垂倡之，微之和之，樂天則秦中吟有五絃（才調集壹作五絃琴。）一篇，新樂府有五絃彈一篇。其新樂府中一篇既以五絃彈爲題，自是酬李元之作，但秦中吟中五絃一篇之辭旨與新樂府此篇頗有關連，因亦參合於此論之。

李公垂此題所詠今不可見，未知若何。元白二公則立意不同。微之此篇以求賢爲說，樂天之作則以惡鄭之奪雅爲旨，此其大較也。微之持義固正，但稍嫌迂遠。樂天就音樂而論音樂，極爲切題。故鄙見以爲白氏之作，較之元氏此篇，更爲優勝也。

微之此篇及白氏之作，俱有趙璧技藝之摹寫。蓋趙璧之五絃在當時最負盛名。國史補下云：

> 趙璧彈五絃，人問其術。答曰，吾之于五絃也，始則心驅之，中則神遇之，終則天隨之。吾方浩然，眼如耳，目如鼻，不知五絃之爲璧，璧之爲五絃也。

樂府雜錄五絃條云：

> 貞元中有趙璧者，妙于此伎也。白傅諷諫有五絃彈。近有馮季皐。

皆可與元白諸作參證也。

又元白二公此題諸篇之詞句，并可與其後來所作之琵琶歌琵琶引參證。如微之詩中：

　　風入春松正凌亂，鶯含曉舌憐嬌妙。嗚嗚暗溜咽冰泉，殺殺霜刀澀寒鞘。

樂天秦中吟五弦中：

　　大聲麤若散，颯颯風和雨。小聲細欲絕，切切鬼神語。

及新樂府五絃彈中：

　　第五絃聲最掩抑。隴水凍咽流不得。五絃並奏君試聽。淒淒切切復錚錚。鐵擊珊瑚一兩曲，冰寫玉盤千萬聲。鐵聲殺，冰聲寒。殺聲入耳膚血憯，寒氣中人肌骨酸。曲終聲盡欲半日，四座相對愁無言。座中有一遠方士，唧唧咨咨聲不已。

等句是也。

元詩「衆樂雖同第一部。」句，樂天琵琶引云：

　　十三學得琵琶成，名屬教坊第一部。

國史補下略云：

　　李衮善歌。初於江外，而名動京師。崔昭入朝，密載而至，乃邀賓客，請第一部樂及京邑之名倡，以爲盛會。令衮弊衣以出，合坐嗤笑。及轉喉一發，樂人皆大驚曰，此必李八郎也。遂羅拜階下。

太平廣記貳佰肆樂類貳又李暮條引逸史云：

〔李暮〕開元中吹笛爲第一部，近代無比。有故自教坊請假至越州，公私更醼，以觀其妙。皆可與元氏此句參證也。

蠻子朝

此題李公垂原作，而元白二公和之。元白之詩俱於韋皋有微辭，李氏之作諒亦相同。其實韋南康之復通南詔，乃貞元初唐室君主及將相大臣圍攻吐蕃秘策之一部。此秘策雖不幸以韓滉早死，劉玄佐中變，而未能全部施行。然韋南康在劍南，以南詔復通之故，得使吐蕃有所牽制，不敢全力以犯西北。且於貞元十七年大破其衆於雅州，則爲效已可睹矣。此事始末詳拙著唐代政治史述論稿下篇論吐蕃條及下文論西涼伎條，於此可不複述。茲所欲言者，據國史補中略云：

韋太尉在西川極其聚斂，坐有餘力，以故軍府寖盛，而黎甿重困。及晚年爲月進，終致劉闢之亂，天下譏之。

知當時士論多以劉闢之亂歸咎南康，是固然矣。惟同書同卷又云：

郭汾陽再收長安，任中書令二十四考。勳業福履，人臣第一。韋太尉皋鎮西川亦二十年，降吐蕃九節度，擒論莽熱以獻，大招附西南夷。任太尉，封南康王，亦其次也。

則南康招附西南夷之勳業，亦爲時議所推許也。而元白二公乃借蠻子朝事以詆之，自爲未允。蓋其時二公未登朝列，自無從預聞國家之大計，故不免言之有誤耳。

元詩云：

清平官繫金呿嵯。

白詩云：

清平官持赤藤杖，大軍將繫金呿嵯。

寅恪案：樊綽蠻書爲現存研究南詔史實之最要資料。今新唐書貳貳貳上中南蠻傳南詔傳，即根據蠻書。故亦可取與元白此諸句相參校。二公句中所謂清平官者，即新傳云：

官曰坦綽，曰布燮，曰久贊，謂之清平官。所以決國事輕重，猶唐宰相也。

是。又白氏長慶集肆拾有與南詔清平官書，亦可與此參證也。

白詩中所謂大軍將者，新傳云：

曰酋望，曰正酋望，曰員外酋望，曰大軍將。曰員外，猶試官也。幕爽主兵，琮爽主户籍，慈爽主禮，罰爽主刑，勸爽主官人，厥爽主工作，萬爽主財用，引爽主客，禾爽主商賈，皆清平官酋望大軍將兼之。

今白詩諸本，除嚴氏本嘉承本等善本外，多作「大將軍」者，皆誤也。他書如今本册府元龜玖陸貳外臣部官號門南詔：

酋望有大將軍之號。

等語，是亦譌誤之一例。至阮元撰雲南通志所載南詔向化碑，則或作大將軍，或作大軍將。蓋有誤有不誤者矣。

元詩之「金呿嵯」，白詩之「金呿嗟」，新傳云：

佉苴，韋帶也。

又云：

自曹長以降，繫金佉苴。

「呿嵯」，「呿嗟」皆佉苴之異譯，自不待論也。

至白詩中之「赤藤杖」，則韓昌黎集肆和虞部盧四汀酬翰林錢七徽赤籐杖歌（元和四年分司東都作。）云：

赤籐爲杖世未窺，臺郎始携自滇池。

全唐詩壹肆張籍和李僕射秋日病中作云：

獨倚紅籐仗，時時堦上行。

同書壹玖裴夷直南詔朱籐杖詩云：

六節南籐色似朱。拄行階砌勝人扶。

皆足徵赤籐杖出自南詔，而爲當時朝士所最珍賞之物也。白氏長慶集捌朱籐杖紫驄吟云：

拄上山之上，騎下山之下。江州去日朱籐杖，忠州歸時紫驄馬。天生二物濟我窮，我生合是栖栖者。

同集壹伍紅籐杖云：

交親過滻別，車馬到江迴。唯有紅籐杖，相隨萬里來。

同集壹陸紅籐杖（自注云：杖出南蠻。）云：

南詔紅籐杖，西江白首人。時時攜步月，處處把尋春。勁健孤莖直，疎圓六節勻。火山生處遠，瀘水洗來新。麄細纔盈手，高低僅過身。天邊望鄉客，何日拄歸秦。

同集貳貳三謠序云：

予廬山草堂，有朱籐杖一，蟠木机一，素屏風二，時多杖籐而行，隱机而坐，掩屏而臥。宴息之暇，筆硯在前，偶爲三謠。

朱籐謠略云：

朱籐朱籐。溫如紅玉，直如朱繩。自我得爾以爲杖，大有裨於股肱。前年左遷，東南萬里。惟此朱籐，實隨我來。

然則赤籐杖與樂天關係密切如此，亦可稱佳話矣。

元詩云：

求天叩地持雙珙。

白詩云：

摩挲俗羽雙隈伽。

寅恪案：此二句俱不易解。白曰「雙隈伽」。元曰「雙珙」。豈「隈伽」者，「珙」之音義耶？姑識於此，以俟更考。

白詩云：

異牟尋男尋閣勸。特敕召對延英殿。上心貴在懷遠蠻。引臨玉座近天顏。冕旒不垂親勞徠。賜衣賜食移時對。

寅恪案：王建宮詞第貳首云：

殿前傳點各依班。召對西來六詔蠻。

其第捌首云：

直到銀臺排仗合，聖人三殿對西番。（此首所詠非即指六詔蠻，但以其言天子御殿召對蠻夷事，故附錄之。）

可與白詩參證也。

驃國樂

舊唐書壹叁德宗紀下云：

〔貞元十八年正月〕乙丑，驃國王遣使悉利移來朝貢，并獻其國樂十二曲與樂工三十五人。

而微之此篇題下李傳云：

貞元辛巳歲始來獻。（樂天此篇小序下之註作十七年。貞元辛巳歲，即貞元十七年也。）

蓋實以貞元十七年來獻，而十八年正月陳奏之於闕庭也。

樂天此篇以「欲王化之先邇後遠也」爲旨，微之詩中有：

教化從來有源委，必將泳海先泳河。

之句，是二公此篇持旨相同之證。想李公垂原作，當亦類似。殆即樂天和答詩序（白氏長慶集貳。）所謂：

同者謂之和。

也。

樂天詩云：

雍羌之子舒難陀，來獻南音奉正朔。

又云：

曲終王子啓聖人。臣父願爲唐外臣。

白氏長慶集肆拾與驃國王雍羌書略云：

又令愛子遠副闕庭。今授卿太常卿，幷卿男舒難陀那及元佐摩訶思那二人亦各授官。

說郛陸柒驃國樂頌（當是開州刺史唐次所撰。見新唐書貳貳下南蠻傳驃傳。）略云：

驃國王子獻其樂器。初，驃國之王舉國送之，且訓其子曰，聖唐恩澤，宏被八埏。

又頌辭云：

至若驃國，來循萬里。進貢其音，敢愛其子。

唐會要壹佰驃國條略云：

貞元十八年春正月，南詔使來朝。驃國王始遣其弟悉利移來朝。今聞南詔異牟尋歸附，心慕之，乃因南詔重譯，遣子朝貢。其王姓困沒長，名摩羅惹。

通鑑貳叁陸唐紀德宗紀略云：

貞元十八年春正月驃國王摩羅思那遣其子悉利移入貢，仍獻其樂。

舊唐書壹玖柒南蠻傳驃國傳略云：

貞元中其王聞南詔異牟尋歸附，心慕之。〔十〕八年，乃遣其弟悉利移因南詔重譯來朝。又獻其國樂，凡十曲，（據新唐書貳貳貳下南蠻傳驃傳所標舉者應有十二曲。）與樂工三十五人俱。尋以悉利移爲試太僕卿。

册府元龜玖柒貳外臣部朝貢門云：

貞元十八年正月，驃國王始遣其弟悉利移來朝，獻其國樂凡十曲，（同書伍柒拾掌禮部夷樂門作十二曲。）與樂工三十五人來朝。

新唐書貳貳貳下驃傳略云：

雍羌亦遣弟悉利移城主舒難陀獻其國樂。五譯而至。德宗授舒難陀太僕卿遣還。

寅恪案：驃國王所遣之使，諸書所記互相乖異。樂天之詩及其所草與驃國王雍羌書俱以「驃國王雍羌之子舒難陀」爲言。今傳世之説郛本驃國樂頌，則唯言驃國王遣其子獻樂而不著其名。通鑑以獻樂者爲驃國王之子悉利夷。舊傳册府元龜並以悉利夷爲雍羌之弟。新傳則作「雍羌亦遣弟悉利移城主舒難陀。」又可注意者，唐會要於同條中述同一事，而前言「驃國王始遣其弟悉利移來朝。」後言「遣子入貢。」唐頌白書俱當時之文件，其他諸書亦皆可信之史籍，而牴牾若此，殊不可解。姑記之以俟更考。

復次，新唐書貳貳貳下南蠻傳驃傳略云：

貞元中王蠻羌聞南詔歸唐，有内附心。〔南詔王〕異牟尋遣使楊加明詣劍南西川節度使韋皐，請獻夷中歌曲，且令驃國進樂人，於是皐作南詔奉聖樂。蠻羌亦遣弟悉利移城主舒難陀獻其國樂。至成都，韋皐復譜次其聲，以其舞容樂器異常，乃圖畫以獻。

國史補下略云：

于司空頔因韋太尉〔皐〕奉聖樂，亦撰順聖樂以進。頔又令女妓爲六佾舞，聲態壯妙，號孫武順聖樂。

寅恪案：德宗經朱泚亂後，只求苟安，專以粉飾太平爲務，藩鎭大臣亦迎合意旨。故雖南康之勳業隆重，仍不能不隨附時俗，宜乎致當時之譏刺也。特元白二公俱於此篇未明言之耳。

縛戎人

此篇題目元白集諸本均作縛戎人。獨白氏新樂府嘉承本作傳戎人。證以微之此篇題下注中「例皆傳置南方」之語，知極可通，不必定爲譌字。至樂天「將軍遂縛作蕃生。」句中之縛字，雖斷不可改易，然未必即是與題意相應者也。

微之幼居西北邊鎭之鳳翔，對於當時邊將之擁兵不戰，虛奏邀功，必有所親聞親見，故此篇言之頗極憤慨。樂天於貞元時既未嘗在西北邊陲，自無親所聞見，此所以不能超越微之之範圍而別有增創也。至微之詩末「緣邊飽餧十萬衆，何不齊驅一時發。年年但捉兩三人，精衞銜蘆塞溟渤。」諸句，白氏此篇不爲置和者，蓋以此旨抒寫於西涼伎篇中，而有「緣邊空屯十萬卒。飽食温衣閒過日。遺民腸斷在涼州。將卒相看無意收。」一節。斯又樂天新樂府不複不雜之一貫體例也。

今邏些長慶會盟碑云：

若有所疑，或要捉生問事，便給衣糧放還。

寅恪案：元詩此篇「年年但捉兩三人。」之「捉」，白詩「將軍遂縛作蕃生。」之「生」，及城鹽州篇「晝牧牛羊夜捉生。」之「捉生」，乃此會盟碑，即當日國際條約中「捉生」二字之注脚也。（參酉陽雜俎前集肆喜兆類戍式見大理丞鄭復說淮西用兵時條。）唐世有守捉使，（參舊唐書叁捌地理志。）有捉生將，（參舊唐書壹叁叁李晟傳附子愬傳。）即取義於此。

又舊唐書壹玖陸下吐蕃傳下云：

（永貞元年）十一月，以衛尉少卿兼御史中丞侯幼平充入蕃告册立等使。元和元年正月，福建道送到吐蕃生口十七人，詔給遞乘放還蕃。

其「生口」一詞，亦可與碑文及元白之詩相印證，而專喜改易舊文之宋子京於新唐書貳壹陸下吐蕃傳下易作：

憲宗初，遣使者修好，且還其俘。

則文雖古雅，然「俘」字殊非當日習用之語也。

昌黎先生集拾武關西逢配流吐蕃七絶云：

嗟爾戎人莫慘然。湖南地近保生全。我今罪重無歸望，直去長安路八千。

寅恪案：此可與元詩題下「例皆傳置南方」語參證。考舊唐書壹伍憲宗紀下云：

〔元和十四年正月〕癸巳貶〔韓〕愈爲潮州刺史。

蓋退之貶潮州在元和十四年，尚在長慶會盟之前，故捉縛蕃生幷不「給衣糧放還」也。至元和元年正月所以放還吐蕃生口者，以遣使修好，遂有特恩耳。

又舊唐書壹柒上敬宗紀云：

〔寶曆元年五月〕丁卯，湖南觀察使沈傳師奏，當道先配吐蕃羅沒等一十七人，準赦放還本國。今各得狀，不愿還。從之。

寅恪案：此次放還吐蕃生口，雖亦由敬宗即位恩赦。然子言此奏，不獨可與微之詩題「例皆傳置南方。」之語，及退之「湖南地近保生全。」之句參證，並可知長慶會盟之後，「蕃生」自宜放還本國，此又足爲長慶會盟碑文添一注脚矣。

復次，宣宗大中末年裘（唐實錄及舊唐書壹陸肆王播傳附式傳作「仇」。）甫亂浙東，觀察使王式討平之。新唐書壹陸柒王播傳，通鑑自貳肆玖宣宗大中十三年十二月至貳伍拾懿宗咸通元年八月，

（其實仍是大中十四年八月，不過通鑑例用後元耳。）皆紀此事。其中有涉及配流土蕃者，而通鑑所載尤詳，當采自平剡錄也。茲節引其文於下：

> 官軍少騎卒。式曰，吐蕃回鶻比配江淮者，其人習險阻，便鞍馬，可用也，舉籍府中，得驍健者百餘人。虜久羈旅，所部遇之無狀，困餒甚。式既犒飲，又賙其父母妻子，皆泣拜讙呼，願效死。悉以爲騎卒，使騎將石宗本將之。凡在管内者，皆視此籍之。又奏得龍陂監馬二百匹，於是騎兵足矣。

寅恪案：白詩云：

> 天子矜憐不忍殺。詔徙東南吳與越。

浙東即是越地，蓋唐代本有配流吐蕃於吳越之事。長慶會盟之後，拘於放還「捉生」之條約，自不宜再傳置俘虜於南方。或者大中三年唐室收復河湟以後，又不必復守舊約。王式所謂「比配」殆指大中三年以後，十三年以前，所配流者耶？（參閱通鑑貳貳陸德宗建中元年正月改作兩稅法條「比來」二字胡注。）然則白詩之用「越」字，乃是紀實，而非趁韻也。

又白詩云：

> 自云鄉管本涼原。大曆年中沒落蕃。

寅恪案：吐蕃之陷涼原，實在大曆以前。（參新唐書肆拾地理志隴右道總序及叁柒地理志關內道原州條，元和郡縣圖志肆拾隴右道涼州條等。）樂天以代宗一朝大曆紀元最長，遂牽混言之。賦詩自不必過泥，論史則微嫌未諦也。

又微之此詩自注略云：

> 延州鎮李如暹，蓬子將軍之子也。嘗沒西蕃。與蕃妻密定歸計。

寅恪案：微之此注疑采自公垂原文。其所謂「延州鎮」之「延」字可能不誤。若是誤字，則當爲「廷」字即「庭」字之譌，必不指關內道之延州而言也。新唐書肆拾地理志北庭大都護府注云：

> 自庭州西延城西六十里有沙鉢城守捉。

微之詩云：

> 小年隨父戍安西，河渭瓜沙眼看沒。

則李如暹之父絕非戍守關內道延州之鎮將，而是屬於安西北庭都護府之邊軍，可以推知矣。至樂天此詩自注大抵同於元詩注文，而刪去「與蕃妻」三字。蓋樂天詩略云：

> 誓心密定歸鄉計，不使蕃中妻子知。涼原鄉井不得見，胡地妻兒虛棄捐。早知如此悔歸來，兩地寧如一處苦。

自非刪去此三字不能與詞意相合也。惟李傳既云「傳置」。白詩亦云「領出長安乘遞行。」明是乘車。但白詩下又云「扶病徒行日一驛。」則忽改作徒步，不免衝突。樂天殆偶未注意及之耶？又白詩云「忽逢江水憶交河。」則非僅承元詩「早年隨父戍安西。」之語而來。更取「交河」與「江水」爲對文，相映成趣耳。其實漢書玖陸下西域傳下云：

車師前國。王治交河城。河水分流繞城下，故號交河。

而唐之安西大都護府初治西州即交河郡，後徙龜茲。（參新唐書肆拾地理志。）樂天賦詩時恐亦未必深究交河之爲城名抑或水名也。

驪宮高

此篇爲微之新樂府中所無。李公垂原作雖不可見，疑亦無此題。蓋「驪宮高」三字原出長恨歌「驪宮高處入青雲。」之句，故此篇似爲樂天所自創也。

樂天此篇意旨明白，自不待多所論證。惟尚有可言者，即唐代自安史亂後，天子之遊幸離宮頗成一重公案是也。

白氏長慶集壹貳江南遇天寶樂叟詩云：

我自秦來君莫問，驪山渭水如荒村。新豐樹老籠明月，長生殿闇鎖春雲。紅葉紛紛蓋敧瓦，綠苔重重封壞垣。惟有中官作宮使，每年寒食一開門。

寅恪案：當日驪宮之荒廢一至於此，若非大事修葺，殊不足供天子之遊幸，而此宮本爲玄宗際唐室盛世，竭全國財力之所增營。斷非安史亂後，帝國凋弊之餘，所能重建。此天子遊幸所以最是害民費財之舉，而清流輿論所以一致深以爲非者也。

元氏長慶集貳肆連昌宮詞結語云：

老翁此意深望幸，努力廟謨休用兵。

寅恪案：微之此詩當是元和十三年暮春在通州司馬任內所作，（詳連昌宮詞章。）其時連昌宮之荒廢情狀，據微之詩云：

去年敕使因斫竹。偶值門開暫相逐。

又云：

自從此後還閉門，夜夜狐狸上門屋。

是頗與驪宮相類似，而此諸語又足與白氏江南遇天寶樂叟詩「惟有中官作宮使，每年寒食一開門。」之句相證發也。夫微之不持諷諫之旨，以匡主救民。反以望幸爲言，而希恩邀寵。誠可謂冒天下之不韙，宜當世之輿論共以諂佞小人目之矣。

元氏長慶集叁肆兩省供奉官諫幸溫湯狀略云：

今月二十一日車駕欲幸溫湯。臣等以駕幸溫湯，始自玄宗皇帝，乘開元致理之後，當天寶盈羨之秋，而猶物議喧囂，財力耗顇。數年之外，天下蕭然。況陛下新御寶圖，將行大典，郊天之儀方設，謁陵之禮未遑，遽有溫泉之行，恐失人神之望。伏乞特罷宸遊，曲面(回)天眷。

原注云：

元和十五年十二月二十日兩省三十人同狀。

寅恪案：微之此狀以玄宗遊幸溫湯遂致「財力耗顇」「天下蕭然」爲言，是與樂天此篇：

吾君愛人人不識。不傷財兮不傷力。

等句之旨適相符同也。至其所以賦望幸連昌之詩於憲宗御宇之時，而草諫幸華清之狀於穆宗踐阼之始者，殆即以由詩篇受中人之助，已爲清議所不容，遂欲藉狀詞以掩飾其前非，而求諒於輿論歟？

元氏長慶集叁陸進馬狀略云：

同州防禦烏馬一匹，八歲，堪打毬及獵。右臣竊聞道路相傳，車駕欲覃遊幸溫湯，未知虛實者。其馬謹隨狀進。

寅恪案：微之於元和十五年十二月任祠曹時，曾草狀諫穆宗駕幸溫湯，而於長慶二年刺同州時又進馬助翠華巡遊昭應。其時間相距，不出二年，而一矛一盾，自翻自覆，尤爲可笑也。然則其前狀匡君進諫之詞，本爲救己蓋愆之計，觀此可知矣。

杜牧樊川文集壹貳與人論諫書（參唐語林陸。）略云：

> 近者寶曆中敬宗皇帝欲幸驪山，時諫者至多，上意不決。拾遺張權輿伏紫宸殿下叩頭諫曰，先皇帝幸驪山，而享年不長。帝曰，驪山若此之凶邪。宜一往以驗彼言。後數日自驪山迴，語親倖曰，叩頭者之言，安足信哉。

寅恪案：牧之所紀敬宗遊幸溫湯之事，頗與本文所論有關，故附錄於此，以供讀詩論世者之參考。

樂天詩中所謂：

> 吾君在位已五載。

者，蓋憲宗於永貞元年八月乙巳即位（見舊唐書壹肆憲宗紀上，新唐書柒憲宗紀，通鑑貳叁陸唐紀憲宗紀。）至元和四年，已五載矣。觀於後來穆宗於元和十五年閏正月即位，其年十二月即欲遊幸溫湯，則樂天此篇所見，殊爲深遠，似已預知後來之事者。頗疑樂天在翰林之日，親倖小人已有以遊幸驪山從臾元和天子者。故此篇之作，實寓有以期克終之意。是則樂天誠得詩人諷諫之旨，而與微之之進不以正者，其人格之高下，相去懸絕矣。

百鍊鏡

揚州貢端午鑄鏡事，舊籍所載頗多，茲擇錄其有關者如下：

舊唐書壹貳德宗紀上云：

（大曆十四年六月）己未，揚州每年貢端午日江心所鑄鏡，幽州貢麝香，皆罷之。

國史補下（參酉陽雜俎前集叁貝編僧一行窮數有異術條，容齋五筆端午帖子詞條，及異聞錄唐天寶三載五月初五日進水鏡一面條。）云：

揚州舊貢江心鏡，五月五日揚子江中所鑄也。或言無有百鍊者，或至六七十鍊，則已易破難成，往往有自鳴者。

此篇「我有一言聞太宗。」以下至篇末一節，據貞觀政要第叁論任賢篇魏徵條（舊唐書柒壹新唐書玖柒魏徵傳同。）云：

太宗後嘗謂侍臣曰，夫以銅爲鏡，可以正衣冠。以古爲鏡，可以知興替。以人爲鏡，可以明得失。朕常保此三鏡，以防己過。今魏徵殂逝，遂亡一鏡矣。因泣下久之。

寅恪案：此篇疑亦是樂天繙檢貞觀政要及太宗實錄以作七德舞時，採摭其餘義而成者也。

青石

樂天秦中吟有立碑一首，可與此篇相參證。立碑云：

勳德既下衰，文章亦陵夷。但見山中石，立作路旁碑。銘勳悉太公，敘德皆仲尼。復以多爲貴，千言直萬貲。爲文彼何人，想見下筆時。但欲愚者悅，不思賢者嗤。

此篇云：

工人磨琢欲何用，石不能言我代言。不願作人家墓前神道碣。墳土未乾名已滅。不願作官家道旁德政碑。不鐫實錄鐫虛詞。

蓋皆譏刺時人之濫立石碣，與文士之虛爲諛詞者也。但立碑全以譏刺此種弊俗爲言，而青石更取激發忠烈爲主旨，則又是此二篇不同之點。立碑一篇以魏信陵爲例者，魏信陵雖名位不顯，而有美政，雖無人爲之立碑，而遺愛在民，(可參閱容齋五筆柒書魏信陵事條。)蓋所以愈見立碑欺世之無益復可笑也。青石一篇以段顏爲例者，唐世忠烈之臣無過二公，舊唐書壹貳捌新唐書壹伍叁俱以二公合傳，而舊唐書段秀實傳云：

自貞元後，累朝凡赦書節文，褒獎忠烈，必以秀實稱首。

眞卿復與秀實齊名，此篇標舉忠烈，以勸事君，舍此二公，自莫屬也。又秀實死於朱泚之亂，眞卿死於李希烈之叛，則此篇結語：

> 長使不忠不烈臣。觀碑改節慕爲人。慕爲人。勸事君。

所謂不忠不烈之臣，乃指驕蹇之藩鎮，當無可疑。而元和四年三月盧從史之父盧虔病歿，（見羅振玉丙寅稿盧虔神道碑銘跋。）憲宗祭盧虔文即樂天在翰林所草。（見白氏長慶集叁玖。）盧虔之碑文則歸登奉敕所撰。（亦見丙寅稿之跋。）從史爲昭義節度使，於元和二年時已有不臣之迹，（參李相國論事集貳論鄭絪事條及通鑑貳叁柒唐紀憲宗紀元和二年十一月昭義節度使盧從史內與王士眞劉濟潛通條。）於元和四年五月請發本軍討成德王承宗時，翰林學士又有奏疏論其姦謀，（參李相國論事集叁論盧從史請用兵事條及通鑑貳叁柒唐紀憲宗紀元和四年四月昭義節度使盧從史遭父喪久未起復條。）頗疑樂天此篇或即因盧虔立碑之事而作也。（盧虔之碑立於元和五年三月，見丙寅稿之跋，但歸登奉勅撰文或在元和四年。）

復次，新唐書壹柒陸韓愈傳附劉乂傳云：

> 後以爭語不能下賓客，因持愈金數斤去。曰，此諛墓中人得耳，不若與劉君爲壽。

寅恪案：碑誌之文自古至今多是虛美之詞，不獨樂天當時爲然。（可參白氏長慶集伍玖修香山寺記。）韓昌黎志在春秋，欲「作唐一經，誅奸佞於既死，發潛德之幽光。」而其撰韓宏碑（見昌黎集叁貳。）則殊非實錄。（參舊唐書壹陸壹新唐書壹柒壹李光顏傳。）此篇標舉段顏之忠業，以勸人臣之事君。若昌黎之曲爲養寇自重之藩鎭諱者，視之寧無愧乎？前言昌黎欲作唐春秋，而不能就。樂天則作新樂府，以擬三百篇，有志竟成。於此雖不欲論二公之是非高下，然讀此篇者，取劉乂之言以相參證，亦足見當時社會風氣之一斑。而知樂天志在移風匡俗，此詩自非偶然無的之作也。

兩朱閣

樂天此篇所言德宗女兩公主薨後，其第改爲佛寺事。其兩公主未知確指，惟據新唐書捌叁公主傳憲宗女梁國惠康公主傳云：

> 始封普寧。帝特愛之，下嫁于季友。元和中徙永昌，薨。詔追封及謚。將葬，度支奏義陽義章公主葬，用錢四千萬，詔減千萬。

舊唐書壹肆捌李吉甫傳（參新唐書壹肆陸李吉甫傳。）云：

> 〔元和〕七年京兆尹元義方奏，永昌公主準禮令起祠堂，請其制度。初，貞元中義陽義章二公主咸於墓所造祠一百二十間，費錢數萬。（？）

則知德宗女義陽義章二公主之薨，恩禮獨優，其後遂引以爲例。此篇所言主第改佛寺事，固與舊唐書李吉甫傳及新唐書公主傳所紀於墓所起祠堂者不同。然揆以德宗諸女中，惟此二主齊名并稱，

則「貞元雙帝子」殆即指此二主而言耶？未敢確言，姑記所疑，以俟詳考。(見校補記第十三則)

西涼伎

李公垂原作今不可見，未知若何。元白二公之作，則皆本其親所聞見者以抒發感憤，固是有爲而作，不同於虛泛塡砌之酬和也。此題在二公新樂府中所以俱爲上品者，實職是之故。今請先釋證此題之共同歷史背景，然後再分述二公各別之感憤焉。

關於此題之歷史背景，寅恪於拙著唐代政治史述論稿下章論中國與吐蕃之關係一節已詳言之，可取以參證。茲略述最有關之史料如下。

舊唐書壹貳玖韓滉傳(新唐書壹貳陸韓休傳附滉傳同。)略云：

> 滉上言吐蕃盜有河湟，爲日已久。近歲已來，兵衆寖弱，計其分鎮之外，戰兵在河隴五六萬而已。國家第令三數良將驅十萬衆於涼鄯洮渭，並修堅城，各置二萬人，足當守禦之要。臣請以當道所貯蓄財賦，爲饋運之資，以充三年之費。然後營田積粟，且耕且戰。收復河隴二十餘州，可翹足而待也。上甚納其言。滉之入朝也，路由汴州，厚結劉玄佐，將薦其可任邊事。玄佐納其賂，因許之。及來覲，上訪問焉，初頗稟命。及滉以疾歸第，玄佐意怠，遂辭邊任。盛陳犬戎未衰，不可輕進。滉貞元三年二月以疾薨，遂寢其事。

同書同卷張延賞傳（新唐書壹貳柒張嘉貞傳附延賞傳同，並參舊唐書壹貳德宗紀上貞元三年閏十月庚申詔省州縣官員條。）略云：

延賞奏議請省官員曰，請減官員，收其祿俸，資幕職戰士，俾劉玄佐復河湟，軍用不乏矣。上（德宗）然之。初韓滉入朝，至汴州，厚結劉玄佐，將薦其可委邊任。玄佐亦欲自効，初稟命，及滉卒，玄佐以疾辭。上遣中官勞問，臥以受命。延賞知不可用，奏用李抱眞。抱眞亦辭不行。時抱眞判官陳曇奏事京師，延賞俾曇勸抱眞，竟拒絕之。

同書壹伍貳劉昌傳（參舊唐書壹叁德宗紀下貞元四年正月庚午以宣武軍行營節度使劉昌爲涇州刺史四鎮北庭行軍涇原等州節度使條及新唐書壹柒拾劉昌傳等。）略云：

貞元三年（劉）玄佐朝京師。上因以宣武士衆八千，委昌北出五原。軍中有前却沮事，昌繼斬三百人，遂行。尋以本官授京西北行營節度使。歲餘，授涇州刺史充四鎮北庭行營兼涇原節度支度營田等使，昌在西邊僅十五年，（舊唐書壹叁德宗紀下，貞元十九年五月甲子，四鎮北庭行軍涇原節度使檢校右僕射涇州刺史劉昌卒。）彊本節用，軍儲豐羨。

新唐書柒德宗紀云：

（貞元四年正月）壬申，劉玄佐爲四鎮北庭行營涇原節度副元帥。

通鑑貳叁叁唐紀德宗紀云：

〔貞元四年正月〕壬申，以宣武行營節度使劉昌爲涇原節度使。

通鑑貳叁貳唐紀德宗紀云：

〔貞元三年七月〕初，河隴既沒於吐蕃，自天寶以來，安西北庭奏事，及西域使人在長安者，歸路既絕，人馬既仰給於鴻臚，禮賓委府縣供之，於度支受直。度支不時付直，長安市肆，不勝其弊。李泌知胡客留長安久者，或四十餘年，皆有妻子，買田宅，舉質取利，安居不欲歸。命檢括胡客有田宅者，停其給。凡得四千人。將停其給，胡客皆詣政府訴之。泌曰，此皆從來宰相之過，豈有外國朝貢使者，留京師數十年，不聽歸乎？今當假道回紇，或自海道各遣歸國。有不願歸，當於鴻臚自陳，授以職位，給俸祿爲唐臣。人生當承時展用，豈可終身客死耶？於是胡客無一人願歸者，泌皆分隸神策兩軍。王子使者，爲散兵馬使，或押牙。餘皆爲卒。禁旅益壯。鴻臚所給胡客纔十餘人，歲省度支錢五十萬緡。市人皆喜。（此當採自鄴侯家傳。）

寅恪案：貞元時劉玄佐初納韓滉之賂，許任收復河湟失地之事，後復變易，遂辭疾不行。故德宗以其部將劉昌代行邊任，此乃無可如何之舉也。覩於劉昌誅戮却沮者三百人，然後始能成行，則其情勢可知矣。又新紀載貞元四年正月壬申以劉玄佐爲涇原節度副元帥，而通鑑同日載以劉昌爲涇原節度使者，非姓名官職有所牴牾，蓋玄佐不肯居邊，故以宣武軍節度使遙領涇原副元帥之虛銜，而德宗以涇原節度使實職授其部屬劉昌，率宣武兵八千以赴任耳。

唐文粹捌拾林蘊上安邑李相公安邊書略云：

> 愚嘗出國，西抵於涇原，歷鳳翔，過邠寧，此三鎮得不爲右臂之大藩乎？自畫藩維擁旄鉞者，殆數十百人。惟故李司空抱玉，曾封章上聞，請復河湟。事亦旋寢，功竟不立。五十餘年無收尺土之功者。

寅恪案：安邑李相公者，指李吉甫而言，新唐書壹肆陸李吉甫傳所云：

> 吉甫居安邑里，時號安邑李丞相。

者，是也。吉甫爲憲宗朝宰相，林蘊此書，自爲元和時所上無疑。據此可知自安史亂後，吐蕃盜據河湟以來，迄於憲宗元和之世，長安君臣雖有收復失地之計圖，而邊鎮將領終無經略舊疆之志意。此詩人之所以同深憤慨，而元白二公此篇所共具之歷史背景也。

關於微之特具之感憤，則元氏長慶集叁拾誨姪等書云：

> 吾幼乏岐嶷，十歲知方，嚴毅之訓不聞，師友之資盡廢。憶得初讀書時，感慈旨一言之歎，遂志於學。是時尚在鳳翔，每借書於齊倉曹家，徒步執卷就陸姊夫(寅恪案，微之謂其姊夫陸翰也。見元氏長慶集伍捌夏陽縣令陸翰妻河南元氏墓誌銘。)師授。栖栖勤勤，其始也若此。至年十五，得明經及第。

寅恪案：微之少居西北邊鎮之鳳翔，殆親見或聞知邊將之宴樂嬉遊，而坐視河湟之長期淪没。故追憶感慨，賦成此篇。頗疑其詩中所詠，乃爲劉昌輩而發。（舊唐書劉昌傳所述劉昌之功績，疑本之奉敕譔墓之碑文，不必盡爲實録也。）既係確有所指，而非泛泛之言，此所以特爲沉痛也。

關於樂天個别之感憤，則李相國論事集肆論内庫錢帛條略云：

學士李絳嘗從容諫（上聚財），上（憲宗）喟然曰，又河湟郡縣没於蕃醜，列置烽候，逼近郊圻。朕方練智勇之將，刷祖宗之恥。故所用不徵於人，儲蓄之由，蓋因於此。朕所以身衣澣濯，不妄破用，親戚賜用，纔表誠意而已。

通鑑貳叁捌唐紀憲宗紀元和五年末略云：

（李）絳嘗從容諫上聚財。上曰，今兩河數十州，皆國家政令所不及。河湟數千里淪於左衽。朕日夜思雪祖宗之恥，而財力不贍，故不得不蓄聚耳。不然，朕宫中用度極儉薄，多藏何用耶？

同書貳肆捌唐紀宣宗紀云：

（大中三年）閏十一月丁酉，宰相以克復河湟，請上尊號。上（宣宗）曰，憲宗常有志復河湟，以中原方用兵，未遂而崩。今乃克成先志耳。其議加順憲二宗尊謚，以昭功烈。

舊唐書壹捌下宣宗紀云：

（大中三年）十二月進謚順宗曰至德大聖大安孝皇帝。憲宗曰昭文彰武大聖孝皇帝。初以河湟收復，百寮請加徽號，帝（宣宗）曰，河湟收復，繼成先志，朕欲追尊祖宗，以昭功烈。

新唐書貳壹陸下吐蕃傳略云：

憲宗常覽天下圖，見河湟舊封，赫然思經略之，未暇也。至是羣臣奏言，今不勤一卒，血一刃，而河湟自歸，請上天子尊號。帝（宣宗）曰，憲宗常念河湟，業未就而殂落。今當述祖宗之烈。其議上順憲二廟謚號，夸顯後世。

寅恪案：憲宗嘗有經略河湟之計圖，據上引史籍可知，而杜牧樊川集貳河湟七律所謂：

元載相公曾借箸，憲宗皇帝亦留神。

者，亦可參證也。又李絳諫憲宗聚財，而憲宗以收復河湟爲言事，通鑑以之繫於元和五年之末者，蓋以其無確定年月可稽，而次年即元和六年二月李絳拜戶部侍郎出翰林院，（見重修承旨學士院壁記題名，舊唐書壹肆憲宗紀及通鑑貳叁捌唐紀憲宗紀元和六年二月宦官惡李絳在翰林條。）故書之於元和五年十二月己丑以絳爲中書舍人學士如故之後耳，非謂其事即在元和五年之末也。然則樂天於元和四年作此詩時，亦即其在翰林時，非獨習聞當日邊將驕奢養寇之情事，且亦深知憲宗儉約聚財之苦心，是以其詩中：

天子每思常痛惜。

之句，不僅指德宗，疑兼謂憲宗。而取以與：

將軍欲說合慚羞。

爲映對，尤爲旨微語悲，詞賅意切。故知樂天詩篇感憤之所在，較之微之僅追賦其少時以草野之身，居西陲之境所聞知者，固又有不同也。今之讀白詩，而不讀唐史者，其瞭解之程度，殊不能無疑，即此可見矣。遂於拙著唐代政治史述論稿所已詳者，特爲鈎索沉隱而證釋之如此。

元詩首節敍安史亂前西北之殷富諸句，通鑑貳壹陸唐紀玄宗紀天寶十二載八月條，（參太平廣記肆叁陸白駱駝條。）云：

是時中國盛強，自安遠門西盡唐境萬二千里（胡注云：西盡唐境萬二千里，併西域内屬諸國言之。）閭閻相望，桑麻翳野，天下稱富庶者，無如隴右。

開天傳信記略云：

開元初，上勵精理道，鏟革訛弊，不六七年，天下大治。安西諸國悉平爲郡縣，自開遠門（寅恪案，司馬溫公通鑑作安遠門，甚是。蓋肅宗惡安祿山，故改安爲開。鄭綮之書敍玄宗時事，自不應從後所改名也。於此足徵通鑑之精密。）西行亘地萬餘里，入河湟之賦稅，左右藏庫財物山積，不可勝較。

寅恪案：微之所描寫者，蓋得之於邊陲之遺文，殊爲實錄，並非詩人誇大之詞也。

白詩首節敍舞師戲情狀諸句，樂府雜錄龜茲部條云：

戲有五常獅子，高丈餘，各衣五色。每一獅子，有十二人。戴紅抹額，衣畫衣，執紅拂子。謂之獅子郎，舞太平樂曲。

通典壹肆陸樂典坐立部伎條（參新唐書貳玖音樂志。）云：

太平樂亦謂之五方師子舞，師子摯（鷙）獸，出於西南夷天竺師子等國。綴毛爲衣，象其俯仰馴狎之容。二人持繩拂，爲習弄之狀。五師子各衣其方色，百四十人歌太平樂舞抃以從之，服飾皆作崑崙象。（寅恪案，原注略云，立部伎有八部，二太平樂，亦謂之五方師子舞。）

大唐傳載（參唐語林伍補遺。）云：

王維爲太常丞，被人嗾令舞黃獅子，坐是出官。黃獅子者，非天子不舞也。

南部新書乙云：

五方師子本領出太常。靖恭崔尚書邠爲樂卿，左軍並教坊曾移牒索此戲，稱云備行從，崔公判回牒不與。

寅恪案：通典所載，師子戲與樂天詩所描寫者，尤相類似也。

白詩敍吐蕃侵略，安西阻絕事，元和郡縣圖志肆拾隴右道涼州條（參舊唐書壹玖陸上吐蕃傳上新唐書貳壹陸上吐蕃傳上通鑑貳貳叁唐紀代宗紀廣德二年十月條。）云：

廣德二年（西曆七六四年）陷於西蕃。

甘州條云：

永泰二年（即大曆元年，西曆七六六年）陷於西蕃。

肅州條云：

大曆元年（西曆七六六年）陷於西蕃。

沙州條云：

建中二年（西曆七八一年）陷於西蕃。

瓜州條云：

大曆十一年（西曆七七六年）陷於西蕃。

西州條（參舊唐書壹叁德宗紀下貞元六年末。）云：

貞元七年（西曆七九一年）沒於西蕃。

寅恪案：涼州陷蕃，安西路絕，西胡之來中國者，不能歸國，必有流落散處於邊鎮者，故當地時人取以爲戲，此後邊將遂徇俗用爲享賓客犒士卒之資也。

又取樂天此篇「有一征夫年七十。見弄涼州低面泣。」與驃國樂「時有擊壤老農夫，暗測君心閑獨語。」及秦中吟買花「有一田舍翁。」「低頭獨長嘆。」相較，其筆法正復相同，此爲樂天最擅長者。

因釋證此篇竟，並附論及之。

八駿圖

元氏長慶集叁有五言古詩八駿圖一篇，郭茂倩樂府詩集誤以之置入新題樂府中，辨已見前，茲不復贅。惟元氏長慶集第叁卷中諸詩，其詞句之可考見者，多是微之在江陵之作品，則此八駿圖五言古詩，雖非新樂府中之一篇，然既爲微之在江陵時所作，則與樂天賦新樂府時相距當不遠。(微之之作當較後。)元白兩詩，其間或有關係，亦未可知也。

微之五言古詩樂天新題樂府所以各以八駿圖爲題者，國史補上云：

德宗幸梁洋，唯御騅馬，號望雲騅者。駕還京師，飼以一品料。暇日牽而視之，必長鳴四顧，若感恩之狀。後老死飛龍廐中，咸貴多圖寫之。

元氏長慶集貳肆望雲騅馬歌序云：

德宗皇帝以八馬幸蜀，七馬道斃，唯望雲騅來往不頓。貞元中老死天廐，臣稹作歌以記之。

寅恪案：微之有「德宗以八馬幸蜀」之言，李肇記時人多圖寫望雲騅之事，而柳河東集壹陸亦有觀八駿圖說一文，蓋此乃當時之風氣也。至此種風氣特盛於貞元元和之故，殆由以德宗幸蜀之史事，比附於周穆王以八駿西巡之物語歟？要之，畫師詩人之寫詠穆天子者，其胸中固有德宗幸蜀之史事在也。

復次，此篇修詞雖至工妙，寓旨則殊平常，較之前篇西涼伎之有親切見聞，眞摯感慨者，不同科矣。

澗底松

文選貳壹左思詠史詩之第貳首云：

鬱鬱澗底松，離離山上苗。以彼徑寸莖，蔭此百尺條。世胄躡高位，英俊沉下僚。地勢使之然，由來非一朝。金張藉舊業，七葉珥漢貂。馮公豈不偉，白首不見招。（寅恪案，郭茂倩樂府詩集玖玖此題下亦引太冲此詩，蓋已知樂天此題取材所自矣。）

白氏此題不獨採用太冲此詩之首句以名篇，且亦襲取其全部之旨意。初視之，頗似爲充數之作，但細思之，則知其實是有爲而作，不同於通常擬古之詩篇也。拙著唐代政治史述論稿中篇論牛李黨之分野，以爲李黨乃出自魏晉北朝以來之山東舊門，而牛黨則多爲高宗武后以來，用進士詞科致身通顯之新興寒族，樂天即爲以文學進用之寒族也。其證辨之言茲不必詳。所可注意者，樂天此時雖爲拾遺小臣，然已致身翰苑清要，以其資歷而言，不得謂之失地，故此篇並非自況之詞，如左太冲喻己（見文選五臣注。）之原意也。然則其興感之由果何在乎？考牛李黨爭之表面公開化，適在樂天作詩之前一年，即元和三年。通鑑貳叁柒唐紀憲宗紀(參拙著唐代政治史述論稿中篇。)云：

〔元和三年〕夏四月上策試賢良方正直言極諫。舉人伊闕尉牛僧孺，陸渾尉皇甫湜，前進士李宗閔，皆指陳時政之失，無所避。吏部侍郎楊於陵，吏部員外郎韋貫之爲考策官。貫之署爲上第，上亦嘉之，詔中書優與處分。李吉甫惡其言直，泣訴於上。且言翰林學士裴垍王涯覆策，湜涯之甥也，涯不先言，垍無所異同。上不得已，罷垍涯學士，垍爲户部侍郎，涯爲都官員外郎，貫之爲果州刺史。後數日，貫之再貶巴州刺史，涯貶虢州司馬。乙亥以楊於陵爲嶺南節度使，亦坐考策無異同也。僧孺等久之不調，各從辟於藩府。

寅恪案：牛僧孺李宗閔，後日牛黨之黨魁也。李吉甫，後來李黨黨魁德裕之父也。此次制科考策，牛李之詆斥吉甫，或不免太甚，而吉甫亦報復過酷。自此兩種不同社會階級，奪取政治地位之競爭，遂表面形成化矣。樂天牛黨也，故於此時亦密諫其事。觀白氏長慶集肆壹論制科人狀所云：

臣今言出身戮，亦所甘心。

又云：

臣今職爲學士，官是拾遺，日草詔書，月請諫紙。臣若默默，惜身不言，豈惟上辜聖恩，實亦下負人道。所以密緘手疏，潛吐血誠。苟合天心，雖死無恨。

可謂言之激切矣。樂天作此詩時，李吉甫雖已出鎭淮南，猶邀恩眷。牛僧孺則仍被斥關外，未蒙擢用。故此篇必於「金張世祿」之吉甫，「牛衣寒賤」之僧孺，有所憤慨感惜。非徒泛泛爲「念寒雋」而作也。又白氏長慶集貳捌與元九書云：

苟相與者，則如牛僧孺之戒焉。

可知樂天與思黯氣類至近，宜其寄以同情矣。

牡丹芳

樂天秦中吟有買花（才調集壹此題作牡丹。）一首，可與此篇相參證。蓋二者俱爲詠牡丹之作也。唐代牡丹之賞翫甚盛，故元白二公集中多詠此花之詩。觀容齋隨筆貳唐重牡丹條所舉之例，可概見也。

唐代牡丹賞翫之見於筆記小說者，其例至多。茲略引數條，以爲例證如下。

國史補中云：

京城貴遊尚牡丹三十餘年矣。每春暮，車馬若狂，以不耽玩爲恥。執金吾鋪官（寅恪案，唐會要捌陸街巷門略云，太和五年七月左街使奏，伏見諸街鋪近日多被雜人及百姓諸軍諸使官健起造舍屋，侵占禁街。今除先有敕文百姓及諸街鋪守捉官健等舍屋外，餘雜人及諸軍諸使官健舍屋，並令除拆。則所謂鋪官者，即街鋪守捉官健也。）圍外寺觀種以求利，一本有直數萬者。元和末韓令始至長安，（寅恪案，舊唐書壹伍陸韓弘傳略云，元和十四年七月入覲。詔曰，韓弘可加司徒兼中書令。則韓弘適以元和末至長安，韓令即指韓弘言也。）居第有之，遽命斸去。曰，吾豈效兒女子邪？

酉陽雜俎前集壹玖廣動植類肆草篇牡丹條云：

（段）成式檢隋朝種植法七十卷中，初不記說牡丹。則知隋朝花藥中所無也。開元末，裴士淹爲郎官，奉使幽冀，迴至汾州衆香寺，得白牡丹一窠，植於長安私第，天寶中爲都下奇賞。

又云：

元和初猶少，今與戎葵角多少矣。

同書續集玖支植篇上云：

（李衛公）又言，貞元中牡丹已貴。柳渾善（嘗？）言，近來無奈牡丹何。數十千錢買一窠。今朝始得分明見，也共戎葵校幾多。成式又見衛公圖中有馮紹正雞圖，當時已畫牡丹矣。

尚書故實（參劉賓客嘉話錄。）云：

世言牡丹花近有，蓋以國朝文士集中無牡丹歌詩。張公嘗言楊子華有：畫牡丹處極分明。子華北齊人，則知牡丹花亦已久矣。

太平廣記貳佰肆樂類貳又李龜年條引松牕錄云：

開元中，禁中初重木芍藥，即今牡丹也。得四本，紅紫淺紅通白者。上因移植於興慶池東，沉香亭前。

原注引開元天寶花木記云：

禁中呼木芍藥爲牡丹。

南部新書丁云：

長安三月十五日，兩街看牡丹，奔走車馬。慈恩寺元果院牡丹先于諸牡丹半月開。太眞院牡丹後諸牡丹半月開。

獨異志上云：

唐裴晉公度寢疾永樂里。暮春之月，忽遇(過)遊南園，令家僕童舁至藥欄。語曰，我不見此花而死，可悲也。悵然而返。明早報牡丹一叢先發。公視之，三日乃薨。(寅恪案，據新唐書陸叁宰相表下及通鑑貳肆陸唐紀文宗紀紀裴晉公薨於開成四年三月丙戌。舊唐書壹柒拾裴度傳裴晉公薨於開成四年三月四日。是月癸未朔，則丙戌爲四日。是新表舊傳通鑑之紀載相合也。至舊唐書壹柒下文宗紀作三月丙申司徒中書令裴度卒。丙申蓋丙戌之譌。通常牡丹以三月中旬開放，是年閏正月，故花開較早也。）

唐人詠牡丹詩甚多，不須徵引，惟賦則較少，玆錄其賦序一二條，聊備例證焉。

唐文粹陸舒元輿牡丹賦序云：

天后之鄉，西河也。精舍下有牡丹，其花特異。天后歎上苑之有闕，因命移植焉。由此京國牡丹，日月寖盛。今則自禁闥洎官署外延士庶之家，瀰漫如四瀆之流，不知其止息之地。每暮春之月，遨遊之士如狂焉。亦上國繁華之一事也。近代文士爲歌詩以詠其形容，未有能賦之者。余獨賦之，以極其美。

李德裕會昌一品集別集牡丹賦序略云：

余觀前賢之賦草木者多矣，惟牡丹未有賦者，聊以狀之。

賦中「有百歲之芳叢。」句下原注云：

今京師精舍甲第，猶有天寶中牡丹在。

寅恪案：據上引唐代牡丹故實，知此花於高宗武后之時，始自汾晉移植於京師。當開元天寶之世，猶爲珍品。至貞元元和之際，遂成都下之盛翫。此後乃瀰漫於士庶之家矣。李肇國史補之作成，約在文宗大和時。（參閱歷史語言研究所集刊第玖本岑仲勉先生跋唐摭言李肇著國史補之朝代條。）其所謂「京師貴遊尚牡丹三十餘年矣。」云者，自大和上溯三十餘年，適在德宗貞元朝。

此足與元白二公集中歌詠牡丹之多，相證發者也。白公此詩之時代性，極爲顯著，洵唐代社會風俗史之珍貴資料，故特爲標出之如此。

詩中「西明寺裏開北廊。」者，白氏長慶集玖有西明寺牡丹花時憶元九五言古調詩，同書壹肆有重題西明寺牡丹七言詩，元氏長慶集壹陸有西明寺七絶，知西明寺乃賞翫牡丹之地也。

「去年嘉禾生九穗，今年瑞麥分兩岐。」者，唐代有報祥瑞之制，其見於唐會要貳捌及貳玖祥瑞門者至多也。

又詩中「庳車輭轝貴公主，香衫細馬豪家郎。」兩句，乃以「貴公主」「豪家郎」男女對映爲文。據全唐詩第壹壹函王建宮詞云：「御前新賜紫羅襦，步步金堦上軟輿。」可知「輭轝」爲女子所乘。此詩「公主」二字，傳世白集或有作「公子」者，殆後人囿於習俗，不明此義，因而妄改耶？

又康駢劇談錄下玉蘂院眞人降條（學津討源本）云：

上都（上都宋周必大玉蘂辨證引此文作長安。）安業坊唐昌觀舊有玉蘂花，甚繁。每發，若瑶林瓊樹。元和中春物方盛，車馬尋玩者相繼。忽一日，有女子年可十七八，衣繡綠衣，乘馬，峨髻雙鬟，無簪珥之飾，容色婉約，迥出於衆。從以二女冠，三女僕。僕者皆丱頭黃衫，端麗無比。既下馬，以白角扇障面，直造花所。異香芬馥，聞於數十步之外。觀者以爲出自宮掖，莫敢逼而視之。竚立良久，令小僕取花數枝而出。將乘馬，迴謂黃冠者曰，曩有玉峯之約，自此可以行矣。時觀者如堵，咸覺煙霏鶴唳，景物輝煥。舉轡百步，（百步，辨證作百餘步。）有輕風擁塵，隨之而去。須臾塵滅。望之已在半天。（辨證天字下有矣字。）方悟神仙之遊。餘香不散者經月餘日。時嚴給事休復，元相國（稹），劉賓客（禹錫），白醉吟（居易），俱有聞玉蕊院眞人降詩。

寅恪案，此故事乃唐人所盛傳，觀諸家賦詠之衆，可爲例證。神仙之説，其荒誕不待辨。但亦可藉此反映當時社會風俗。故知元和中即樂天賦牡丹芳之時代，長安寺觀花事盛日，宮掖貴婦人固有外出觀賞者。惟此仙女特乘馬而不御輭轝，（全唐詩壹柒函嚴休復唐昌觀玉蕊花之貳云：「羽車潛下玉龜山」，則是仙女乘車不乘馬，與康錄不同。疑嚴詩爲較近當時傳説也。）爲稍不同。豈仙凡異同之點所在耶？一笑。

紅線毯

新唐書肆壹地理志宣州宣城郡條列舉土貢中有：

絲頭紅毯。

之目，即此篇所謂「年年十月來宣州。」之紅線毯也。據舊唐書壹肆憲宗紀上云：

（元和二年六月）癸酉，東都莊宅使織造户並委府縣收管。

知地方政府亦管有織造戶，此類紅線毯乃宣州所管織造戶織貢者。又元和郡縣圖志貳捌宣歙觀察使宣州條云：

開元貢白紵布。自貞元後，常貢之外，別進五色線毯及綾綺等珍物，與淮南兩浙相比。

通典陸食貨典所列玄宗時天下諸郡每年常貢云：

宣城郡。貢白紵布十匹。今宣州。

舊唐書壹佰伍韋堅傳（新唐書壹叁肆韋堅傳同。）略云：

天寶元年穿廣運潭，二年而成。宣城郡船即空青石紙筆黃連。

寅恪案：唐代初期以關東西川爲絲織品之主要產地。迨經安史亂後，產絲區域之河北山東，非中央政府權力所及，貢賦不入。故唐室不得不徵取絲織品於江淮，以充國用。由於人力之改進，此後東南遂爲絲織品最盛之產區矣。如宣州者，當開元天寶之時，其土貢爲葛屬之紵布，其特產並無絲織之綾絁等物，（唐六典叁戶部郎中員外郎條下所列十道貢賦內，宣州亦貢綺。然必不重要。故韋堅陳列江南諸郡珍貨之舩，宣城之舩無綺也。）而至貞元以後，遂以最精美之絲織線毯著聞，乃其尤顯著之例也。觀於此，亦可以知政治人事之變遷與農產工藝盛衰之關係矣。可參閱下繚綾條。

白氏長慶集貳陸送侯權秀才序云：

貞元十五年秋，予始舉進士，與侯生俱爲宣城守所貢。明年春，予春官中第。

寅恪案：白氏長慶集貳壹有宣州試射中正鵠賦及窻中列遠岫詩，即樂天於貞元十五年應宣州試者。蓋樂天於貞元中曾遊宣州，遂由宣州解送應進士舉也。是以知其紅線毯一篇之末自注所云：

貞元中宣州進開樣加絲毯。

乃是親身覩見者。此詩詞語之深感痛惜，要非空泛無因而致矣。詩中「織作披香殿上毯。」句，「披香殿」用飛燕外傳故事。此類紅線毯自爲供後庭之飾品者，此語其爲泛用古典歟？抑更有所專指耶？

「太原毯澀毳縷硬，蜀都褥薄錦花冷。」者，蓋毯本以毛織成，而紅線毯乃以絲爲之，是兼太原毳縷毯與成都錦花褥之長，而無其短，殆同於今之所謂絲絨者。其工藝之精進可知矣。

杜陵叟

元和四年暮春，京畿實有苦旱之事，如新唐書柒憲宗紀（參白氏長慶集肆拾答宰相杜佑等賀德音表，答宗正卿李詞等賀德音表，答將軍方元蕩等賀德音表，全唐文陸貳憲宗亢旱撫恤百姓德音，李相國論事集肆賀德音狀等。）云：

〔元和四年〕閏〔三〕月己酉以旱降京師死罪非殺人者。禁刺史境内榷率，諸道旨條外進獻。嶺南黔中福建掠良民爲奴婢者。省飛龍厩馬。己未，雨。

通鑑貳叁柒唐紀憲宗紀（參白氏長慶集肆壹奏請加德音中節目緣今時旱請更減放江淮旱損州縣百姓今年租稅，請揀放後宮内人狀，及李相國論事集肆論量放旱損百姓租稅條，請揀放後宮人條，論德音事條等。）云：

（元和四年）上以久旱，欲降德音。翰林學士李絳白居易上言，以爲欲令實惠及人，無如減其租稅。又言宮人驅使之餘，其數猶廣。事宜省費，物貴徇情。又請禁諸道橫斂，以充進奉。又言嶺南黔中福建風俗，多掠良人賣爲奴婢，乞嚴禁止。閏〔三〕月己酉制降天下繫囚，蠲租稅，出宮人，絕進奉，禁掠賣皆如二人之請。己未，雨，絳表賀。

白氏長慶集壹賀雨詩云：

皇帝嗣寶曆，元和三年冬。自冬及春暮，不雨旱爞爞。上心念下民，懼歲成災凶。遂下罪己詔，殷勤告萬邦。

皆可爲證。是知樂天此篇：

三月無雨旱風起。

一語，實非詩人泛寫，而此篇之作，蓋亦因此而有所感觸也。

詩中「十家租稅九家畢，虛受吾君蠲免恩。」句，可與白氏長慶集肆壹奏請加德音中節目，（緣今時旱請更減放江淮旱損州縣百姓今年租稅。）及李相國論事集肆論量放旱損百姓租稅條：

昨正月中所降德音，量放（江淮）去年錢米，伏聞所放數内已有納者。

之言相參證，以深之與樂天同上之狀，其所言者，雖爲江淮等處之稅，然其情事則正與樂天此篇詩句所言相符同故也。

「白麻紙上書德音。」者，韋執誼翰林院故事（參李肇翰林志，唐會要伍柒翰林院條。）云：

故事，中書以黄白二麻爲綸命重輕之辨。近者所出，獨得用黄麻。其白麻皆在此院，自非國之重事，拜授將相，德音，赦宥，則不得由於斯。

蓋德音例以白麻紙書之，此唐家制度也。

繚綾

敦煌本（巴）黎圖書館伯希和號伍伍肆貳。）此篇題作「撩綾歌」。多一歌字，非是。蓋新樂府之題目，例皆不用歌吟等字也。可參閱上法曲條。

微之陰山道篇有：

挑紋變纈力倍費，弃舊從新人所好。越縠撩綾織一端，十疋素縑工未到。豪家富貴踰常制，令族親班無雅操。從騎愛奴絲布衫，臂鷹小兒雲錦韜。

諸句，即樂天此篇篇題「繚綾」及旨意「念女工之勞也。」之所本，蓋樂天欲足成五十首之數，又不欲於專斥迴鶻之陰山道篇中雜入他義，故鋪陳之而別爲此篇也。

太平廣記貳伍柒嘲誚門織錦人條引盧氏雜說（參閱韓偓玉山樵人集，余作探使繚綾手帛子寄賀因而有詩「解寄繚綾小字封。」句，及其香奩集七絶半睡「自家挼損砑繚綾。」句。）云：

唐盧氏子不中第，徒步及都城門東。其日，風寒甚，且投逆旅。俄有一人續至，附火良久。忽吟詩云，學織繚綾功未多。亂投機杼錯拋梭。莫教宮錦行家見，把此文章笑殺他。又云，如今不重文章事，莫把文章誇向人。盧愕然，憶是白居易詩，因問姓名。曰，姓李，世織繚錦。離亂前屬東都官錦坊，織宮錦巧兒。以薄藝投本行，皆云，如今花樣與前不同，不謂伎倆兒。以文綵求售者，不重於世，且東歸去。

寅恪案：此足徵繚綾之爲珍貴絲織物，而可與元白二公之詩相印證也。

李衛公會昌一品集別集伍奏繚綾狀（參舊唐書壹柒肆新唐書壹捌拾李德裕傳。）略云：

臣昨緣宣索，已具軍資歲計及近年物力聞奏。伏料聖慈，必垂省覽。又奉詔旨令織定羅紗袍段及可幅盤條繚綾等一千匹。伏讀詔書，倍增惶灼。況元鵝天馬掬豹盤條文彩珍奇，只合聖躬自服。今所織千匹，費用至多，臣愚亦所未曉。伏乞陛下酌當道物力所宜，更賜節減。

寅恪案：繚綾亦爲外州精織進貢之物，據此可知。而文饒此狀爲敬宗即位之年即長慶四年觀察浙西時所奏（據舊傳），取與微之「越縠繚綾」，樂天「織者何人」「越溪寒女」之言相參證，尤足徵當時吳越之地盛產此種精美之絲織品也。

元和郡縣圖志貳陸浙東觀察使越州條云：

開元貢甘橘，甘蔗，葛根，石蜜，交梭白綾。自貞元之後，凡貢之外，別進異文吳綾，及花皷歇（？）單絲吳綾，吳朱紗等纖麗之物，凡數十品。

通典陸食貨典所列玄宗時天下諸郡每年常貢云：

會稽郡。貢朱砂一十兩。白編綾十疋。交棱（梭）十疋。輕調十疋。今越州。

舊唐書壹佰伍韋堅傳略云：

會稽郡船即銅器，羅，吳綾，絳紗。

國史補下云：

初，越人不工機杼。薛兼訓爲江東節制，乃募軍中未有室者，厚給貨幣，密令北地娶織婦以歸，歲得數百人。由是越俗大化，競添花樣，綾紗妙稱江左矣。

寅恪案：以越州而論，當安史亂前，雖亦爲蠶絲之產地，然絲織品並不特以工妙著稱。迨安史亂後，經薛兼訓之獎勵改良，其工藝遂大爲精進矣。其他東南各地，絲織工業之發展，其變化雖不若越州之顯著，實亦可據以推見也。又考薛兼訓於代宗時節制浙東，歷時甚久，（詳吳廷燮唐方鎮年表。)國史補所載其移風化俗之功，殊非虛語。以元和郡縣圖志所標明越州於貞元後別進織麗之絲織物數十品證之可知矣。

元氏長慶集貳叁古題樂府織婦詞云：

> 繰絲織帛猶努力。變緝(䌰)撩機苦難織。東家頭白雙女兒，爲解挑紋嫁不得。

自注云：

> 予掾荆時，日(目)擊貢綾户有終老不嫁之女。

寅恪案：繚綾爲當時絲織品之最新最佳者，故費工耗力遠過其他絲織品，觀微之古題樂府此詩，知當時繚綾貢户之苦至此，則詩人之作詩諷諫，自無足異也。

抑更有可論者，詩云：

> 應似天台山上明月前，四十五尺瀑布泉。

寅恪案：繚綾爲越之名產，天台亦越之名山，故取以相比。依唐代規制，絲織品一匹長四丈。(詳下陰山道篇。)今言四十五尺者，豈當日官司貪虐，多取於民，以致踰越定限耶？至以瀑布泉比絲織品，亦唐人詩中所慣用，如全唐詩第壹捌函徐凝廬山瀑布詩(參唐語林叁品藻類尚(中？)書白舍人初到錢塘條。)云：

> 虛空落泉(一作瀑布瀑布。)千仞直。雷奔入江不暫息。今古長如白練飛，一條界破青山色。

即是其例也。

賣炭翁

此篇小序云：

苦宮市也。

蓋宮市者，乃貞元末年最爲病民之政，宜樂天新樂府中有此一篇。且其事又爲樂天所得親有見聞者，故此篇之摹寫，極生動之至也。

關於宮市事，史籍所載頗多，茲擇錄數條以供讀樂天此篇者之參證。

昌黎先生集外集陸順宗實錄壹略云：

上（順宗）在東宮，嘗與諸侍讀並（王）叔文論政，至宮市事。上曰，寡人方欲極言之。衆皆稱贊，獨叔文無言。既退，上獨留叔文。謂曰，向者君奚獨無言，豈有意邪？叔文曰，太子職當侍膳問安，不宜言外事。陛下（德宗）在位久，如疑太子收人心，何以自解？上大驚，因泣曰，非先生，寡人無以知此。遂大愛幸。

寅恪案：當日皇位之繼承決於內庭之閹豎，（詳拙著唐代政治史述論稿中篇。）而宮市之弊害則由宦官所造成。順宗在東宮時，所以不宜極論宮市者，亦在於此，不僅以其有收人心之嫌也。

同集柒順宗實錄貳略云：

舊事，宫中有要，市外物，令官吏主之。與人爲市，隨給其直。貞元末，以宦者爲使，抑買人物，稍不如本估。末年不復行文書，置白望數百人於兩市并要鬧坊，閲人所賣物，但稱宫市，即斂手付與，眞僞不復可辨，無敢問所從來，其（其疑當作與。）論價之高下者，率用百錢物，買人直數千錢物，仍索進奉門户并脚價錢。將物詣市，至有空手而歸者。名爲宫市，而實奪之。嘗有農夫以驢負柴至城賣，遇宦者稱宫市取之，纔與絹數尺。又就索門户，仍邀以驢送至内。農夫涕泣，以所得絹付之，不肯受。曰，須汝驢送柴至内。農夫曰，我有父母妻子，待此然後食。今以柴與汝，不取直而歸，汝尚不肯，我有死而已。遂毆宦者，街吏擒以聞。詔黜此宦者，而賜農夫絹十匹，然宫市亦不爲之改易。

寅恪案：此篇所詠，即是此事。退之之史，即樂天詩之注脚也。

舊唐書壹陸拾韓愈傳（新唐書壹柒陸韓愈傳同。）云：

德宗晚年政出多門，宰相不專機務。宫市之弊諫官論之，不聽。愈嘗上章數千言極論之，不聽。怒。貶爲連州山陽（山陽應作陽山。）令。

寅恪案：韓文公之貶陽山令，雖尚有其他原因，然與論宫市事亦至有關係也。

舊唐書壹伍玖路隨傳略云：

初，韓愈撰順宗實錄，説禁中事頗切直。内官惡之，往往於上前言其不實。累朝有詔修改，及隨進憲宗實錄後，文宗復令改正永貞時事。隨奏曰，韓愈所書，亦非己出。元和之後，已是相循。其實錄伏望條示舊記最錯悮者，宣付史官，委之修定。詔曰，其實錄中所書德宗順宗朝禁中事，尋訪根底，蓋起謬傳，諒非信史。宜令史官詳正刊去，其他不要更修。

寅恪案：順宗實錄中最爲宦官所不滿者，當是述永貞内禪一節，（見拙著唐代政治史述論稿中篇。）然其書宫市事，亦涉及内官，自亦爲修定本所刪削。今傳世之順宗實錄，乃昌黎之原本，故猶得從而窺見當日宫市病民之實況，而樂天此篇竟與之脗合。於此可知白氏之詩，誠足當詩史。比之少陵之作，殊無愧色。其寄唐生詩中所謂「轉作樂府詩。」「不懼權豪怒。」者，（白氏長慶集壹。）洵非誇詞也。

舊唐書壹肆拾張建封傳（新唐書伍貳食貨志略同。）云：

諫官御史表疏論列（宫市），皆不聽。吴湊以戚里爲京兆尹，深言其弊。建封入覲，具奏之。德宗頗深嘉納。而户部侍郎判度支蘇弁希宦者之旨，因入奏事，上問之，弁對曰，京師遊手墮業者數千萬家，無土著生業，仰宫市取給。上信之。凡言宫市者，皆不聽用。

寅恪案：此亦爲當日士大夫同惡宫市弊害之事證，因附錄於此。至舊傳此前一節，則俱出順宗實錄之文，故不複引。

容齋續筆壹壹楊國忠諸使條云：

宫市之事，咸謂起於德宗正元。不知天寶中已有此名，且用宰臣充使也。

舊唐書壹壹代宗紀（舊唐書壹壹捌元載傳通鑑貳貳肆唐紀代宗紀大曆八年九月癸未條並同。）云：

（大曆八年九月）癸未晉州男子郇謨，以麻辮髮，持竹筐及葦席，哭於東市，請進三十字。如不請旨，請裹尸於席筐。上召見，賜衣，館之禁中。内二字曰監團。欲去諸道監軍團練使也。

南部新書戊略云：

大曆八年七月，晉州男子郇謨，以麻辮髮，哭於東市。上聞。賜衣，館於客省。每一字論一事，尤切於罷宫市。

寅恪案：自天寶歷大曆至貞元五六十年間，皆有宫市，而大曆之際，乃至使郇謨哭市，則其爲擾民之弊政，已與貞元時相似矣。

關於樂天此詩，更有可論者，此篇徑直鋪敘，與史文所載者不殊，而篇末不著己身之議論，微與其他諸篇有異，然其感慨亦自見也。

詩中「迴車叱牛牽向北。」者，唐代長安城市之建置，市在南而宫在北也。拙著唐代政治史述論稿中篇論中央政治革命條及隋唐制度淵源略論稿禮儀章附論都城建築節已詳論之，茲不復贅。要知樂天此句之「北」，殊非趁韻也。

復次，杜少陵哀江頭詩末句「欲往城南望城北。」者，子美家居城南，而宮闕在城北也。自宋以來注杜詩者，多不得其解，乃妄改「望」爲「忘」，或以「北人謂向爲望」爲釋，（見陸游老學庵筆記柒。）殊失少陵以雖欲歸家，而猶迴望宮闕爲言，隱示其眷念遲迴不忘君國之本意矣。

又詩云：

> 半匹紅紗一丈綾，繫向牛頭充炭直。

寅恪案：此二句關涉唐代估法問題，非此篇所能詳論。茲僅錄一事，以資解釋。通鑑貳叁柒唐紀憲宗紀元和四年九月條云：

> 舊制，民輸稅有三。一曰上供，二曰送使，三曰留州。建中初定兩稅，貨重錢輕，是後貨輕錢重，民所出已倍其初。其留州送使者，所在又降省估就實估，以重斂於民。及（裴）垍爲相，奏天下留州送使物，請一切用省估。其觀察使先稅所理之州以自給。不足，然後許稅於所屬之州。由是江淮之民稍蘇息。

胡注云：

> 省估者，都省所立價也。

故「省估」者，乃官方高擡之虛價，「實估」者，乃民間現行之實價，即韓愈順宗實錄所謂「本估」。

唐代實際交易，往往使用絲織品。宮廷購物，依虛估或即依「省估」。取紗綾支付炭價，其爲病民之虐政，不言可知也。

母　別　子

樂天此篇摹寫生動，詞語憤激，似是直接見聞其事，而描述之於詩中者。惜未得確考，不知所謂「關西驃騎大將軍。」指何人而言耳。或謂樂天新樂府所詠者，大抵爲貞元元和間之事。此詩之「關西」一詞，明是用楊震號「關西夫子」之故典，（後漢書捌肆楊震傳。）則其人爲楊姓無疑。攷貞元元和間楊姓之人，其可以破虜策勳者，惟有楊朝晟，據舊唐書壹肆肆楊朝晟傳（舊唐書壹貳貳亦別有楊朝晟傳，新唐書壹伍陸楊朝晟傳同。）略云：

建中初，從李懷光討劉文喜於涇州，斬獲擒生居多，授驃騎大將軍。（貞元）九年城鹽州，徵兵以護外境，朝晟分統士馬鎮木波堡。（邠寧節度使張）獻甫卒，詔以朝晟代之。十三年春，朝晟奏方渠合道木波皆賊路也，請城其地以備之。上（德宗）從之。已事，吐蕃始來，數日而退。

則楊朝晟不獨其氏爲楊，且爲驃騎大將軍（唐制驃騎大將軍從一品，爲武散官之最高者。）而有築城禦寇之功，是與此詩所謂「關西驃騎大將軍。」及「破虜策勳」者，適相符合。至迎新棄舊之事，雖無可考，然以邊將武人之常例揆之，恐此類之事亦或不免。然則此詩所指言者，其唯楊朝晟乎？是說雖甚爲可能，但舊唐書壹叁德宗紀下云：

〔貞元十七年五月〕乙酉，邠寧節度使檢校工部尚書邠州刺史楊朝晟卒。

則樂天作詩時，朝晟久已物故，故亦不能不致疑耳。

陰山道

此題公垂倡之，元白和之，以言迴鶻馬價事爲主。蓋此乃唐代在和平時期與外族交涉，最重要之財政問題也。拙著唐代政治史述論稿下篇論外患與內政之關係，已詳言之，茲只就元白二詩略爲釋證如下：

元詩云：

臣聞平時七十萬匹馬，關中不省聞嘶譟。四十八監選龍媒，時貢天庭付良造。如今坰野十無一，盡在飛龍相踐暴。

新唐書伍拾兵志云：

又以尚乘掌天子之御，左右六閑，一曰飛黃，二曰吉良，三曰龍媒，四曰騊駼，五曰駃騠，六曰天苑，總十有二閑。爲二廐，一曰祥麟，二曰鳳苑，以繫飼之。其後禁中又增置飛龍廐。初用太僕少卿張萬歲領羣牧。自貞觀至麟德四十年間，馬七十萬六千，置八坊，岐豳涇寧間地廣千里，一曰保樂，二曰甘露，三曰南普閏，四曰北普閏，五曰岐陽，六曰太平，七曰宜祿，八曰安定。八坊之田千二百三十頃，募民耕之，以給芻秣。八坊之馬爲四十八監，而馬多地狹不能容。又析八監，列布河西豐曠之野。

寅恪案：關於唐代馬政，資料頗不少，茲不遑多引，僅取歐公所述，亦足以釋元詩矣。

元詩又云：

綽立花磚鵷鳳行，雨露恩波幾時報。

寅恪案：此所謂花磚，即國史補下所云：

御史故事，大朝會則監察押班，常參則殿中知班，入閤則侍御史監奏。蓋含元殿最遠，用八品。宣政其次，用七品。紫宸最近，用六品。殿中得立五花磚，綠衣用紫案褥之類，號爲七貴。

者，是也。

白詩云：

紇邏敦肥水泉好。

寅恪案：紇邏敦一詞不易解，疑「紇邏」爲 Kara 之譯音，即玄黑或靑色之義。（見 Radloff 突厥方言字典貳册壹叁貳頁。)「敦」爲 Tunā 之對音簡譯，即草地之意。(見同書叁册壹肆肆拾頁。)豈「紇邏敦」者，青草之義耶？若取「草盡泉枯馬病羸。」句之以草水並舉者，與此句相較，似可證成此說也。然歟否歟？姑記所疑，以求博雅君子之教正。

又敦煌掇瑣上輯壹叁(巴黎圖書館伯希和號貳伍伍叁。)昭君出塞變文(羽田亨敦煌遺書第一集亦載此文。)有云：

原夏南地持白□　□□□搜骨利幹

邊草叱沙紇邏分　陰圾愛長席箕□(此周一良先生舉以見告者。)

寅恪案：變文此節既有殘闕，復多胡語，殊難強釋。但骨利幹爲鐵勒之一種，「地出名馬」，「草多百合」。(見唐會要壹佰骨利幹國條，並參通典貳佰邊防典壹陸骨利幹條，舊唐書壹玖玖下鐵勒傳及新唐書貳壹柒下回鶻傳附骨利幹傳等。)變文中「□□□搜骨利幹」句指馬言。骨利幹與馬有關，自不待論。「邊草叱沙紇邏分」句指草言。據元和姓纂上聲九麌宇文下(參新唐書柒壹下宰相世系表宇文氏條及通志貳玖氏族略伍宇文氏條等。)云：

出本遼東南單于之後。或云以係炎帝。神農有嘗草之功，俗呼草爲俟汾，音轉爲宇文。

及北史玖捌高車傳(魏書壹佰叁高車傳同。)略云：

又有十二姓，九曰俟分氏。(今通行本通典壹捌伍邊防典壹叁高車傳俟分氏作俟斤氏，殊誤。)

是俟汾乃草之胡名，與俟分同爲一語。頗疑宇文周之先本爲高車種俟分部，後詭稱出於鮮卑貴種宇文部，因而傅會神農嘗百草之神話也。此點軼出本書範圍，茲不詳論。所可注意者，新唐書以骨利幹附於其同種回鶻之後，且明言回鶻爲高車苗裔。然則「紇邏分」者，殆即紇邏草之義。豈所謂「草多百合」之「百合」耶？取證迂遠，聊備一說，附記於此，以俟更考。

白詩又云：

飛龍但印骨與皮。

寅恪案：唐會要柒貳諸監馬條云：

至二歲起脊量強弱，漸以飛字印印右膊。細馬次馬，俱以龍形印印項左。送尚乘者，於尾側依左右閑印以三花。其餘雜馬，齒上乘者，以風字印左膊，以飛字印左髀。經印之後，簡習別所者，各以新入處監名印印左頰。

同書同卷諸蕃馬印條略云：

回紇馬印凡。

可以解釋此句也。

白詩又云：

五十匹縑易一匹。縑去馬來無了日。養無所用去非宜，每歲死傷十六七。

白氏長慶集肆拾翰林制誥肆與回鶻可汗書云：

達覽將軍等至，省表，其馬數共六千五百匹。據所到印納馬都二萬匹，都計馬價絹五十萬匹。緣近歲以來，或有水旱，軍國之用不免闕供。今數内且方圓支二十五萬匹，分付達覽將軍，便令歸國，仍遣中使送至界首。雖都數未得盡足，然來使且免稽留，貴副所須，當悉此意。頃者所約馬數，蓋欲事可久長。何者，付絹少，則彼意不充。納馬多，則此力致歉。馬數漸廣，則欠價漸多。以斯商量，宜有定約。彼此爲便，理甚昭然。

舊唐書壹玖伍回紇傳（參新唐書貳壹柒上回鶻傳。）略云：

回紇恃功，自乾元之後，屢遣使以馬和市繒帛。仍歲來市，以馬一匹易絹四十匹，（新傳絹作縑。）動至數萬馬。其使候遣，繼留於鴻臚非一。蕃得帛無厭，我得馬無用。朝廷甚苦之。

同書壹貳柒源休傳（新唐書貳壹柒上回鶻傳同。）略云：

〔回紇〕可汗使謂休曰，所欠吾馬直絹一百八十萬疋，當速歸之。

寅恪案：舊唐書回紇傳書馬價之絲織品爲絹。樂天所草與回鶻可汗書亦作絹。但新唐書回鶻傳及此詩則俱作縑。白氏長慶集與回鶻可汗書乃當時之公文，而此詩亦直述當時之實事，何以有絹縑之不同，似甚不可解。考縑之爲絲織品，其質不及絹之精美，即古詩上山採蘼蕪篇所謂「新人工織縑，故人工織素（素即絹）。將縑來比素。新人不如故。」者。或者馬一匹直絹四十匹，直縑遂五十匹歟？至新傳之改易舊文，以絹爲縑則未詳其故。又樂天所草與回鶻可汗書中尤有可論者，據舊傳言，馬一匹易絹四十匹，若依唐朝以二十五萬匹絹充六千五百匹馬價計之，則約爲四十匹絹易一馬，與舊傳言者頗合。若依回鶻印納馬二萬匹而索價絹五十萬匹計之，則每匹馬唯易二十五匹絹，與舊傳所言者相差甚遠。此種數值之差異，若以索價付值之不同釋之，既決爲不可能。若以時代之先後釋之，則實物之交易，似亦不應前後相差如此。頗疑回鶻每以多馬賤價傾售，唐室則減其馬數而依定值付價，然亦未敢確言也。

白詩又云：

縑絲不足女工苦。疎織短截充匹數。藕絲蛛網三丈餘，回鶻訴稱無用處。

舊唐書肆捌食貨志上（通典陸食貨典賦稅下同。）云：

先是開元八年正月勅，頃者以庸調無憑，好惡須準。故遣作樣，以頒諸州。令其好不得過精，惡不得至濫。任土作貢，防源斯在，而諸州送物，作巧生端。苟欲副於斤兩，遂則加其丈尺，至有五丈爲匹者，理甚不然。闊一尺八寸，長四丈。同文共軌，其事久行。立樣之時，亦載此數。若求兩而加尺，甚朝四而暮三。宜令有司簡閱，有踰於比年常例，丈尺過多，奏聞。

寅恪案：唐制絲織品之法定標準爲闊一尺八寸，長四丈，而付回鶻馬價者，僅長三丈餘，此即所謂「短截」也。其品質之好惡，應以官頒之樣爲式，而付回鶻馬價者，則如藕絲蛛網，此即所謂「疎織」也。其惡濫至此，宜回鶻之訴稱無用處矣。觀於唐回馬價問題，彼此俱以貪詐行之，既無益，復可笑。樂天此篇誠足爲後世言國交者之鑑戒也。又史籍所載，只言回鶻之貪，不及唐家之詐，樂天此篇則並言之。是此篇在新樂府五十首中，雖非文學上乘，然可補舊史之闕，實爲極佳之史料也。

白詩又云：

咸安公主號可敦。

寅恪案：咸安公主即德宗女燕國襄穆公主，下嫁回紇武義成功可汗者。其始末見新唐書捌叁諸公主傳，新唐書貳壹柒上回鶻傳上，不須備引也。

時世妝

微之法曲篇末云：

胡音胡騎與胡妝，五十年來競紛泊。

樂天則取胡妝別爲此篇以詠之。蓋元和之時世妝，實有胡妝之因素也。凡所謂摩登之妝束，多受外族之影響。此乃古今之通例，而不須詳證者。又豈獨元和一代爲然哉？

詩云：

時世妝。時世妝。出自城中傳四方。時世流行無遠近。顋不施朱面無粉。烏膏注唇唇似泥。雙眉畫作八字低。妍蚩黑白失本態，妝成盡似含悲啼。圓鬟無鬢椎髻樣。斜紅不暈赭面狀。

新唐書叁肆五行志云：

元和末，婦人爲圓鬟椎髻，不設鬢飾，不施朱粉，惟以烏膏注脣，狀似悲啼者。圓鬟者，上不自樹也。悲啼者，憂恤象也。

寅恪案：新唐書此節似即永叔取之於樂天之詩者。然樂天作詩於元和四年，元和紀年共計十五歲，而志言元和末何耶？又白氏長慶集壹叁代書詩一百韻云：

風流誇墮髻，時世鬬啼眉。

自注云：

貞元末，城中復爲墮馬髻，啼眉妝。

則貞元之末已有所謂啼眉妝。又樂天琵琶引云：「夜深忽夢少年事，啼妝淚落紅闌干。」及才調集伍微之夢遊春云：「最似紅牡丹，雨來春欲暮。」離思六首之壹（全唐詩第壹伍函元稹貳柒此首作「鶯鶯詩」。）云：「牡丹經雨泣殘陽。」據鶯鶯傳，張生之初見鶯鶯，在貞元十六年，琵琶婦少年日與長安名妓秋娘競美。秋娘盛時復在貞元十六年前後。（詳見上琵琶引章。）貞元紀年凡二十一歲，而二十一年八月即改元永貞。故貞元十六年亦可通言貞元之末也。豈此種時世妝逐次興起於貞元末年之長安，而繁盛都會如河中等處，爭時勢之婦女（才調集伍微之「有所教」詩云：「人人總解爭時勢。」）立即摹倣之。其後遂風行於四方較遠之地域。迄於元和之末年，尚未改易耶？今無他善本可資校訂，姑記此疑以俟更考。又此節可與上陽白髮人條互相闡發，讀者幸取而並觀之也。

詩云：

> 元和妝梳君記取，髻椎面赭非華風。

寅恪案：漢書玖伍西南夷傳云：

> 此皆椎結。

師古注云：

> 結讀曰髻，爲髻如椎之形也。

白氏之所謂椎髻，疑即此樣也。至赭面已詳前城鹽州篇，茲不贅釋。白氏此詩所謂面赭非華風者，乃吐蕃風氣之傳播於長安社會者也。

復次，外夷習俗之傳播，必有殊類雜居爲之背景。（此義嘗於拙著讀東城老父傳一文略言之，載歷史語言研究所集刊第拾本第貳分。）就外交關係言，中唐與吐蕃雖處於或和或戰之狀態，（自德宗貞元三年平涼敗盟後，唐室與吐蕃入於敵對狀態，至憲宗初年乃採用懷柔政策。）而就交通往來言，則貞元元和之間，長安五百里外即爲唐蕃邊疆。其鄰接若斯之近，決無斷絕可能。此當日追摹時尚之前進分子，所以仿效而成此蕃化之時世妝也。

李夫人

寅恪於論長恨歌時，已言樂天之詩句與陳鴻之傳文所以特爲佳勝者，實在其後半節暢述人天生死形魂離合之關係，而此種物語之增加，則由漢武帝李夫人故事轉化而來。此篇以李夫人爲題，即取長恨歌及傳改縮寫成者也。故就此篇篇末一節與長恨歌及傳之關係略爲釋證數語，以供讀者之參考。至於此篇前段所用故實，則不過出於史記貳捌封禪書漢書玖柒外戚傳上李夫人傳，西京雜記貳，及穆天子傳陸諸書，皆世所習知者，無須贅引也。

詩云：

又不見泰陵一掬淚，馬嵬坡下念楊妃。縱令妍姿豔質化爲土，此恨長在無銷期。

寅恪案：前三句取自長恨歌「馬嵬坡下泥土中，不見玉顏空死處。」諸句。後一句則取自長恨歌「此恨緜緜無絕期。」之句，此固顯而易見者也。

又云：

生亦惑，死亦惑，尤物惑人忘不得。人非木石皆有情，不如不遇傾城色。

寅恪案：此即綜合文苑英華柒玖肆張君房麗情集本之陳鴻長恨歌傳中：

李延年歌曰，傾國復傾城。此之謂也。

及：

生惑其志，死溺其情，又如之何？

與白氏長慶集壹貳長恨歌前之通行本陳鴻長恨歌傳中：

樂天因爲長恨歌，意者不但感其事，亦欲懲尤物窒亂階，垂於將來也。

等語之意改造而成者也。樂天之長恨歌以「漢皇重色思傾國。」爲開宗明義之句，其新樂府此篇，則以「不如不遇傾城色。」爲卒章顯志之言。其旨意實相符同，此亦甚可注意者也。故讀長恨歌必須取此篇參讀之，然後始能全解。蓋此篇實可以長恨歌著者自撰之箋注視之也，而今世之知此義者不多矣。復次，此篇之廣播流行，較之長恨歌，雖有所不及，但就文章體裁演進之點言之，則已更進一步。蓋此篇融合長恨歌及傳爲一體，俾史才詩筆議論俱匯集於一詩之中，已開元微之連昌宮詞新體之先聲矣。讀者若取長恨歌及傳與連昌宮詞及此篇參合比較讀之，並注意其作成之時間，自可於當時文人之關係與文體之關係二端得一確解也。

此篇小序云：

鑒嬖惑也。

而詩云：

漢武帝初喪李夫人。

又云：

傷心不獨漢武帝，自古及今皆若斯。君不見穆王三日哭，重璧臺前傷盛姬。又不見泰陵一掬淚，馬嵬坡下念楊妃。

則不獨所舉之例，悉爲帝王與妃嬪間之物語故實，且又借明皇楊妃之事標出一眞實之「今」字。自是陳諫戒於君上之詞，而非泛泛刺時諷俗之作也。考舊唐書伍貳后妃傳下憲宗懿安皇后郭氏傳（新唐書柒柒后妃傳下憲宗懿安皇后郭氏傳后半不同。）云：

憲宗懿安皇后郭氏，尚父子儀之孫，贈左僕射駙馬都尉曖之女，母代宗長女昇平公主。憲宗爲廣陵王時，納后爲妃。以母貴，父祖有大勳於王室，順宗深寵異之。貞元十一年生穆宗皇帝。元和元年八月册爲貴妃。八年十二月百寮拜表請立貴妃爲皇后。凡三上章，上以歲暮，來年有子午之忌，且止。帝後庭多私愛，以后門族華盛，慮正位之後，不容嬖幸，以是册拜後時。元和十五年正月，穆宗即位，閏正月，册爲皇太后。

新唐書柒柒后妃傳下憲宗懿安皇后郭氏傳（參裴廷裕東觀奏記上及拙著唐代政治史述論稿中篇。）

云：

宣宗立，於后諸子也。而母鄭故侍兒，有曩怨。帝奉養禮稍薄，后鬱鬱不聊。與一二侍人登勤政樓，將自隕，左右共持之。帝聞不喜。是夕后暴崩。有司上尊謚，葬景陵外園。太常官王皞請后合葬景陵，以主祔憲宗室。帝不悦，令宰相白敏中讓之。皞曰，后乃憲宗東宮元妃，事順宗爲婦，歷五朝母天下，不容有異論。敏中亦怒。周墀又責謂，皞終不撓。墀曰，皞信孤直。俄貶皞句容令。懿宗咸通中皞還爲禮官，申抗前論，乃詔后主祔於廟。

寅恪案：唐代之女禍可謂烈矣。如武韋楊張諸后妃之移國亂朝，皆世所習知者。今觀上引諸史文，知憲宗亦多內寵，樂天新樂府既以「爲君而作」爲其要義之一，宜有此取遠鑒於前朝覆轍，近切合於當日情事之諷諫詩篇也。又觀於後來憲宗終竟不肯定立元妃郭氏爲皇后，卒致釀成裴廷裕所謂「光陵商臣之酷」，是樂天之先事陳誡，尤不可忽視也。或有以上引史實既多在樂天賦此篇之後，而宮掖事秘，又非外間所得詳知爲疑者。其實自憲宗踐阼至樂天作詩，爲時已歷四五載之久，迄未聞以元妃正位宮闈，則疑似之論，不必果無。何況樂天此時又爲文學侍臣，職居禁密乎？然則此篇之作，必非僅爲襲長恨歌傳之舊意以充五十首之數者，抑又可知矣。

陵園妾

此篇既敍宫女幽閉之情事，自可與上陽白髮人一篇相參證。如詩中：

憶昔宫中被妬猜。因讒得罪配陵來。

之句，殆受上陽白髮人李傳所言：

楊貴妃專寵，後宫人無復進幸矣。六宫有美色者，輒置别所。

之暗示而來，而樂天上陽白髮人詩云：

未容君王得見面，已被楊妃遥側目。妬令潛配上陽宫，一生遂向空房宿。

陵園妾篇中此語自亦與之有關，可無疑也。惟特須注意者。據此篇小序云：

托幽閉喻被讒遭黜也。

則知此篇實以幽閉之宫女喻竄逐之朝臣。取與上陽白髮人一篇比較，其詞語雖或相同，其旨意則全有別。蓋樂天新樂府以一吟悲一事爲通則，宜此篇專指遭黜之臣，而不與上陽白髮人憫怨曠之旨重複也。

詩之末節云：

遥想六宫奉至尊。宣徽雪夜浴堂春。雨露之恩不及者，猶聞不啻三千人。三千人，（此三字依全唐詩本補入。）我爾君恩何厚薄。願令輪轉直陵園，三歲一來均苦樂。

寅恪案：宣徽殿即在浴堂殿之東，（詳徐松唐兩京城坊考壹大明宮條。）而浴堂則常爲召見翰林學士之所。據李相國論事集壹上問得賢興化事條：

上嘗御浴堂北廊。

同書貳論鄭絪事條：

上御浴堂北廊，召學士李絳對。

同書同卷奏事上怒旋激賞事條：

學士李絳於浴堂北廊奏對。

之紀載可知。是此所謂六宮三千人者，乃指任職京邑之近要與閑散官吏而言也。

所謂「三歲一來均苦樂。」者，東觀奏記中云：

上（宣宗）雅重詞學之臣，於翰林學士恩禮特異。宴遊密召，無所間隔。惟於遷轉，皆守彝章。皇甫珪自吏部員外召入內廷，改司勳員外，計吏員二十五個月限，轉司封郎中知制誥。孔溫裕自禮部員外改司封員外入內廷，二十五個月改司勳郎中知制誥。動循官制，不以爵祿私近臣也。

蓋唐家之制，京官遷轉，率以二十五個月爲三歲考滿。（可參白氏長慶集捌〔新授左拾遺〕謝官狀，奏陳情狀及〔新授京兆府戶曹參軍〕謝官狀。）白氏長慶集壹叁代書詩一百韻寄微之云：

三考欲成資。

即指此也。樂天此篇結語以三歲輪轉爲言，誠符其卒章顯志之義矣。又通鑑貳肆玖唐紀宣宗紀大中十二年二月甲子條胡注略云：

宋白曰，凡諸帝升遐，宫人無子者悉遣詣山陵供奉朝夕，具盥櫛，治衾枕，事死如事生。

夫遣詣山陵之嬪妾，本爲經事前朝之宫人，而樂天此篇乃言「願令輪轉直陵園，三歲一來均苦樂。」頗嫌失體。然則此篇實與陵園妾並無干涉，又可見也。

復次，憲宗朝元和元年以後，外貶之朝臣如元和三年四月考策官爲宰相李吉甫所訴，韋貫之貶巴州刺史，王涯貶虢州司馬，楊於陵出爲嶺南節度使者，（參閱澗底松條所引。）雖亦符於樂天小序「被讒遭黜」之旨，但以陵園妾爲比，則似不切，且詩中：

山宫一閉無開日，未死此身不令出。

之言，亦嫌過當。樂天此篇所寄慨者，其永貞元年竄逐之八司馬乎？舊唐書壹肆憲宗紀上略云：

永貞元年十一月（舊紀原脱「十一月」三字。兹據新唐書柒憲宗紀及通鑑貳叁陸唐紀順宗紀補入。）壬申，貶正議大夫中書侍郎韋執誼爲崖州司馬。己卯，再貶撫州刺史韓泰爲虔州司馬，河中少尹陳諫台州司馬，召州刺史柳宗元爲永州司馬，連州刺史劉禹錫朗州司馬，池州刺史韓曄饒州司馬，和州刺史凌準連州司馬，岳州刺史程异柳州司馬，皆坐交王叔文〔也〕。元和元年八月壬午，左降官韋執誼，韓泰，陳諫，柳宗元，劉禹錫，韓曄，凌準，程异等八人縱逢恩赦，不在量移之限。

則以隨豐陵葬禮，幽閉山宮，長不令出之嬪妾，喻隨永貞內禪，竄逐遠州，永不量移之朝臣，實一一切合也。惟八司馬最爲憲宗所惡，樂天不敢明以豐陵爲言。復借被讒遭黜之意，以變易其辭，遂不易爲後人覺察耳。又太行路一篇所論，與此篇頗有關涉，讀者幸取而參閱之。

詩中「一奉寢宮年月多。」句，前引通鑑胡注引宋白之言，固可爲此語之注脚，而韓昌黎集肆豐陵行云：

設官置衛鎖嬪妓，供養朝夕象平居。

亦可相參證也。

「中官監送鏁門迴。」句，則太平廣記肆捌陸薛調譔無雙傳云：

忽報有中使押領內家三十人，往園陵，以備灑掃。

又云：

忽傳說曰，有高品過，處置園陵宮人。

可以與樂天此句相印證也。

鹽商婦

白氏長慶集肆陸策林第貳叁目議鹽法之弊論鹽商之幸云：

臣又見自關以東，上農大賈，易其資産，入爲鹽商。率皆多藏私財，别營稗販。少出官利，唯求隸名。居無征徭，行無榷税。身則庇於鹽籍，利盡入於私室。此乃下有耗於農商，上無益於筦榷明矣。蓋山海之饒，鹽鐵之利，利歸於人，政之上也。利歸於國，政之次也。若上既不歸於人，次又不歸於國。使幸人姦黨，得以自資。此乃政之疵，國之蠹也。今若剗革弊法，沙汰姦商，使下無僥倖之人，上得析毫之計，斯又去弊興利之一端也。

寅恪案：樂天此篇之意旨，與其前數年所擬策林之言殊無差異。此篇小序所謂「幸人」者，即策林所謂「僥倖之人」。篇中「壻作鹽商十五年，不屬州縣屬天子。每年鹽利入官時，少入官家多入私。官家利薄私家厚，鹽鐵尚書遠不知。」諸句，即策林所謂「自關以東，上農大賈，易其資財，入爲鹽商。少出官利，唯求隸名。居無征徭，行無榷税。身則庇於鹽籍，利盡入於私室。」而樂天竟於策林貳貳不奪人利條昌言：

唐堯夏禹漢文之代，棄山海之饒，散鹽鐵之利。

更爲明白無所避忌矣。然此等儒生之腐論，於唐代自安史亂後國計之仰給於鹽税者，殊爲不達事情也。新唐書伍肆食貨志略云：

〔劉〕晏之始至也，鹽利纔四十萬緡。至大曆末，六百餘萬緡。天下之賦，鹽利居半。宮闈服御，軍饟，百官禄俸皆仰給焉。明年而晏罷。貞元四年淮西節度使陳少游奏加民賦，自此江淮鹽每斗亦增二百，爲錢三百一十，其後復增六十。江淮豪賈射利，或時倍之。官收不能過半，民始怨矣。鹽估益貴，商人乘時射利，遠鄉貧民困高估，至有淡食者。其後軍費日增，鹽價寖貴。順宗時，始減江淮鹽價，每斗爲錢二百五十。其後鹽鐵使李錡奏，江淮鹽斗減錢十以便民。未幾復舊。方是時，錡盛貢獻以固寵，朝廷大臣皆餌以厚貨。鹽鐵之利積於私室，而國用秏屈，榷鹽法大壞。兵部侍郎李巽爲使，以鹽利皆歸度支。初歲之利，如劉晏之季年。其後則三倍晏時矣。

又舊唐書壹肆憲宗紀上云：

〔元和元年四月〕丁未，以檢校司空平章事杜佑爲司徒。所司備禮册拜，平章事如故。罷領度支鹽鐵轉運等使，從其讓也。仍以兵部侍郎李巽代領其任。

〔四年四月〕丁卯，鹽鐵使吏部尚書李巽卒。（寅恪案，舊唐書壹貳叁李巽傳以巽卒爲四月。）六月乙亥朔，丁丑，以河東節度使李鄘爲刑部尚書，充諸道鹽鐵轉運使。

據此，貞元元和間鹽法之利弊，略如上述。而樂天賦此篇時，鹽鐵尚書爲李巽。巽爲唐代主計賢臣，其名僅亞於劉晏。李巽之後，繼以李鄘，鄘以當官嚴重知名。似此二人者，俱不應招致譏刺。樂天此篇結語至以：

桑弘羊，死已久，不獨漢世今亦有。

爲言，毋乃過刻乎？意者其或別有所指耶？姑從闕疑以俟更考。總之，樂天之鹽法意見，其賦此篇時與擬策林時並無改易。此篇之作，不過取前日所蓄意見，形諸篇什耳。

詩云：

本是揚州小家女，嫁得西江大商客。

寅恪案：劉夢得外集捌夜聞商人船中箏七絕云：

大艑高船一百尺，新聲促柱十三弦。揚州市裏商人女，來占西江明月天。

可與樂天此詩相印證。蓋唐代揚州爲經濟繁盛之都市，鉅商富賈薈集之處所。江西商人航乘大舟，每年來往於江西淮南之間。觀國史補下凡東南郡邑無不通水條略云：

舟船之盛，盡於江西。編蒲爲帆，大者或數十幅，自白沙泝流而上。常待東北風，謂之潮信。江湖語云，水不載萬，言大船不過八九千石。然則(而？)大曆貞元間有俞大娘航船最大。居者養生送死嫁娶，悉在其間。開巷爲圃，操駕之工數百。南至江西，北至淮南，歲一往來，其利甚博。

可知，則其娶揚州倡女爲外婦或妾，自是尋常之事，此詩人所以往往賦詠之也。

復次，樊川集肆夜泊秦淮七絕云：

煙籠寒水月籠沙。夜泊秦淮近酒家。商女不知亡國恨，隔江猶唱後庭花。

寅恪案：牧之此詩所謂隔江者，指金陵與揚州二地而言。此商女當即揚州之歌女，而在秦淮商人舟中者。夫金陵，陳之國都也。玉樹後庭花，陳後主亡國之音也。此來自江北揚州之歌女，不解陳亡之恨，在其江南故都之地，尚唱靡靡遺音。牧之聞其歌聲，因爲詩以詠之耳。此詩必作如是解，方有意義可尋。後人昧於金陵與揚州隔一江及商女爲揚州歌女之義，模糊籠統，隨聲附和，推爲絕唱，（如沈德潛唐詩別裁貳拾此詩評語之類。）殊可笑也。世之讀小杜詩者，往往不能通其意，因論樂天此篇，附記於此。（劉夢得文集叁金陵懷古五律「後庭花一曲，幽怨不堪聽。」之句，當非泛用故典而有所指實，似可取與小杜詩互證也。）

杏爲梁

秦中吟傷宅一首與此篇有關，如傷宅詩之結語云：

不見馬家宅，今作奉誠園。

此篇亦云：

君不見馬家宅，尚猶存。宅門題作奉誠園。

即其證也。又舊唐書壹貳德宗紀上云：

〔大曆十四年七月〕壬申，毁元載馬璘劉忠翼之第，以其雄侈踰制也。

同書壹伍貳馬璘傳（新唐書壹叁捌馬璘傳略同）云：

在京師治第舍，尤爲宏侈。天寶中，貴戚勳家已務奢靡，而垣屋猶存制度。然衛公李靖家廟，已爲嬖臣楊氏馬廐矣。及安史大亂之後，法度隳弛。内臣戎帥，競務奢豪。亭館第舍，力窮乃止。時謂木妖。璘之第，經始中堂，費錢二十萬貫。他室降等無幾。及璘卒於軍，子弟護喪歸。京師士庶觀其中堂，或假稱故吏，爭往赴弔者數十百人。德宗在東宫，宿聞其事。及踐阼，條舉格令，第舍不得踰制。仍詔毁璘中堂及内官劉忠翼之第。璘之家園進屬官司，自是公卿賜宴，多於璘之山池。子弟無行，家財尋盡。（樂天所言之馬家宅，乃馬燧舊第，非馬璘者，説詳下。）

蓋自天寶以來，長安朝貴，即好興土木。居處奢僭，最爲弊俗。宜樂天之賦傷宅詩及此篇也。

此篇以杏爲梁名篇者，杏梁一詞，乃古詩中所習見，如玉臺新詠陸費袒詠照鏡云：

晨暉照杏梁。

同書柒皇太子聖製豔歌曲云：

飛棟杏爲梁。

同書玖沈約古詩題霜來悲落桐云：

文杏堪作梁。

皆其例也。惟同書同卷歌詞二首之貳云：

盧家蘭室桂爲梁。中有鬱金蘇合香。

而此詩云：

杏爲梁，桂爲柱，何人堂室李開府。

又云：

高其牆，大其門，誰家第宅盧將軍。

頗似樂天即取意於古歌詞者。然樂天詩中有「去年」「今歲」之言，自非僅採古典，當亦兼詠近事也。或謂唐語林捌補遺云：

盧言舊宅在東都歸德坊南街，廳屋是杏木梁，西壁有韋晃郎中畫馬六匹。

而新唐書柒叁上宰相世系表范陽盧氏表有：

正言，左監門衛將軍，謚曰光。

者，樂天所詠之盧將軍，豈即指盧言或盧正言其人耶？竊以爲不然，盧言或盧正言是否果爲一人，姑置不論。盧言之第宅在東都，盧正言爲隋代盧昌衡之曾孫，當是玄宗以前人。是地域時間各與樂天所詠者不合也。據樂天篇中言李開府之宅則云：

去年身沒今移主。

言盧將軍之宅則云：

今歲官收賜別人。

則李先而盧後，又俱爲元和初年時事無疑。然則其所指言者，殆李錡與盧從史歟？

舊唐書壹肆憲宗紀上（新唐書柒憲宗紀通鑑貳叁柒唐紀憲宗紀元和二年十一月甲申條同。）云：

（元和二年）十一月甲申斬李錡於獨柳樹下。

寅恪案：李錡爲鎮海軍節度使，是合於開府之稱也。

同書同卷（通鑑貳叁捌唐紀憲宗紀元和五年四月甲申及戊戌條同。）略云：

元和五年四月甲申鎮州行營招討使吐突承璀執昭義節度使盧從史，載從史送京師。戊戌，貶前昭義節度使盧從史爲驩州司馬。

寅恪案：盧從史得稱將軍，亦無疑問也。惟有可注意者，新樂府雖有：

元和四年爲左拾遺時作。

之注，而此杏爲梁一篇詠及盧從史之敗，是其作成至少亦在元和五年四月以後也。頗疑白氏此五十篇，未必悉寫成或寫定於元和四年，斯爲一例證矣。如前文所論海漫漫道州民等篇，亦可取相參證也。

詩中「君不見馬家宅，尚猶存，宅門題作奉誠園。」者，舊唐書壹叁肆馬燧傳附子暢傳(新唐書壹伍伍馬燧傳附子暢傳同。)云：

燧貲貨甲天下。燧既卒，暢承舊業，屢爲豪幸邀取。貞元末中尉申志廉諷暢令獻田園第宅。順宗復賜暢。初爲彙妻所訴，析其產。中貴又逼取，仍指使施於佛寺，暢不敢恡。晚年財產並盡。身歿之後，諸子無室可居，以至凍餒。今奉誠園亭館，即暢舊第也。

國史補中云：

馬司徒之子暢，以第中大杏餽竇文場。文場以進。德宗未嘗見，頗怪之。令使就第，封杏樹。暢懼，進宅。廢爲奉誠園。屋木盡拆入內也。

寅恪案：奉誠園爲馬燧舊第事，除見於兩唐書及李肇國史補外，又數見於唐人詩集中，如竇氏聯珠集竇牟奉誠園聞笛詩注云：

園馬侍中故宅。

元氏長慶集壹陸奉誠園七絕注云：

馬司徒舊宅。

之類，不遑備舉。至其所在地，則據杜牧樊川集貳過田家宅詩云：

安邑南門外，誰家版築高。奉誠園裏地，牆缺見蓬蒿。

可知也。

「君不見魏家宅，屬他人，詔贖賜還五代孫。」者，其自注云：

元和四年，詔特以官錢贖魏徵勝業坊中舊宅，以還其孫，用奬忠儉。

寅恪案：白氏長慶集肆壹論魏徵舊宅（李師道奏請出私財收贖魏徵舊宅事宜。）云：

伏望明勑有司，特以官錢收贖，使還後嗣，以勸忠臣。則事出皇恩，美歸聖德。臣苟有所見，不敢不陳。其與師道詔，未敢依宣便撰，伏待聖旨。（此條可參通鑑貳叁柒唐紀憲宗紀元和四年三月條及胡注。）

則官錢收贖魏徵舊宅之議，實由樂天發之。夫樂天杜強藩之掠美，成君上之勸忠，誠可謂有論思拾遺之功，不愧近臣言官之職矣。而篇中全以其事歸美憲宗，尤爲遣辭得體也。

井底引銀瓶

此篇小序云：

止淫奔也。

篇之結語云：

寄言癡小人家女，愼勿將身輕許人。

寅恪案：樂天新樂府與秦中吟之所詠，皆貞元元和間政治社會之現象。此篇以「止淫奔」爲主旨，篇末以告誡癡小女子爲言，則其時社會風俗男女關係與之相涉可知。此不須博考旁求，元微之鶯鶯傳即足爲最佳之例證。蓋其所述者，爲貞元間事，與此篇所諷刺者時間至近也。關於鶯鶯傳，寅恪已辨證其事，玆不重論。惟取傳載雙文報張生書中數語，以與此篇所言者相參證於下。

詩云：

牆頭馬上遙相顧，一見知君即斷腸。知君斷腸共君語。君指南山松柏樹。感君松柏化爲心，暗合雙鬟逐君去。到君家舍五六年。君家大人頻有言。聘則爲妻奔是妾，不堪主祀奉蘋蘩。終知君家不可住。其奈出門無去處。

書略云：

婢僕見誘，遂致私誠。兒女之心，不能自固。君子有援琴之挑，鄙人無投梭之拒。及薦寢席，義盛意深。愚陋之情，永謂終託。豈期既見君子，而不能(以禮)定情。(見校補記第二則)致有自獻之羞，不復明侍巾幘。沒身永恨，含歎何言。如或達士略情，捨小從大。以先配爲醜行，謂要盟爲可欺。則當骨化形銷，丹誠不泯。因風委露，猶託清塵。存沒之誠，言盡於此。

則樂天詩中之句，即雙文書中之言也。夫「始亂終棄」，乃當時社會男女間習見之現相。樂天之賦此篇，豈亦微之和李校書新題樂府序所謂「病時之尤急者。」耶？（見元氏長慶集貳肆。）但微之則未必以斯爲尤急者。元白二人之不同，殆即由此而判歟？

官　牛

此篇小序云：

諷執政也。

寅恪案：元和四年時，三公及宰相凡五人。其中鄭絪裴垍李藩三人皆不應爲樂天所譏誚，而新樂府司天臺一篇則專詆杜佑，是則此篇之所指言者，其唯于頔乎？

新唐書陸貳宰相表中（舊唐書壹肆憲宗紀上同。）云：

元和三年九月庚寅山南東道節度使檢校尚書左僕射于頔守司空同中書門下平章事。

寅恪案：據此，知于頔之拜相與樂天之作詩，其時間相距甚近也。舊唐書壹伍陸于頔傳（新唐書壹柒貳于頔傳同。）略云：

貞元十四年爲襄州刺史，充山南東道節度觀察（使）。於是廣軍籍，募戰士，器甲犀利，僩然專有漢南之地。於是公然聚斂，恣意虐殺，專以凌上威下爲務。及憲宗即位，威肅四方，頔稍戒懼，以第四子季友求尚主，憲宗以長女永昌公主降焉。其第二子方，屢諷其父歸朝，入覲，册拜司空平章事。

國史補中（新唐書壹柒貳于頔傳略同。）云：

> 襄州人善爲漆器，天下取法，謂之襄樣。及于司空頔爲帥，多酷暴。鄭元鎮河中，亦虐。遠近呼爲襄樣節度。

寅恪案：于頔居鎮驕蹇，迫於事勢，不得已而入朝。雖其執政原是虛名，但以如是人而忝相位，固宜譏諷也。

白氏長慶集肆壹論于頔裴均狀（于頔裴均欲入朝事宜。）云：

> 且于頔身是大臣，子爲駙馬，性靈事迹陛下素諳。一朝到來，權兼內外。若繩以規制，則必失君臣之心。若縱其作爲，則必敗朝廷之度。

同書同卷論于頔所進歌舞人事宜狀云：

> 于頔自入朝來，陛下待之，深得其所。存其大體，故厚加寵位。知其性惡，故不與威權。

寅恪案：樂天於于頔入朝以前，已有痛詆之語，在其入朝以後，復於奏狀中言其「性惡」，是不滿於于頔可知。然則謂此篇爲專指於于者，亦不足怪矣。

詩中「官牛官牛駕官車。浐水岸邊般載沙。」「載向五門官道西。綠槐陰下鋪沙隄。」者，蓋拜相之儀制，如國史補下云：

凡拜相，禮絕班行，府縣載沙塡路，自私第至于城東街，名曰沙隄。

者，是也。

紫毫筆

此篇小序云：

誡失職也。

寅恪案：樂天在翰林時實有拾遺補闕之功。觀白氏長慶集肆壹，肆貳，肆叁，諸卷所上奏狀，可以爲證。又舊唐書壹陸陸新唐書壹壹玖白居易傳，通鑑貳叁捌唐紀憲宗紀元和五年六月甲申條，及李相國論事集貳論白居易事條，均載憲宗謂白居易不遜，及李絳解釋之語，則樂天亦可謂言行相符者矣。然則此篇之作，而又以之次於官牛一篇之後者，殆有感觸於時政之缺失，而憤慨稱職者之不多，似無可疑也。

樂天以宣州解送中進士第，此篇及紅線毯篇俱以宣州之貢品爲言，蓋皆其所熟知者也。兹取舊籍之涉及宣州兎毫筆者略錄數條於下。

元和郡縣圖志貳捌宣州溧水縣條（此條乃張清常君舉以見告者，附記於此。）云：

中山在縣東南一十五里，出兔毫，爲筆精妙。（舊唐書壹佰伍韋堅傳載宣城郡船所堆積之產物中有紙筆。又新唐書肆壹地理志宣州宣城郡土貢有兔褐簟紙筆。）

全唐文捌佰壹陸龜蒙管城侯傳略云：

毛元銳，字文鋒，宣城人。其族有竄於江南者，居於宣城溧陽山中，宗族豪甚。

寅恪案：太平寰宇記壹佰叁所紀宣州土產中，筆居其一。樂氏之書，雖較晚出，亦可與樂天之詩相印證也。至張耒明道雜志云：

余守宣州，問筆工毫用何處兔。答云，皆陳亳宿數州客所販。宣自有兔，毫不可用。蓋兔居原田，則毫全，以出入無傷也。宣兔居山，出入爲荆棘樹枝所傷，則短禿。則白詩所云非也。

宣和畫譜壹捌崔慤條云：

大抵四方之兔，賦形雖同，而毛色小異。山林原野，所處不一。如山林間者，往往無毫，而腹下不白。平原淺草，則毫多而腹白。大率如此相異也。白居易曾作宣州筆詩，謂，江南石上有老兔，食竹飲泉生紫毫。此大不知物之理。聞江南之兔，未嘗有毫。宣州筆工，復取青齊中山兔毫作筆耳。

恐是古今產物之殊異。上引唐人之文，足徵白詩之不妄。文潛拘於時代，致疑古人。其言未必可為定論也。

隋堤柳

此篇殆樂天追賦汴河之舊遊，以足五十首之數者，故詩句既爲通常警誡之語，而感慨亦非特別深摯。惟樂天本有舊業在埇橋，（參白氏長慶集貳捌答戶部崔侍郎書，又伍叁埇橋舊業五律。）少時又嘗旅居吳越，（參白氏長慶集伍玖吳郡詩石記。）觀白氏長慶集伍叁汴河路有感一首所云：

三十年前路，孤舟重往還。繞身新眷屬，舉目舊鄉關。事去唯留水，人非但見山。啼襟與愁鬢，此日兩成斑。

可知其與汴河關係之密切也。然則樂天是篇之作，較之詩人之浮泛詠古者，固亦有差別矣。

「隋堤柳」者，隋書貳肆食貨志略云：

煬帝即位，開渠引穀洛水自苑西入，而東注於洛。又自板渚引河達於淮海，謂之御河。河畔築御道，樹以柳。又造龍舟鳳艒，黃龍赤艦，樓船，篾舫。募諸水工，謂之殿脚。衣錦行幐，執青絲纜，挽舡以幸江都。

「龍舟未過彭城閣。」者，即大唐創業起居注下略云：

宇文化及等謀同逆，遂夜率驍果者圍江都宮，殺後主於彭城閣。

是也，又嘉慶一統志玖柒江蘇揚州府古蹟門貳云：

彭城閣，在甘泉縣彭城邨。大業雜記，煬帝建，閣中有溫室。先是開皇末有泥彭城口之謠，其後果驗。唐李益有詩。

可知彭城閣之所在。全唐詩第拾函李益詩貳揚州懷古云：

彭城閣邊柳，偏似不勝春。

君虞與樂天爲同時人，其所詠者，可與白氏此句參證也。

「二百年來汴河路。」者，隋書叁煬帝紀云：

（大業元年三月）辛亥，發河南諸郡男女百餘萬，開通濟渠，自西苑引穀洛水達於河，自板渚引河通於淮。

隋煬帝大業元年當西曆六〇五年。白氏作詩時爲唐憲宗元和四年，當西曆八〇九年。相距之年正約合二百之數也。至汴河路，則寅恪已於拙著秦婦吟校箋中詳論之，於此可不複述。

草茫茫

此篇小序云：

懲厚葬也。

考唐會要叁捌葬門略云：

元和三年五月京兆尹鄭元修奏，王公士庶喪葬節制，其凶器悉請以瓦木爲之。是時厚葬成俗久矣，雖詔命頒下，事竟不行。

寅恪案：元修之奏上於元和三年，即在樂天賦新樂府之前一年，當時士庶習於厚葬之風，此足爲證矣。又白氏長慶集肆捌第陸陸目禁厚葬略云：

國朝參古今之儀，制喪葬之紀，尊卑豐約，焕然有章，今則鬱而不行於天下者久矣。況多藏必辱於死者，厚費有害於生人。習不知非，寖而成俗。陛下欲革其弊，則宜振舉國章，申明喪紀。移風革俗，其在茲乎？

則樂天於當時民間厚葬之弊俗，久具匡革之志。此篇之作，實仍本其數年前構策林時之旨意也。或疑篇中既以「秦始驪山」「漢文霸陵」爲說，似是專指山陵而言。然樂天新樂府中凡所諷論，率以見事爲主。其有賦詠前朝故實者，亦多與時事有關。如胡旋女篇中有「五十年來制不禁。」之句，上陽白髮人有「入時十六今六十。」之句等，皆其例也。故此篇自不應遠刺代宗或其以前之山陵，而樂天所得聞知者，則德宗順宗崇豐二陵，又未見有過奢之制度。是知此篇只可視爲泛說，方能有當也。至於秦始漢文之得失，亦不過言喪葬儉侈利弊者所習用之比照耳，未可據以疑及此篇之旨意也。今戈本貞觀政要陸論儉約篇略云：

貞觀十一年詔曰，闔閭違禮，珠玉爲鳧雁。始皇無度，水銀爲江海。季孫擅魯，斂以璵璠。桓魋專宋，葬以石槨。莫不因多藏以速禍，由有利而招辱。其王公已下，爰及黎庶，自今已後，送葬之具有不依令式者，仰州府縣官明加檢察，隨狀科罪。在京五品以上，及勳戚家，仍錄奏聞。

太宗之詔，旨在懲革臣民厚葬之俗，而亦以秦始皇帝爲言，是可與樂天此篇相參證。又此條本載在政要愼終篇中，（見戈氏原注。）當爲樂天作七德舞尋撦材料時所及見，或亦與此篇之作有關耶？

古冢狐

樂天新樂府率皆每篇各持一旨，而不雜不複。其李夫人一篇，如前所論，乃獻諫於君上之詞。則此篇之旨意，自宜與之有別。

詩云：

古冢狐，妖且老。化爲婦人顏色好。頭變雲鬟面變妝，大尾曳作長紅裳。徐徐行傍荒村路。日欲暮時人靜處。或歌或舞或悲啼。翠眉不舉花顏低。忽然一笑千萬態，見者十人八九迷。

（白氏長慶集貳和答詩十首之玖和古社詩中雖有，妖狐變美女，社樹成樓臺。黄昏行人過，見者心徘徊。」諸句，但彼篇意在警戒小人，與此篇之旨有異。）

此篇之作以妖狐幻化美女迷惑行人爲言，乃示戒於民間一般男子者。至於篇末一節「何況褒妲之色善蠱惑。能喪人家覆人國。」之句，恐不過充類至盡，痛陳其害，未必即與少陵北征詩「不聞夏殷衰，中自誅褒妲。」所述者同其意也。

復次，狐能爲怪之說，由來久矣。而幻爲美女以惑人之物語，則恐是中唐以來方始盛傳者。取此篇與下列史料相印證，亦足供研究社會風俗者之參考也。

太平廣記肆肆柒狐類狐神條引朝野僉載云：

唐初已來百姓多事狐神，房中祭祀以乞恩。食飲與人同之。事者非一主。當時有諺曰，無狐魅，不成村。

寅恪案：據此可知唐代社會盛行信奉狐神之俗也。又同書肆伍貳同類任氏條略云：

鄭子至樂遊園，已昏黑矣。見一宅，土垣車門，室宇甚嚴。延入，任氏更妝而出，酣飲極歡，夜久而寢。其妍姿美質，歌笑態度，舉措皆豔，殆非人世所有。將曉，任氏曰，可去矣。乃約後期而去。既行及里門，門扃未發，門旁有胡人鬻餅之舍，鄭子指宿所以問之。曰，自此東轉有門者，誰氏之宅。主人曰，此隤墉棄地，無第宅也。鄭子曰，適過之，曷以云無。與之固爭。主人適悟。乃曰，吁！我知之矣。此中有一狐，多誘男子偶宿，嘗三見矣。今子亦遇乎？鄭子赧而隱曰，無。質明復視其所，見土垣車門如故，窺其中，皆蓁荒及廢圃耳。

寅恪案：此爲沈既濟於建中二年所撰之任氏傳文，沈氏作此傳與白氏作新樂府之時代相距不遠，故可取相參證也。據沈白二公之言，則中唐以來已有此種類似聊齋志異之狐媚物語，可以考知矣。

黑潭龍

韓昌黎集伍有炭谷湫祠堂五言古詩一首，題下注引歐本云：

在京兆之南，終南之下，祈雨之所也。南山秋懷詩皆見之。

又引陸長源辨疑志云：

長安城南四十里有靈母谷，俗呼爲炭谷。

又引宋敏求長安志略云：

炭谷在萬年縣南六十里，澄源夫人湫廟在終南山炭谷。

樂天此篇所詠黑潭之龍祠，豈即昌黎詩所詠炭谷湫之龍祠耶？考元和四年之春京畿實有旱災，（詳杜陵叟篇所論。）則此篇所摹寫龍祠享祭之盛，當爲樂天親有聞見者也。

此篇小序云：

> 疾貪吏也。

頗疑此篇之作，殆受元微之於元和四年使東川按故東川節度使嚴礪罪狀事（詳長恨歌箋證。）之暗示，但此篇末節云：

> 肉堆潭岸石，酒潑廟前草。不知龍神享幾多，林鼠山狐長醉飽。狐何幸，豚何辜，每年殺豚將餧狐。狐假龍神食豚盡，九重泉底龍知無。

是所謂龍者，似指天子而言。狐鼠者，乃指貪吏而言。豚者，即謂無辜小民也。考白氏長慶集肆壹論于頔裴均狀（于頔裴均欲入朝事宜。）云：

> 竊見外使入奏，不問賢愚，皆欲仰希聖恩，傍結權貴。上須進奉，下須人事。莫不減削軍府，割剝疲人。每一入朝，甚於兩稅。又聞于頔裴均等，數有進奉。若又許來，荆襄之人，必重困於剝削矣。

同集同卷論王鍔欲除官事宜狀略云：

> 臣又聞王鍔在鎮日，不卹凋殘，唯務差稅。淮南百姓，日夜無憀。五年誅求，百計侵削。錢物既足，部領入朝，號爲羨餘，親自進奉。今若授同平章事，臣又恐諸道節度使今日已後，皆割剝生人，營求宰相。

同書同卷論裴均進奉銀器狀云：

臣聞衆議皆云裴均性本貪殘，動多邪巧，每假進奉，廣有誅求。

其論于頔狀，論王鍔狀，俱爲元和三年所上。（頔子季友以元和二年十二月己卯即二十六日尙主，而此狀云頔子爲駙馬，則論于頔狀自爲元和三年所上。至論王鍔狀，爲元和三年上事，可參通鑑貳叁柒唐紀憲宗紀元和三年九月條及考異。）論裴均狀爲元和四年所上。（參同書同卷元和四年四月條及考異。）樂天既於作此篇前屢論進奉之情事，而進奉之情事，又恰與此篇所詠者切合，則此篇至爲直接詆誚當日剝削生民，進奉財貨，以邀恩寵，求相位之藩鎭者也。

天可度

此篇小序云：

惡詐人也。

所謂「詐人」者，初視之，似是泛指，但詳繹之，則疑白氏之意乃專有所刺。其所刺者，殆李吉甫乎？

何以言之？篇之結語云：

君不見李義府之輩笑欣欣。笑中有刀潛殺人。陰陽神變皆可測，不測人間笑是嗔。（關於人言李義府笑中有刀事，可參舊唐書捌貳李義府傳，新唐書貳貳叁姦臣傳上李義府傳，及談賓錄等。）

摻以卒章顯其志之義，則已直指吉甫之姓，呼之欲出矣。又詩中：

但見丹誠赤如血，誰知僞言巧似簧。

之句，可與唐會要捌拾朝臣複謚條載張仲方駁吉甫謚議：

諂淚在臉，遇便則流。巧言如簧，應機必發。

之言相印證。蓋仲方駁謚之議，雖作於吉甫身後，然其言必爲當日牛黨對於吉甫之共評也。而仲方少嘗與樂天同官交好，（見白氏長慶集陸壹范陽張公墓誌銘。）則二公詞語之如此巧合，必非偶然，又從可知矣。

復次，李相國論事集貳論鄭絪事條（參通鑑貳叁柒唐紀憲宗紀元和二年十一月昭義節度使盧從史內與王士真劉濟潛通條。）略云：

上（憲宗）曰，朕與宰相商量，欲召盧從史卻歸潞府，續追入朝。鄭絪輒漏泄我意，先報從史。故事合如何處置？（李）絳曰，計鄭絪必不自洩，從史必不自言。陛下先知，何以得之？上曰，密奏。絳對曰，絪頗知古今，洞識名節，事出萬端，情有難測。莫是同列有不便之勢，專權有忌前之心，造爲此辭，冀其去位。無令人言陛下惑於讒佞也。至是遂已。

同書同卷辨裴武疏條（參通鑑貳叁捌唐紀憲宗紀元和四年九月庚戌上以裴武爲欺罔條。）略云：

上（憲宗）顏色甚震怒曰，裴武罔我，又使回未見，先宿裴垍宅，須左降嶺南遠處。〔李〕絳因奏言，裴武久爲朝士，具諳制度。裴垍身爲宰相，特受恩私。若其未見，便爾宿宰相家，固無此理。況皆詳練時事之人，計必無此事。必有構傷裴垍裴武，陛下不可不察。武得守其位。

寅恪案：李相國論事集乃專詆吉甫之書，其言未可盡信。然此兩條並爲司馬溫公采入通鑑，似亦頗可依據。前者通鑑以之繫於元和二年十一月，蓋由召盧從史令還昭義事而定。其潛害鄭絪之人，通鑑屬之吉甫。後者通鑑以之繫於元和四年九月，蓋由裴武使成德復命事而定。其構傷二裴之人，則不可知。考吉甫此時已出鎮淮南，當無尚在長安之理。所可注意者，其時間正與樂天作詩之時相符是也。然則此二條所述者，譖害之謀如出一轍，誣構之語發自一人。樂天之詩殆即由此而作，而特以「李義府之輩」爲言者，其職是之故歟？（可參閱澗底松篇所論。）

秦吉了

此篇小序云：

哀冤民也。

詩云：

豈無鵰與鶚，嗉中肉飽不肯搏。亦有鸞鶴羣，閑立颺高(寅恪案，全唐詩「颺高」作「高颺」。)如不聞。秦吉了，人云爾是能言鳥，豈不見雞燕之冤苦。吾聞鳳凰百鳥主，爾竟不爲鳳凰之前致一言，安用噪噪閑言語。

寅恪案：詩中之鵰鶚，乃指憲臺京尹搏擊肅理之官，鸞鶴乃指省閣翰苑清要禁近之臣，秦吉了即指謂大小諫。是此篇所譏刺者至廣，而樂天尤憤慨於冤民之無告，言官之不言也。

復次，此篇所言：

昨日長爪鳶，今朝大觜烏。鳶捎乳燕一窠覆，烏啄母雞雙眼枯。雞號墮地燕驚去，然後拾卵攫其雛。

一節，乃喻豪強侵淩弱小之事，似可與白氏長慶集壹宿紫閣山北邨詩：

中庭有奇樹，種來三十春。主人惜不得，持斧斷其根。口稱采造家，身屬神策軍。主人慎勿語，中尉正承恩。(可參白氏長慶集貳捌與元九書，聞僕宿紫閣村詩，則握軍要者切齒矣。等語。)

諸語相參證。蓋當日神策軍將吏最爲暴横，觀舊唐書壹伍肆許孟容傳(新唐書壹陸貳許孟容傳同。)：

〔元和〕四年，拜京兆尹，賜紫。神策吏李昱假貸長安富人錢八千貫，滿三歲不償。孟容遣吏收捕械繫，尅日命還之。曰，不及期當死。（通鑑貳叁捌唐紀憲宗紀元和四年九月此條作，曰，期滿不足當死。）自興元已後，禁軍有功，又中貴之尤有渥恩者，方得護軍。故軍士日益縱橫，府縣不能制。孟容剛正不懼，以法繩之，一軍盡驚。冤訴於上，立命中使宣旨令送本軍。孟容繫之不遣。中使再至，乃執奏曰，臣職司輦轂，合爲陛下彈抑豪彊。錢未盡輸，昱不可得。上以其守正，許之。

之紀載，即可知也。夫身受侵害之冤民，多不敢自陳，職司輦轂之京尹，又少能繩制，而有言責者，復不爲訴一言於君上，樂天此篇所深慨者，其在斯乎？

鴟九劍

元氏長慶集貳說劍詩略云：

吾友有寶劍，密之如密友。我實膠漆交，中堂共杯酒。白虹座上飛，青蛇匣中吼。我聞音響異，疑是干將鬥。何人爲鑄之，干將別來久。我欲評劍功，願君良聽受。劍可剸犀兕，劍可切瓊玖。劍決天外雲，劍冲日中斗。劍隳妖蚳腹，劍拂佞臣首。今復誰人鑄，挺然千載後。既非古風壺，無乃近鴟九。勸君慎所寶，所用無或苟。潛將辟魑魅，勿但驚妾婦。留斬泓下蛟，莫試衔中狗。

取與此篇相較，頗疑樂天是題之作，不能與之無關。惟樂天此篇與微之詩又有不同者，樂天詩云：

歐冶子死千年後。精靈暗授張鵶九。鵶九鑄劍吳山中。天與日時神借功。

蓋「歐冶子死千年」者，喻周衰秦興六義始刓，（見白氏長慶集貳捌與元九書。）迄於樂天之時約有千年之久也。「張鵶九」者，樂天所以自喻。「鵶九鑄劍」者，樂天以喻其作新樂府欲扶起詩道之崩壞也。（亦與元九書中語。）是取鵶九劍爲題，即指新樂府之作而言，亦可以推見矣。故此篇小序所云：

思決壅也。

結語所云：

不如持我決浮雲，無令漫漫蔽白日。爲君使無私之光及萬物，蟄蟲昭蘇萌草出。

實不僅爲此篇之主旨，新樂府五十首之作，其全部旨意亦在於斯。由此觀之，樂天此篇之作，乃總括敍述其前此四十八篇之主旨者也。

此外尚有可論者，此篇既已總括其新樂府之作，而後此復有采詩官一篇，以爲全部新樂府之殿，何耶？曰，此篇所述者，一己之作品。采詩官所論者，廣大之理想。樂天之意，蓋以爲決壅蔽，繫乎廣視聽。廣視聽之要則，在立采詩之官。夫采詩官者，曰采於下，歲獻於上。(詳見下采詩官篇所引。)是其新樂府之作，亦不過備采詩官之采獻耳。此所以必以采詩官一篇爲殿也。樂天新樂府組織之嚴，用意之密，斯又爲一例證矣。

復次，詩中「劍成未試十餘年。」者，亦疑爲樂天自喻之語。考樂天於貞元十五年己卯由宣州解送，可視爲劍成之始。自此迄於元和四年己丑賦新樂府之時，其間已踰十年矣。蓋樂天此篇以鵶九之劍，樂天自身及其新樂府作品融而爲一，誠可謂物我兩忘，主賓俱泯矣。

采詩官

樂天新樂府五十篇，每篇皆以卒章顯其志。此篇乃全部五十篇之殿，亦所以標明其作五十篇之旨趣理想者也。

白氏長慶集肆捌策林第陸拾玖目采詩以補察時政(參同卷策林第陸捌目議文章，前總論已引。)略云：

> 臣聞聖王酌人之言，補己之過，所以立理本，導化源也。將在乎選觀風之使，建采詩之官，俾乎歌詠之聲，諷刺之興，日采於下，歲獻於上者也。所謂言之者無罪，聞之者足以自誡。所謂善防川者，決之使導。善理人者，宣之使言。

同集叁拾進士策問五道(元和三年爲府試官。)之第叁道云：

問，大凡人之感於事，則必動於情，發於歎，興於詠，而後形於歌詩焉。故聞蓼蕭之詠，則知德澤被物也。聞北風之刺，則知威虐及人也。聞廣袖高髻之謠，則知風俗之奢蕩也。古之君人者，採之以補察其政，經緯其人焉。夫然，則人情通而王澤流矣。今有司欲請於上，遣觀風之使，復採詩之官，俾無遠邇，無美刺，日採於下，歲聞於上。以副我一人憂萬人之旨，識者以爲何如。

寅恪案：上引二文皆樂天於元和四年賦新樂府以前所作，可知樂天於復古采詩之意，蓋蓄之胸中久矣。

白氏長慶集壹讀張籍古樂府略云：

張君何爲者，業文三十春。尤工樂府詩，舉代少其倫。爲詩意如何，六義互鋪陳。風雅比興外，未嘗著空文，願播内樂府，時得聞至尊。

同書同卷寄唐生詩云：

我亦君之徒，鬱鬱何所爲。不能發聲哭，轉作樂府詩。篇篇無空文，句句必盡規。功高虞人箴，痛甚騷人辭。非求宫律高，不務文字奇。惟歌生民病，願得天子知。

同書貳捌與元九書略云：

自登朝來，年齒漸長，閱事漸多。每與人言，多詢時務。每讀書史，多求理道。始知文章合爲時而著，歌詩合爲事而作。是時皇帝初即位，宰府有正人，屢降璽書，訪人急病。而難於指言者，輒詠歌之，欲稍稍遞進聞於上。上以廣宸聽，副憂勤。次以酬恩獎，塞言責。下以復吾平生之志。豈圖志未就，而悔已生。言未聞，而謗已成矣。豈六義四始之風，天將破壞，不可支持耶？抑又不知天之意，不欲使下人之病苦，聞於上耶？不然，何有志於詩者，不利若此之甚也？

寅恪案：樂天之新樂府與文昌之古樂府，其體制雖有不同，而樂天推許文昌古樂府，則曰，「未嘗著空文。」自詡其新樂府，則曰，「篇篇無空文。」是此一要義，固無差別也。又樂天於文昌古樂府則曰，「願播內樂府，時得聞至尊。」自述其作樂府之本志，則曰，「惟歌生民病，願得天子知。」此即其「采詩」「諷諫」之旨意也。新樂府以此篇爲結後之作，正如常山之蛇尾，與首篇有互相救護之用。其組織嚴密，非後世摹仿者，所能企及也。

南部新書癸云：

四明人胡抱章，作擬白氏諷諫五十首，亦行於東南，然其辭甚平。後孟蜀末楊士達亦撰五十篇，頗諷時事。士達子舉正，端拱二年進士，終職方員外郎。

寅恪案：後世摹仿全部新樂府之詩，如胡楊之徒所作，均不顯著流傳。若清高宗之擬作，則更可不置論矣。

復次，樂天作新樂府之義旨，非難附和承襲，而其作新樂府之才藝，則曠世不一見者也。苟無其才藝之實，徒揭其義旨以自高，則不勝其虛誕之弊矣。

南部新書庚云：

元和以來，舉人用虛語策子作賦，若使陳詩觀風，乃教人以妄爾。

寅恪案：李珏以譏諷時事爲元和體詩之病，（見唐語林貳文學類文宗欲置詩學士條。）恐非絕無依據之言。故論新樂府竟，並附錄末流摹擬之弊於此，以供效顰者之鑒誡。

（見校補記第三則）

第六章　古題樂府

李公垂作新題樂府，微之擇和之，樂天復擴充之爲五十首，遂成有唐一代詩歌之名著。今公垂之作不可見，自難評論。然白氏長慶集壹陸編集拙詩成一十五卷因題卷末戲贈元九李二十詩「苦教短李伏歌行。」句，樂天自法云：

李二十常自負歌行，近見予樂府五十首，默然心伏。

則公垂之作，當不及樂天，可以無疑。微之所作，見於元氏長慶集貳肆者，共十二首，亦多不如樂天所賦。寅恪別爲一章，合元白所作而專論之，茲可不涉及也。

夫元白二公，詩友也，亦詩敵也。故二人之間，互相仿效，各自改創，以蘄進益。有仿效，然後有似同之處。有改創，然後有立異之點。儻綜合二公之作品，區分其題目體裁，考定其製作年月，詳繹其意旨詞句，即可知二公之於所極意之作，其經營下筆時，皆有其詩友或詩敵之作品在心目中，仿效改創，從同立異，以求超勝，決非廣泛交際率爾酬和所爲也。關於此義，寅恪已於長恨歌琵琶引連昌宮詞諸章闡明之，茲亦可取用參證，即所謂比較之研究是也。

微之賦新題樂府，其不及樂天之處有二：(一)爲一題涵括數意，則不獨詞義複雜，不甚清切，而且數意竝陳，往往使讀者不能知其專主之旨，注意遂難於集中。故讀畢後影響不深，感人之力較一意爲一題，如樂天之所作者，殊相懸遠也。(二)爲造句遣詞，頗嫌晦澀，不似樂天作品詞句簡單流暢，幾如自然之散文，却仍極富詩歌之美。且樂天造句多以三七言參差相間雜，微仿古樂府，而行文自由無拘牽滯礙之苦。微之所賦，則尚守七言古體詩之形式，故亦不如樂天所作之瀟灑自然多矣。夫微之作品此二病，若無樂天作品存在，似亦難發見。若取二人所作同一題目比較觀之，則相形見絀，淺學猶能預知，豈深知甘苦工於爲詩之微之，而不自知耶？既知之，而欲改創以求超勝，是殆微之於其元和十二年(元氏長慶集貳叁古題樂府序下自注「丁酉」二字。寅恪案：丁酉爲元和十二年。)即樂天於元和四年賦新樂府後之八年，和劉猛李餘古樂府詩時之心理。讀元詩者，苟明乎此，始可評論及欣賞今傳世之元氏長慶集貳叁卷中古題樂府詩十九首也。茲先節錄古題樂府序之有關解釋者於下。其序略云：

後之文人，達樂者少，但遇興紀題，往往兼以句讀短長爲詩歌之異。況自風雅至於樂流，莫非諷興當時之事，以貽後代之人。沿襲古題，唱和重複，於文或有短長，於義咸爲贅賸。尚不如寓意古題，刺美見事，猶有詩人引古以諷之義焉。曹劉沈鮑之徒時得如此，亦復稀少。近代唯詩人杜甫悲陳陶哀江頭兵車麗人等，凡所歌行，率皆即事名篇，無復依傍。(參新樂府章。）予少時（寅恪案：元和十二年微之年三十九歲，其作新題樂府若在元和四年，亦已三十一歲，相距不過八年，少時二字不可拘泥也。）與友人樂天李公垂輩，謂是爲當，遂不復擬賦古題。昨梁州見進士劉猛李餘各賦古樂府詩數十首，其中一二十章，咸有新意，予因選而和之。其有雖用古題，全無古義者，若出門行不言離別，將進酒特書列女之類是也。其或頗同古義，全創新詞者，則田家止述軍輸，捉捕詞先螻蟻之類是也。

微之於新題樂府，既不能競勝樂天，而藉和劉猛李餘之樂府古題之機緣，以補救前此所作新題樂府之缺憾，即不改舊時之體裁，而別出新意新詞，以蘄追及樂天而軼出之也。故其自序之語最要之主旨，則爲「寓意古題，刺美見事。」及「咸有新意。」與「雖用古題，全無古義。」或「頗同古意，全創新詞。」等語。然則微之之新題樂府，題意雖新而詞句或仍不免襲古。而古題樂府，或題古而詞意俱新，或意新而題詞俱古。其綜錯複雜，尤足以表現文心工巧之能事矣。故微之之擬古，實創新也。意實創新而形則襲古，以視新題樂府之形實俱爲一致，體裁較爲單簡者，似更難作。豈微之之特擇此見其所長，而以持傲其詩敵歟？請略舉其最佳之數首以爲例證如下：

凡古題樂府十九首，自夢上天至估客樂，無一首不只述一意，與樂天新樂府五十首相同，而與微之之舊作新題樂府一題具數意者大不相似。此則微之受樂天之影響，而改進其作品無疑也。十九首中雖有全係五言或七言者，但其中頗多三言五言七言相間雜而成，且有以十字爲句者，如人道短之「莽卓恭顯皆數十年富貴。」及十一字爲句者，如董逃行之「爾獨不憶年年取我身上膏。」之類，長短參差，頗極變錯之致。復若君莫非及田野狐兔行，則又仿古，通篇全用四言矣。故讀微之古題樂府，殊覺其旨趣豐富，文采豔發，似勝於其新題樂府。舉數顯著之例，如夢上天云：

> 來時畏有他人上，截斷龍胡斬鵬翼。茫茫漫漫方自悲，哭向青雲椎素臆。哭聲厭咽旁人惡，喚起驚悲淚飄露。千慙萬謝喚厭人，向使無君終不寤。

微之於仕宦之途，感慨深矣。又如董逃行云：

> 董逃董逃人莫喜。勝負相環相枕倚。縫綴難成裁破易。何況曲針不能伸巧指。欲學裁縫須準擬。

破壞易而建設難，無其道而行其事。此詩所言若此，今日吾人讀之，心中將如何耶？又如夫遠征云：

> 遠征不必戍長城。出門便不知死生。

及田家詞云：

> 願官早勝讐早復。農死有兒牛有犢。誓不遣官軍糧不足。

諸句，皆依舊題而發新意。詞極精妙，而意至沉痛。取較樂天新樂府之明白曉暢者，別具蘊蓄之趣。蓋詞句簡鍊，思致微婉，此爲元白詩中所不多見者也。

此十九首中最可注意者，莫如人道短一篇，通篇皆以議論行之。詞意俱極奇詭，頗疑此篇與微之竝世文雄如韓退之柳子厚劉夢得諸公之論有所關涉。蓋天人長短之說，固爲元和時文士中一重要公案也。柳河東集壹陸天說略云：

韓愈謂柳子曰，吾爲子言天之說，人之壞元氣陰陽也亦滋甚。吾意有能殘斯人使日薄歲削，禍元氣陰陽者滋少，是則有功於天地者也。蕃而息之者，天地之讎也。柳子曰，吾能終其說。彼上而玄者，世謂之天。下而黄者，世謂之地。渾然而中處者，世謂之元氣。寒而暑者，世謂之陰陽。其烏能賞功而罰禍乎？功者自功，禍者自禍，欲望其賞罰者大謬。呼而怨，欲望其哀且仁者，愈大謬矣。子而信子之仁義，以游其内，生而死爾，烏置存亡得喪於其間耶？

劉夢得文集壹貳天論三篇（參柳河東集叁壹答劉禹錫天論書。）序略云：

世之言天者二道焉。拘於昭昭者，則曰天與人實影響，如有物的然以宰者，故陰騭之説勝焉。泥於冥冥者，則曰天與人實相異，是茫乎無有宰者，故自然之説勝焉。予之友河東解人柳子厚作天説以折韓退之之言，文信美矣，蓋有激而云，非所以盡天人之際。故余作天論以極其辯云。

其上篇略云：

大凡入形器者，皆有能有不能。天有形之大者也。人動物之尤者也。天之能人固不能也，人之能天亦有所不能也。余故曰，天與人交相勝爾。其説曰，天之道在生植，其用在强弱。人之道在法制，其用在是非，人能勝乎天者法也。法大行則是爲公是，非爲公非。天下之人蹈道必賞，違善必罰。故其人曰，天何預乃人事耶？福兮可以善取，禍兮可以惡召，奚預乎天邪？法小弛則是非駁，賞不必盡善，罰不必盡惡。故其人曰，彼宜然而信然，理也。彼不當然而固然，豈理邪，天也。福或可以詐取，禍或可以苟免。人道駁，故天命之説亦駁焉。法大弛則是非易位，賞恆在佞，而罰恆在直。義不足以制其彊，刑不足以勝其非。人之能勝天之實盡喪矣。夫實已喪，而名徒存，彼昧者方挈挈然提無實之名，欲抗乎言天者，斯數窮矣。故曰天之所能者，生萬物也。人之所能者，治萬物也。法大行，則其人曰，天何預人邪？我蹈道而已。法大弛，則其人曰，道竟何爲邪？任人而已。法小弛，則天人之論駁焉。今以一己之窮通，而欲質天之有無，惑矣。余曰，天恆執其所能，以臨乎下，非有預乎治亂云爾。人恆執其所能，以仰乎天，非有預乎寒暑云爾。生乎治者，人道明，咸知其所自。故德與怨不歸乎天。生乎亂者，人道昧，不可知。故由人者，舉歸乎天，非天預乎人爾。

韓柳劉三公之説甚悉，今不能具引，惟取劉論上篇稍詳錄之，以其爲唐人説理之第一等文字也。至韓柳之説，則文人感慨憤激之言也。微之人道短一篇，暢論天道似長而實短，人道似短而實長。其詩中：

天既職性命，道德人自強。

之句，則與夢得，「天之道在生植。人之道在法制。其用在是非。」似有所合，但細繹：

賴得人道有揀別，信任天道眞茫茫。若此撩亂事，豈非天道短，賴得人道長。

之結論，則微之自別有創見，貌似夢得爲說理之詞，意同韓柳抒憤激之旨，此恐非偶然所致，疑微之於作此詩前得見柳劉之文，與其作連昌宮詞之前亦得見樂天新豐折臂翁昌黎和李正封過連昌宮七絕受其暗示者相似。（參連昌宮詞章及新樂府章新豐折臂翁篇所論。）攷微之與柳劉往來不甚頻密，則遠道寄文之可能不多。然微之於元和十年春曾與柳劉諸逐臣同由貶所召至長安。又於元和十年至十二年間在通州司馬任內嘗以事至山南西道節度使治所興元。興元者，西南一大都會，而文士萃集之所也。柳劉文名高一世。天人之說尤爲奇創，自宜傳寫流布於興元。是微之於元和十年至十二年之間，在長安與興元兩地，俱有得見柳劉二公天論與天說之機緣也。微之古題樂府爲和梁州進士劉猛李餘而作，梁州即興元，或者微之在梁州之日，曾得窺見柳劉之文，遂取其意旨加以增創以成此傑作耶？

附　論

（甲）白樂天之先祖及後嗣

關於白氏之遠祖，如樂天於故鞏縣令白府君事狀（白氏長慶集貳玖。）中所自述者，其可疑諸點，陳振孫白文公年譜已詳辨之，而沈炳震新唐書宰相世系表訂譌及武英殿本新唐書柒伍下宰相世系表所附考證，亦俱有所論。其實諸家譜牒記述，虛妄紛歧，若取史乘校之，其譌謬矛盾可笑之處不一而足，非獨此文爲然也。但此類可存而不論，蓋今日稍具常識之讀史者，決不致爲所迷惑，詳悉辨證，轉無謂也。又近年中外論著中，有據北夢瑣言伍中書蕃人事條所紀崔愼由誚白敏中之語，唐摭言壹叁敏捷條白敏中盧發所賦「十姓胡中第六胡。」諸句，及白氏長慶集伍玖沃洲山禪院記所云：

> 厥初有羅漢僧西天竺人白道猷居焉。

又略云：

> 昔道猷肇開茲山，今日樂天又垂文茲山。異乎哉，沃洲山與白氏其世有緣乎。

等語，推論白氏之爲胡姓。鄙意白氏與西域之白或帛氏有關，自不俟言，但吾國中古之時，西域胡人來居中土，其世代甚近者，殊有考論之價值。若世代甚遠久，已同化至無何纖微跡象可尋者，則止就其僅餘之標幟即胡姓一事，詳悉考辨，恐未必有何發見，而依吾國中古史「種族之分，多繫於其人所受之文化，而不在其所承之血統。」之事例言之，（見拙著唐代政治史述論稿及隋唐制度淵源略論稿。）則此類問題亦可不辨。故謂元微之出於鮮卑，白樂天出於西域，固非妄說，却爲贅論也。茲所欲言之樂天先世問題，僅爲樂天非北齊五兵尚書白建之後裔，及樂天之父母以親舅甥爲婚配二事而已。蓋此二事均與樂天本身有實際影響，而不似白氏爲胡姓之浮泛關係也。

關於樂天非北齊五兵尚書白建之後裔一端，寅恪已於拙著唐代政治史述論稿中篇論牛僧孺家有隋代牛弘賜田事闡述及之。茲僅迻錄其所言者於此，以供竝觀同論之便利。至於樂天之父母以親舅甥爲婚配一事，則別於此詳言之。以彼書限於體例範圍，不能多所旁及，而此文則專論樂天家世，其性質有異故也。

白氏長慶集貳玖襄州別駕府君事狀云：

> 初，高祖贈司空，有功於北齊，詔賜莊宅各一區，在同州韓城縣，至今存焉。

此所謂有功於北齊之司空即白建也。據北齊書肆拾白建傳（北史伍伍白建傳同。）略云：

> 白建字彥舉，武平七年卒，贈司空。

是白建卒於北齊未亡以前。其生存時期，周齊二國，東西並峙，互相爭競。建爲齊朝主兵之大臣，其所賜莊宅，何得越在同州韓城即仇讎敵國之境内乎？其爲依託，不待辨論也。

又新唐書柒伍下宰相世系表白氏表云：

白建字彦舉，後周弘農郡守，邵陵縣男。

此白建既字彦舉，與北齊主兵大臣之姓氏名字俱無差異，是即樂天所自承之祖先也。但其官則爲北周弘農郡守，與北齊贈司空之事絶不能相容。其間必有竄改附會，自無可疑。豈樂天之先世賜田，本屬於一後周姓白名某字某之弘農郡守，而其人實是樂天眞正之祖宗。故其所賜莊宅能在北周境内，後來子孫遠攀異國之貴顯，遂致前代祖宗横遭李樹代桃之阨耶？

貞松老人（羅振玉）遺稿後丁戊稿白氏長慶集書後一文中，論及樂天之父母以親舅甥爲婚配事。其説雖簡，然甚確。頗可解釋樂天早年家庭環境及後來其母以狂疾墜井而死諸問題。故於此引證稍詳，並推論之以供讀白詩者之參考。

白氏長慶集貳玖太原白氏家狀二道，其故鞏縣令白府君事狀云：

高祖諱建，北齊五兵尚書，贈司空。曾祖諱士通，皇朝利州都督。祖諱志善，朝散大夫尚衣奉御。父諱溫，朝請大夫檢校都官郎中。公諱鍠。

其襄州別駕府君事狀略云：

公諱季庚，鞏縣府君之長子。建中元年授彭城縣令。時徐州爲東平所管，屬本道節度使反，公與本州刺史李洧歸國。貞元十年五月二十八日，終於襄陽官舍，享年六十六。夫人陳氏，陳朝宜都（王叔明）之後。祖諱璋，利州刺史。考諱潤，坊州鄜城縣令。（寅恪案，令疑當作尉。）妣太原白氏。夫人無兄姊弟妹，八歲丁鄜城府君之憂，十五歲事舅姑。建中初以府君彭城之功封潁川縣君。元和六年四月三日歿於長安宣平里第，享年五十七。有子四人，次曰居易，次曰行簡。

又白氏長慶集貳伍唐故鄜城縣尉陳府君夫人白氏墓誌銘略云：

夫人太原白氏，享年七十。唐利州都督諱士通之曾孫，尚衣奉御諱志善之玄孫，（寅恪案，疑當作士通之玄孫，志善之曾孫。曾玄二字互易。）都官郎中諱溫之孫，延安令諱鍠之第某女，（寅恪案，延安令疑當作鞏縣令。）韓城令諱欽之外孫，故鄜城尉諱潤之夫人，故潁川縣君之母，故大理少卿襄州別駕諱季庚之姑，前京兆府户曹參軍翰林學士白居易前秘書省校書郎白行簡之外祖母也。

寅恪案：古人文字傳於今世者，轉寫多有譌誤，自不足怪。上所引樂天所作其父及外祖母墓誌如「令」之疑當作「尉」，「延安」之疑當作「鞏縣」，及「曾」「玄」二字之疑當互易，即是其例。蓋此皆可以本文之上下文及他文之有關者相參校而得知者也。但有爲本文之上下文及相關之他文所限定，絕不能移易而諉爲轉寫譌誤所致者。則如樂天之母與其父親屬之關係是。茲據上引樂天所自述者，作一世系親屬表以明之如下：

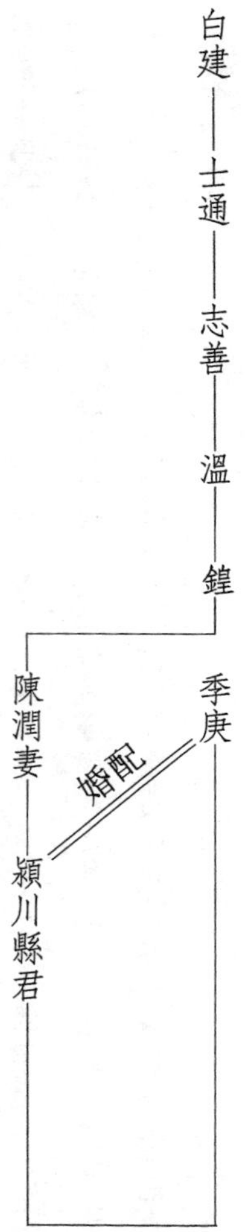

樂天文中，歷敍其外祖母之尊卑先後諸親族血統聯繫，其間關係，互相制限，一定而不可移，則樂天之外祖母乃其祖之女，與其父爲同產，易言之，即樂天之父季庚實與親甥女相爲婚配也明矣。至樂天於其外祖母之墓誌銘以「襄州別駕諱季庚之姑」爲言者，此姑字必不可通。初視之似是妹字之譌寫，但細思之，則樂天屬文之際，若直書其事，似覺太難爲情，羅貞松謂「季庚所取乃妹女，樂天稱陳夫人爲季庚之姑，乃諱言而非其實矣。」（羅振玉貞松老人遺稿甲集後丁戊稿白氏長慶集書後條。）洵確論也。

夫親舅甥相爲婚配，如西漢惠帝之后爲其同母姊魯元公主女，（見史記肆玖外戚世家，捌玖張耳陳餘列傳等。）及吳孫休朱夫人爲休姊女之事，（見吳志伍孫休朱夫人傳及裴注。）於古代或即今日，恐亦不乏相同之例，但在唐代崇尚禮教之士大夫家族，此種婚配則非所容許，自不待言也。抑更有可論者，唐律疏議壹名例律十惡十曰內亂條注云：

謂姦小功以上親，父祖妾，及與和者。

疏議釋之云：

姦小功以上親者，謂據禮男子爲婦人着小功服而姦者。若婦人爲男夫，雖有小功之服，男子爲報服緦麻者非。謂外孫女於外祖父，及外甥於舅之類。

同書壹肆戶婚律下第壹條條文云：

諸同姓爲婚者，各徒二年。緦麻以上以姦論。若外姻有服屬而尊卑共爲婚姻，及娶同母異父姊妹，若妻前夫之女者，亦各以姦論。其父母之姑舅兩姨姊妹，及姨，若堂姨，母之姑，堂姑，己之堂姨及再從姨，堂外甥女，女壻姊妹，並不得爲婚姻，違者各杖一百，並離之。

疏議釋之略云：

外姻有服屬者，謂外祖父母，舅，姨，（據涵芬樓影印滂熹齋藏宋刊本作舅姨。今坊間印本有作姑舅者大謬。）妻之父母，此等若作婚姻，是名尊卑共爲婚姻。其外姻雖有服，非尊卑者，爲婚不禁。

又云：

父母姑舅兩姨姊妹，於身無服，乃是父母緦麻，據身是尊，故不合娶。及姨又是父母小功尊，若堂姨雖於父母無服，亦是尊屬。母之姑，堂姑，並是母之小功以上尊，己之堂姨及再從姨，堂外甥女，亦謂堂姊妹所生者，女壻姊妹，於身雖並無服，據理不可爲婚。並爲尊卑混亂，人倫失序，違此爲婚者，各杖一百。自同姓爲婚以下，雖會赦，各離之。

寅恪案：據上所引，可知吾國法意，重在內外區分，尊卑等級。（參容齋續筆捌姑舅爲婚條及明史壹叁柒劉三吾傳附朱善傳。）唐律戶婚律所規定之條例，就外姻論之，則科罪與否及其重輕，乃以尊卑混亂與否及服屬之親疏等關係而定。故外姻如從母兄弟姊妹，（姨兄弟姊妹。）姑之子，（外兄弟姊妹。）舅之子，（內兄弟姊妹。）者，雖並是緦麻三月成人正服，然非尊卑，其爲婚於唐律則不在禁限。至外姻如上引唐律戶婚律條文自父母之姑舅兩姨姊妹以下，雖於身並無服紀，但此等若作婚姻，則尊卑混亂，人倫失序，是以唐律亦科以「各杖一百。」「雖會赦，各離之。」之罪罰也。（參唐會要捌叁嫁娶目永徽二年九月條。）親舅甥自古在服紀之內，唐代復改加重，儀禮喪服禮緦麻三月者甥（鄭注，姊妹之子。）條傳云：

甥者，何也。謂吾舅者，吾謂之甥。何以緦之，報之也。

及通典玖貳禮典凶禮緦麻成人服三月條（參唐會要叁柒服紀下貞觀十四年條。）略云：

大唐貞觀十四年，（永徽四年長孫無忌等進律疏以前之十三年。）太宗謂侍臣曰，舅之與姨，親疎相似，而服紀有殊，理未爲得。集學者詳議。於是侍中魏徵等議曰，謹按，舅服緦麻，請與從母同小功。制可。

可知。然則甥舅爲婚，律所必禁。違律者即應依戶婚律下第壹條條文「若外姻有服屬而尊卑共爲婚姻」者，以姦論也。所謂以姦論者，唐律疏議壹肆戶婚律下第一條條文「諸同姓爲婚者各徒二年，緦麻以上以姦論。」下疏議釋之云：

若同姓緦麻以上爲婚者，各依雜律姦條科罪。

「外姻有服屬而尊卑共爲婚姻者以姦論。」自亦當准此。攷唐律疏議貳陸雜律上第貳叁條條文云：

諸姦緦麻以上親，及緦麻以上親之妻，若妻前夫之女，及同母異父姊妹者，徒三年。強者流二千里。折傷者絞。妾減一等。

疏議釋之云：

奸緦麻以上親，謂內外有服親者。

綜前所引戶婚律之條文及疏議，與此雜律姦條文之條及疏議觀之，則甥舅爲婚，於唐律應科以滿徒，並使離異。「雖會赦，亦離之。」固甚明也。惟於此尚有一問題特須注意者，唐會要叁柒服紀目上（參舊唐書貳柒禮儀志，通典玖貳禮典凶禮緦麻成人三月服條。）略云：

顯慶元年（舊志作二年。）九月二十九日，修禮官長孫無忌等奏曰，依古喪服，甥爲舅緦麻，舅報甥亦同此制。貞觀年中，八座議奏舅服同姨小功五月，而今律疏舅報於甥，服猶三月，謹按，傍親之服，禮無不報，己非正尊，不敢降之也。故甥爲從母五月，從母報甥小功，甥爲舅緦麻，舅亦報甥三月，是其義矣。今甥爲舅，使同從母之喪，則舅宜進甥以同從母之報，修律疏人不知禮意，舅報甥服尚止緦麻，于例不通，理須改正。今請修改律疏，舅報甥亦小功。制從之。

通典壹叁肆禮典開元禮貳玖小功五月成人正服條云：

爲外祖父母，爲舅及從母丈夫婦人報。

夫吾國古代禮律關係密切，永徽四年頒律疏時（舊唐書伍拾刑法志。）甥爲舅服小功，舅報甥尙止緦麻，故甥舅爲婚，不入內亂之條，如疏議所釋者是也。及顯慶改舅報甥亦小功，是甥舅爲婚，即如疏議所謂男子爲婦人着小功服而姦者，宜入內亂之條矣。長孫無忌所奏請修改者，指言律疏，豈即謂此類條文耶？又唐律疏議貳陸雜律第貳肆條條文云：

諸姦從祖祖母，姑，從祖伯叔母，姑，（寅恪案，據開元禮，從祖祖姑，從祖姑在室者小功，適人者緦麻。唐律姦從祖祖姑，從祖姑之罪重於姦緦麻親者，依本服而不從輕服之法也。可參名例律陸第捌條條文及疏議。）從父姊妹，從母及兄弟妻，兄弟子妻者，流二千里。強者絞。

「爲舅及從母丈夫婦人報」，其喪服之制既同，且舅之與姨，親疎相似，則舅甥爲婚之刑章，後來或亦有修改耶？但檢宋刑統此諸條條文下並未載補充制，格，勅條，其故俟考。寅恪素不諳禮律之學，姑記其疑於此，以待通識禮律之君子之教正。

總之，樂天先世本由淄青李氏胡化藩鎮之部屬歸向中朝。其家風自與崇尚禮法之山東士族迥異。如其父母之婚配，與當日現行之禮制（開元禮。）及法典極相違戾，即其例也。後來樂天之成爲牛黨，而見惡於李贊皇。其歷史之背景，由來遠矣。（關於牛李黨派之分野與社會階級之關係，已於拙著唐代政治史述論稿中篇詳論之。可參閱。）

復次，樂天之父季庚歿於貞元十年，年六十六，其母潁川縣君陳夫人歿於元和六年，年五十七。據此推計，則陳夫人年十五歲結婚，時季庚年已四十一歲矣。夫男女婚配，年齡雖相距懸遠，要亦常見，本不足異。所可怪者，以唐代社會一般風習論之，斷無已仕宦之男子年踰四十，尚未結婚之理。若其父果已結婚，樂天於季庚之事狀中何以絕不言及其前母爲何人？其故殊不可解。疑其婚配之間，當有難言之隱，今則不易考見矣。陳振孫白文公年譜元和十年下云：

〔元和十年〕六月，盜殺宰相武元衡，公首上疏請急捕賊以雪國耻。宰相以非諫職言事，（寅恪案，樂天時爲太子左贊善大夫。）惡之。會有惡公者，言其母看花墜井死，而作賞花及新井詩。貶江州刺史。中書舍人王涯言其所犯不可復理郡，（寅恪案，舊唐書壹陸陸白居易傳作，甚傷名教，不宜寘彼周行。）又改司馬。宰相，韋貫之，張弘靖也。舊譜併及裴度，非是。度方爲（御史）中丞，亦遇盜不死，既愈迺相耳。新井之事，世莫知其實，史氏亦不辨其有無，獨高彥休闕史言之甚詳，公母有心疾，因悍妬得之。及嫠，家苦貧，公與弟不獲安居，常索米丐衣於鄰郡邑。母晝夜念之，病益甚。公隨計宣州，母因憂憤發狂，以葦刀自剄，人救之得免。後遍訪醫藥，或發或瘳。常恃二壯婢，厚給衣食，俾扶衛之。一旦稍怠，斃於坎井。時裴晉公爲三省，本廳對客，京兆府申堂狀至，四坐驚愕。薛給事存誠曰，某所居與白鄰，聞其母久苦心疾，叫呼往往達於鄰里。坐客意稍釋。他日，晉公獨見夕拜（寅恪案，夕拜謂給事中也。王維酬郭給事詩云，夕奉天書拜瑣闈。此指薛存誠言。）謂曰，前時衆中之言，可謂存朝廷大體矣。夕拜正色曰，言其實也。非大體也。由是晉公信其事。後除河南尹，刑部侍郎，皆晉公所擬。凡曰墜井，必恚恨也，隕穫也。凡曰看花，必怡暢也，閑適也。安有怡暢閑適之際，遽致顛沛廢墜之事。樂天長於情，無一春無詠花之什，因欲擻藻其罪。又驗新井篇是尉盩厔時作，隔官三政，不同時矣。彥休所記，大略如此，聞之東都聖善寺老僧，僧故佛光和尚弟子也。今考集中亦無所謂新井詩者，意其刪去。然則公母死以疾，固人倫之大不幸，而傅致詩篇以成讒謗，則僉壬嫉媢者爲之也。故刪述彥休之語，以告來者。

寅恪案：高氏所述關於裴晉公一節，覈以年月，不無可疑，蓋樂天母以元和六年四月歿，而是時晉公尚未爲宰相也。但樂天母以悍妬致心疾發狂自殺一點，則似不能絶無所依據而僞造斯説。今檢知不足齋本高氏書，未見此條，恐亦是後人所刪去。張耒張右史文集肆捌有題賈長卿讀高彦休續白樂天事一文，其語稍冗長，可不迻録，大旨謂：

此不必辨，小人之誣君子，如舜與伊尹所遭之比。

雖意在爲賢者辨護，不知此事元無關樂天本身道德，可以不辯護也。今所欲言者，則爲樂天坐此獲譴，貶江州刺史，王涯以其所犯得罪名教，不可治郡，復改司馬，乃明見史乘之事實。夫此事實，必有内在之遠因，此遠因即其父母之婚配不合當時社會之禮法人情，致其母以悍妬著聞，卒發狂自殺是也。常疑李文饒能稱賞家法優美之柳仲郢，而不能寬容文才冠代之白居易，亦由於此。以樂天父母之婚配既違反禮律，己身又以得罪名教獲譴，遂與矜尚禮法家風之黨魁，其氣類有所不相容許者也。至文饒所以薦用樂天從弟敏中之故，蓋亦不得已而思其次耳。（見舊唐書壹陸陸新唐書壹玖白居易傳附敏中傳，及北夢瑣言壹李太尉抑白少傅條，南部新書乙白傅與贊皇不協條等。）吾人今日固不可以此責樂天。然樂天君子人也，却爲此而受犧牲，其消極知足之思想，或亦因經此事之打擊，而加深其程度耶？

又南部新書甲云：

白樂天之母因看花墜井。後有排擯者，以賞花新井之作左遷。穆皇嘗題柱曰，此人一生爭得水喫。

寅恪案：韓退之著諱辨，謂李賀父名晉肅，而議者言賀不得舉進士。若父名仁。其子豈不得爲人。錢書此條，頗可與昌黎之文參讀。足爲當時社會禮教末流，虛僞不近人情之反詰妙語。吾人因此又可推知樂天必坐斯事喧傳一時，而被目爲名教罪人無疑也。

關於樂天後嗣之問題，陳振孫白文公年譜會昌六年下云：

公自喪阿崔，終身無子。墓誌云，以姪孫阿新爲後，又云，三姪味道，景回，晦之。世系表載公子景受以從子繼。碑亦云大中三年景受自潁陽尉典治集賢御書，奉太夫人楊氏來京師，命客取文刻碑。案公舍其姪而以姪孫爲後，既不可解，而所謂阿新者，即景受乎？則昭穆爲失次，不然，則治命終不用耶？碑云，十一月葬龍門。而墓誌云，葬於華州下邽，祔先塋也。則治命亦本不於龍門。賈氏談錄云，四方過者，必奠卮酒，冢前方丈，常成泥濘。又云，毋請太常謚，毋建神道碑。新史云，敏中爲相，請謚曰文。賈氏談錄云，有司請賜謚。上曰，何不取醉吟先生墓表看？卒不賜謚。弟敏中，請立神道碑。據此，則但立碑而未嘗賜謚也。新史當別有據。

汪立名白香山年譜云：

白公自撰醉吟先生墓誌云，有三姪，長味道，巢縣丞。次景回，淄州司兵參軍。次晦之，舉進士。並不詳何人子。又云，樂天無子，以姪孫阿新爲之後。大中三年，李商隱爲公墓碑云，子景受，自潁陽尉典治集賢御書。表云，景受孟懷觀察使，以從子嗣。則非阿新明矣。按公墓誌預作於會昌初，豈其後復易以從子承祧而更其名乎？

唐文粹(涵芬樓影印嘉靖本。)伍捌所選錄李商隱撰樂天墓碑銘後有附載之弘農楊氏(即樂天夫人。)傷子辭云：

子有令子，儉衣削食。以紀先功，志刊貞石。彼蒼不遺，俾善莫隆。今子建立，痛冤無窮。

馮浩樊南文集詳注捌云：

此可細思而悟其事也。其云紀功刊石，已即碑序中件右功世取文刻碑之意，然志刊貞石，彼蒼不遺，乃有其志未及爲者。若景受則實取文刻碑矣。余謂阿新越序爲嗣，是白公楊氏所愛，定於存時者。不意公沒後，阿新亦殤。此殤子辭必爲阿新。其曰令子即阿新。其曰今子，乃景受。蓋阿新殤後，又以景受爲繼，而郡君痛冤無窮，自以辭志之也。文粹必因其附刻碑側，故兼登之。否則何煩旁及哉？據辭追揣，情事宜然。舊新傳表之異，可以互通矣。

寅恪案：今文苑英華玖肆伍載有樂天自撰墓誌，即世所謂醉吟先生墓誌銘者也。此誌乃一僞撰之文，（參岑仲勉先生白集醉吟先生墓誌銘存疑，載歷史語言研究所集刊第玖本。）而陳汪二氏俱未嘗致疑，遂於論及樂天後嗣時，乃欲調和此僞誌與李碑之衝突，宜其扞格而不能通也。馮孟亭考注玉谿生所撰此碑，因附論樂天之後嗣，而據傷（馮氏所見文粹本作殤。）子辭爲說，可謂讀書有得矣。然其「其曰令子即阿新。」之結論，則仍信從僞誌，似亦未確。然則樂天後嗣之問題，所可考見者，惟其前立之子先死，後立之子爲景受耳。或以樂天以姪孫爲嗣之事，亦見於舊唐書壹陸陸白居易傳，似可以信據爲言者。其實舊傳中又有「仍自爲墓誌」之說。其「以姪孫爲嗣」之記載，是否即得之於僞文，殊未可知也。（新唐書壹壹玖白居易傳未記樂天後嗣，是否別有所見，不敢決言。但傳中「遺命薄葬，無請謚。」之記載，似亦與僞誌有關也。）

又賜謚與否一節，則唐會要柒玖謚法門上「文」字下有：

> 故太子少傅白居易，大中三年十二月中書侍郎平章事白敏中上疏請行謚典。從之。下太常，謚曰文。

之記載。故新唐書壹壹玖白居易傳所述自有依據。（北夢瑣言壹牛僧孺奇士條亦云，白敏中入相，乃奏定謚白居易曰文。）至樂天官爲太子少傅，故世稱爲白傅，若其稱爲白太傅（見唐語林肆企羨類，元和後不以名可稱者白太傅條，但國史補下開元日通不以姓而可稱者節，無白太傅語。）則譌誤不俟言矣。

(乙)白樂天之思想行爲與佛道關係

樂天之思想行爲與佛道二家有關，自不待論。茲所欲言者，即樂天對於佛道二家關係淺深輕重之比較問題也。全唐詩第壹柒函白居易叁陸客有説(自注云：客即李浙東也。所説不能具錄其事。)云：

近有人從海上迴。海山深處見樓臺。中有仙龕虚一室，多傳此待樂天來。

答客説云：

吾學空門非學仙。恐君此説是虚傳。海山不是我歸處，歸即應歸兜率天。(自注云：予晚年結彌勒上生業，故云。)

寅恪案：太平廣記肆捌神仙類白樂天條引(盧肇)逸史(參葉夢得石林避暑錄話壹白樂天集自載李浙東言海山有仙館待其來之説條。)略云：

唐會昌元年(?)，李師稷中丞爲浙東觀察使。有商客遭風飄蕩，不知所止，月餘至一大山。道士與語曰，此蓬萊山也。既至，莫要看否?遣左右引於宮内遊觀。至一院，扃鏁甚嚴，因窺之。客問之，答曰，此是白樂天院。樂天在中國未來耳。歸旬日至越，具白廉使李公，盡錄以報白公。先是白公平生唯修上坐(生?)業，及覽李公所報，乃自爲詩二首以記其事，及答李浙東。

據吳廷燮唐方鎮年表浙東觀察使欄引嘉泰會稽志所記，知李師稷任浙東觀察使之時爲會昌二年至五年，而此客有説及答客説二詩於白氏長慶集陸玖中按其排列次序及内容推之，似是樂天於會昌二年年七十一時所作。（白氏長慶集第陸玖卷中之律詩，自喜入新年自詠以下，大抵皆會昌二年之作品，唯送王卿使君赴任蘇州七律有「一别蘇州十八載。」之句，似覺不合。或者樂天計算其時間之相隔爲十六年，而十八乃十六之譌寫耶？俟考。）樂天此詩及自注，述其晚年皈依釋迦而不宗尚苦縣，固可視爲實錄，然此前樂天實與道教之關係尤密，亦顯而易考者也。玆分爲丹藥之行爲與知足之思想二端論之如下：

全唐詩第壹柒函白居易叁叁感事五言排律云：

服氣崔常侍（晦叔），燒丹鄭舍人（居中）。常期生羽翼，那忽化灰塵。每遇淒涼事，還思潦倒身。唯知趁杯酒，不解煉金銀。睡適三尸性，慵安五藏神。無憂亦無喜，六十六年春。

寅恪案：若據樂天於開成二年年六十六時所作此詩中自述之語，似是絶未嘗爲燒丹之事者。但又取其他詩篇觀之，則知其不然。如白氏長慶集伍壹同微之贈别郭虚舟鍊師五十韻五古略云：

我爲江司馬，君爲荆判司。俱當愁悴日，始識虚舟師。授我參同契，其辭妙且微。我讀隨日悟，心中了無疑。黄牙與紫車，謂其坐致之。自負因自歎，人生號男兒。若不佩金印，即合翳玉芝。高謝人間世，深結山中期。泥壇方合矩，鑄鼎圓中規。橐鑪一以動，瑞氣紅輝輝。齋心獨歎拜，中夜偷一窺。二物正訢合，厥狀何怪奇。綢繆夫婦體，狎獵魚龍姿。簡寂館（劉宋陸修靜置館廬山，謚簡寂先生。見蓮社高賢傳。）鐘後，紫霄峰（亦在廬山，見陳舜俞廬山記貳敍山南篇叄。）曉時，心塵未淨潔，火候遂參差。萬壽覬刀圭，千功失毫氂。先生彈指起，姹女隨烟飛。始知緣會間，陰騭不可移。藥竈今夕罷，詔書明日追。（參白氏長慶集壹柒對酒五律云，漫把參同契，難燒伏火砂。有時成白首，無處問黃牙。幻世爲泡影，浮生抵眼花。唯將綠醅酒，且替紫河車。及同集同卷醉吟二首之壹七絕云，空王百法學未得，姹女丹砂燒即飛。事事無成身老也，醉鄉不去欲何歸。）

乃樂天紀其於元和十三年任江州司馬時燒丹之事者，是歲樂天年四十七。然則樂天之中年曾惑於丹術可無疑矣。而白氏長慶集壹玖余與故刑部李侍郎早結道友，以藥術爲事。與故京兆元尹晚爲詩侶，有林泉之期。周歲之間，二君長逝，李住曲江北，元居昇平西，追感舊遊，因貽同志七律。云：

從哭李來傷道氣，自亡元後減詩情。金丹同學都無益，水竹鄰居竟不成。月夜若爲遊曲水，花時那忍到昇平。如年七十身猶在，但恐傷心無處行。（寅恪案，此詩作於長慶二年，可參白氏長慶集壹柒潯陽歲晚寄元八郎中庾三十二員外五律，閱水年將暮，燒金道未成。丹砂不肯死，白髮事須生。之句。）

又可證知樂天「早結道友」，「同學金丹」也。至其晚歲，如白氏長慶集陸玖有開成五年（據卷中諸詩排列之次序及內容約略推定者。）所作戒藥五古云：

暮齒又貪生，服食求不死。朝吞太陽精，夕吸秋石髓。徼福反成災，藥誤者多矣。以之資嗜慾，又望延甲子。天人陰騭間，亦恐無此理。域中有眞道，所說不如此。後身如（全唐詩第壹柒函白居易叁陸作始。）身存，吾聞諸老氏。

雖似有悔悟之意，可與前引客有說及答客說二絕句相參證，然如白氏長慶集陸陸有開成二年所作燒藥不成命酒獨醉五律云：

白髮逢秋短，丹砂見火空。不能留姹女，爭免作衰翁。賴有杯中淥，能爲面上紅。少年心不遠，只在半酣中。

目其題意觀之，樂天是時殆猶燒藥，蓋年已六十六矣。然則其早年好尚，雖至晚歲終未免除，逮丹不成，遂感歎借酒自解耳。噫！亦可哀矣。而同在此年，猶賦「唯知趁杯酒，不解鍊金銀。」之句（見前引感事詩。）以自豪，何其自相矛盾，若此之甚耶？由是言之，樂天易蓬萊之仙山爲兜率之佛土者，不過爲絕望以後之歸宿，殊非夙所蘄求者也。

復次，白氏長慶集陸貳思舊五古云：

閒日一思舊，舊遊如目前。再思今何在，零落歸下泉。退之服硫黃，一病訖不痊。微之鍊秋石，未老身溘然。杜子得丹訣，終日斷腥羶。崔君誇藥力，經冬不衣綿。或疾或暴夭，悉不過中年。唯余不服食，老命反遲延。況在少壯時，亦爲嗜欲牽。但耽葷與血，不識汞與鉛。飢來吞熱麪，（全唐詩第壹柒函白居易貳玖作物。）渴來飲寒泉。詩役五藏神，酒汨三丹田。隨日合破壞，至今粗完全。齒牙未缺落，肢體尚輕便。已開第七秩，飽食仍安眠。且進盃中物，其餘皆付天。（寅恪案，此詩似爲大和八年作，時樂天年六十三。）

錢大昕十駕齋養新錄壹陸衞中立字退之條云：

白樂天詩，退之服硫黃，一病訖不痊。後人因以爲昌黎晚年惑金石藥之證。頃閱洪慶善韓子年譜有方崧卿辯證一條云，衞府君墓誌，今本作衞之元，其實中立也。衞晏三子，長之元，字造微，次中立，字退之，次中行，字大受，誌首云兄弟三人，後只云與弟中行別，則其爲中立誌無疑。中立餌奇藥求不死，而卒死，樂天詩謂退之服硫黃者，乃中立也。近世李季可謂公長慶三年作李干墓誌，力詆六七公皆以藥敗。明年則公卒，豈咫尺之間身試其禍哉？

寅恪案：樂天之舊友至交，而見於此詩之諸人，如元稹杜元穎崔羣，皆當時宰相藩鎮大臣，且爲文學詞科之高選，所謂第一流人物也。若衞中立則既非由進士出身，位止邊帥幕寮之末職，復非當日文壇之健者，斷無與微之諸人並述之理。然則此詩中之退之，固舍昌黎莫屬矣。方崧卿李季可錢大昕諸人雖意在爲賢者辯護，然其說實不能成立也。考陶穀清異錄貳載昌黎以硫黃飼雞男食之，號曰「火靈庫」。陶爲五代時人，距元和長慶時代不甚遠，其說當有所據。至昌黎何以如此言行相矛盾，則疑當時士大夫爲聲色所累，即自號超脱，亦終不能免。全唐詩第壹肆函張籍貳祭退之五古述韓公病中文昌往視一節云：

> 中秋十六夜，魄圓天差晴。公既相邀留，坐語于堦楹。乃出二侍女，合彈琵琶箏。臨風聽繁絲，忽遽聞再更。顧我數來過，是夜涼難忘。

夫韓公病甚將死之時，尚不能全去聲伎之樂，則平日於「園花巷柳」（見昌黎集拾夕次壽陽驛題吳郎中詩後七絕。）及「小園桃李」（見昌黎集拾鎮州初歸七絕，及唐語林陸韓退之有二妾一曰絳桃一曰柳枝皆能歌舞條。）之流，自未能忘情。明乎此，則不獨昌黎之言行不符得以解釋，而樂天之詩，數卷之中，互相矛盾，其故亦可瞭然矣。

葉夢得避暑錄話壹論白樂天云：

> 然吾猶有微恨，似未能全忘聲色杯酒之累。賞物太深，猶有待而後遣者。故小蠻樊素每見於歌詠。

寅恪案：樂天於開成四年十月年六十八，得風痺之疾，始放遣諸妓。前此既未全遣除聲色之累，其鍊丹燒藥，豈有似於昌黎「火靈庫」者耶？讀者若取前引戒藥五古一詩中「以之資嗜慾。」之語觀之，即可明其梗概矣。或疑陶穀所記，實不可信，如僧徒所造昌黎晚歲皈依佛教及與大顛之關係之類。但鄙意昌黎之思想信仰，足稱終始一貫，獨於服硫黃事，則寧信其有，以與唐代士大夫階級風習至相符會故也。樂天於鍊丹燒藥問題，行爲言語之相矛盾，亦可依此解釋。但白韓二公，尚有可注意之點，即韓公排斥佛道，而白公則外雖信佛，內實奉道是。韓於排佛老之思想始終一致，白於信奉老學，在其鍊服丹藥最後絕望以前，亦始終一致。明乎此，然後可以言樂天之思想矣。

樂天之思想，一言以蔽之曰「知足」。「知足」之旨，由老子「知足不辱」而來。蓋求「不辱」，必知足而始可也。此純屬消極，與佛家之「忍辱」主旨富有積極之意，如六度之忍辱波羅蜜者，大不相侔。故釋迦以忍辱爲進修，而苦縣則以知足爲懷，藉免受辱也。斯不獨爲老與佛不同之點，亦樂天安身立命之所在。由是言之，樂天之思想乃純粹苦縣之學，所謂禪學者，不過裝飾門面之語。故不可以據佛家之說，以論樂天一生之思想行爲也。至其「知足不辱」之義，亦因處世觀物比較省悟而得之。此意樂天曾屢形之於語言，茲略舉其詩句，以爲證明。

白氏長慶集壹柒贈內子五律云：

白髮方興歎，青娥亦伴愁。寒衣補燈下，小女戲牀頭。闇澹屏幃故，淒涼枕席秋。貧中有等級，猶勝嫁黔婁。

此所謂等級，乃比較而得之者。既知有等級之分，則已身所處不在最下一級，仰瞻較上之級，雖覺不如，而俯視較下之級，則猶勝於彼。因此無羨於較上之級者，自可知足矣。若能知足，則可不辱。此樂天一生出處進退安身立命所在之理論，讀其作品者，不可不知也。故持此義，以觀其詩，則愈易瞭解。茲更錄數首於下：

白氏長慶集陸貳把酒五古云：

把酒仰問天，古今誰不死。所貴未死間，少憂多歡喜。窮通諒在天，憂喜即由己。是故達道人，去彼而取此。勿言未富貴，久忝居祿仕。借問宗族間，幾人拖金紫。勿憂漸衰老，且喜加年紀。試問班行中，幾人及暮齒。朝飡不過飽，五鼎徒爲爾。夕寢只求容，一衾而已矣。此外皆長物，於我雲相似。有子不留金，何況兼無子。

全唐詩第壹柒函白居易貳玖吟四雖雜言云：

酒酣後，歌歇時。請君添一酌，聽我吟四雖。年雖老，猶少於韋長史。命雖薄，猶勝於鄭長水。眼雖病，猶明於徐郎中。家雖貧，猶富於郭庶子。省躬審分何僥倖，值酒逢歌且歡喜。忘榮知足委天和，亦應得盡生生理。（自注云，分司同官中，韋長史績年七十餘，郭庶子求貧苦最甚，徐郎中晦因疾喪明。余爲河南尹時，見同年鄭俞始授長水縣令。因歎四子，而成此篇也。）

樂天皆取不如己者以爲比較，可謂深得知足之妙諦矣。而「忘榮知足委天和。」一語，尤可注意也。白氏長慶集陸叁狂言示諸姪五古云：

世欺不識字，我忝攻文筆。世欺不得官，我忝居班秩。人老多病苦，我今幸無疾。人老多憂累，我今婚嫁畢。心安不移轉，身泰無牽率。所以十年來，形神閑且逸。況當垂老歲，所要無多物。一裘煖過冬，一飯飽終日。勿言舍宅小，不過寢一室。何用鞍馬多，不能騎兩匹。如我優幸身，人中十有七。如我知足心，人中百無一。傍觀愚亦見，當己賢多失。不敢論他人，狂言示諸姪。

同集陸伍詩酒琴人，例多薄命。予酷好三事，雅當此科，而所得已多，爲幸斯甚。偶成狂詠，聊寫愧懷。七言律云：

愛琴愛酒愛詩客，多賤多窮多苦辛。中散步兵終不貴，孟郊張籍過於貧。一之已歎關於命，三者何堪并在身。只合飄零隨草木，誰教凌厲出風塵。榮名厚祿二千石，樂飲閒遊三十春。何得無厭時咄咄，猶言薄命不如人。

同集陸玖自題小園五古云：

不鬥門館華，不鬥林園大。但鬥爲主人，一坐十餘載。迴看甲乙第，列在都城內。素垣夾朱門，藹藹遙相對。主人安在哉，富貴去不迴。池乃爲魚鑿，林乃爲禽栽。何如小園主，拄杖閑即來。親賓有時會，琴酒連夜開。以此聊自足，不羨大池臺。

全唐詩第壹柒函白居易叁柒（會昌）六年立春日人日作七律云：

二日立春人七日，盤蔬餅餌逐時新。年方吉鄭猶爲少，家比劉韓未是貧。鄉園節歲應堪重，親故歡遊莫厭頻。試作循潮封眼想，何由得見洛陽春。（自注云，分司致仕官中，吉傅鄭諮議最老，韓庶子劉員外尤貧，循潮封三郡遷客，皆洛下舊遊也。寅恪案，循謂牛僧孺，潮謂楊嗣復，封謂李宗閔，皆牛黨主要人物也。見杜牧樊川文集柒牛公墓誌銘通鑑貳肆捌唐紀陸肆武宗紀會昌四年十一月條新唐書壹柒肆牛僧孺傳舊唐書壹柒陸新唐書壹柒肆楊嗣復傳及李宗閔傳等。）

讀白詩者，或厭於此種屢言不已之自足思想，則不知樂天實有所不得已。蓋樂天既以家世姻戚科舉氣類之關係，不能不隸屬牛黨。而處於當日牛黨與李黨互相仇恨之際，欲求脱身於世網，自非取消極之態度不可也。樂天於卒年歲首所作之詩，其「試作循潮封眼想，何由得見洛陽春。」之語，雖爲自言其知足所以不辱，儻亦有感於此三人之不能勇退歟？葉石林於避暑錄話壹論樂天云：

推其所由得，惟不汲汲於進，而志在於退。是以能安於去就愛憎之際，每裕然有餘也。

夫知足不辱，明哲保身，皆老氏之義旨，亦即樂天所奉爲秘要，而決其出處進退者也。

總而言之，樂天老學者也，其趨向消極，愛好自然，享受閑適，亦與老學有關者也。至其所以致此之故，則疑不能不於其家世之出身，政黨之分野求之。此點寅恪已詳言之於拙著唐代政治史述論稿政治革命與黨派分野篇中，茲不具論。夫當日士大夫之政治社會，乃老學之政治社會也。苟不能奉老學以周旋者，必致身敗名裂。是樂天之得以身安而名全者，實由食其老學之賜。是耶非耶？謹以質之知人論世讀詩治史之君子。

復次，白氏長慶集伍玖有三教論衡一篇。其文乃預設問難對答之言，頗如戲詞曲本之比。又其所解釋之語，大抵敷衍「格義」之陳說，篇末自謂「三殿談論，承前舊例。」然則此文不過當時一種應制之公式文字耳。故不足據以推見樂天之思想也。至「格義」之義，已詳拙著支愍度學說考（載歷史語言研究所蔡元培先生六十五歲紀念專號。）茲不贅論。

（丙）論元白詩之分類

元氏長慶集叁拾敍詩寄樂天書中微之自言其詩之分類略云：

> 僕因撰成卷軸，其中有旨意可觀而詞近古往者，爲古諷。意亦可觀，而流在樂府者，爲樂諷。詞雖近古，而止於吟寫性情者，爲古體。詞實樂流，而止於模象物色者，爲新題樂府。聲勢沿順，屬對穩切者，爲律詩，仍以七言五言爲兩體。其中有稍存寄興，與諷爲流者，爲

律諷。不幸少有伉儷之悲，撫存感往，成數十詩，取潘子悼亡爲題。又有以干教化者，近世婦人，暈淡眉目，綰約頭鬢，衣服脩廣之度及匹配色澤尤劇怪豔，因爲豔詩百餘首，詞有今古，又兩體。自十六時至是元和七年矣，有詩八百餘首。色類相從，共成十體，凡二十卷。昨行巴南道中，又有詩五十一首。文書中得七年已後所爲向二百篇，繁亂冗雜，不復置之執事前。

據此，微之詩可分(一)古諷，(二)樂諷，(三)古體，(四)新題樂府，(五)七言律詩，(六)五言律詩，(七)律諷，(八)悼亡，(九)五七言今體豔詩，(十)五七言古體豔詩，共爲十體也。

又元氏長慶集伍陸杜工部墓係銘云：

予嘗欲件析其文，體別相附，與來者爲之准，特病嬾未就。

蓋微之於分體之意旨，蓄之胸中久矣。考白氏長慶集貳捌與元九書云：

僕數月來，檢討囊袠中，得新舊詩，各以類分，分爲卷。首自拾遺來，凡所適所感關於美刺興比者。又自武德迄元和，因事立題，題爲新樂府者，共一百五十首，謂之諷諭詩。又或退公獨處，或移病閑居，知足保和，吟翫情性者，一百首，謂之閑適詩。又有事物牽於外，情理動於內，隨感遇而形於歎詠者，一百首，謂之感傷詩。又有五言七言長句絕句自一百韻至兩韻者，四百餘首，謂之雜律詩。凡爲十五卷，約八百首。

寅恪案：樂天與元九書乃元和十年十二月在江州司馬任內所作，而微之敍詩寄樂天書，據其中「今年三十七矣」及「昨行巴南道中」之語，知亦作於元和十年到通州以後。雖其作書之時與樂天此書約略相近，然微之既自言其詩分爲十體，共二十卷。乃年十六即貞元十年至年三十四，即元和七年之間之作。又言，「〔元和〕七年已後所爲，向二百篇，繁亂冗雜，不復置之執事前。」則是微之寫定其詩成爲十體二十卷，疑即在元和七年。較之樂天之類分其詩爲十五卷，其時間或稍在前，未可知也。或者樂天詩之分類即受元之影響暗示，如樂天之制誥亦依微之之說，分爲新舊兩體，（見讀鶯鶯傳。）亦可爲一證也。又樂天初編詩集時，其分類如此，後來則唯分格詩與律詩二類，不復如前之詳細，殆亦嫌其過於繁瑣耶？

汪立名於白香山詩後集卷壹格詩題下言格詩之義略云：

> 唐人詩集中，無號格詩者，即大曆以還，有齊梁格，元白格，元和格，葫蘆、轆轤、進退，諸格。多兼律詩體而言，不專主古體也。顧於詩之義雖亡考，而見於諸公之文章者可證。元少尹集序，著格詩若干首，律詩若干首，賦序銘記等若干首，合三十卷。由是觀之，格者但別於律詩之謂，公前集既分古調、樂府、歌行，以類各次於諷諭、閒適、感傷之卷，後集不復分類別卷，遂統稱之曰格詩耳。時本於十一卷之首格詩下復繫歌行雜體，是以格詩另爲古詩之一體矣。豈元少尹生平獨不爲歌行雜體乎？況公後序但曰，邇來復有格律詩。洛中集記

亦曰，其間賦格律詩八百首，初未嘗及歌行雜體，固以格字該舉之也。

寅恪案：汪氏論格詩爲「格者，但別於律詩之謂。」此語甚是。惟於齊梁格等之格與格詩之格，尚未能識其意義之各別。故所論者似猶未達一間，茲特爲辨之於下。

格有二義，其一爲體格格樣之格，白氏長慶集伍壹九日代樊羅二妓招舒著作及同集陸貳洛陽春贈劉李二賓客兩詩，其下皆自注「齊梁格」，即體格之義也。唐語林貳文學篇文宗好五言詩條，「李珏奏曰：憲宗爲詩，格合前古。」亦指體格而言。又全唐詩第壹陸函白居易貳叁餘思未盡加爲六韻重寄微之詩云：

詩到元和體變新。

自注云：

衆稱元白爲千字律詩，或號元和格。

以上所引，皆足證體格同義，可以互用也。而尤可注意者，元和格即元和體，此所謂格，乃格式或格樣之格，其體則爲律詩，非古詩。與白氏之格詩迥不相侔也。其二爲格力骨格之格，元微之杜工部墓係銘云：

意義格力無取焉。

又云：

> 而又沈宋之流，研練精切，穩順聲勢，謂之爲律詩。

又云：

> 律切則骨格不存。

樂天與元九書稱杜詩云：

> 至於貫穿今古，覼縷格律，盡工盡善。

樂天格詩之義即可以此爲解釋。蓋樂天所謂格詩，實又有廣狹二義。就廣義言之，格與律對言，格詩即今所謂古體詩，律詩即今所謂近體詩，此即汪氏所論者也。就狹義言之，格者，格力骨格之謂。則格詩依樂天之意，唯其前集之古調詩始足以當之。然則白氏長慶集伍壹格詩下復繫歌行雜體者，即謂歌行雜體就廣義言之固可視爲格詩，若嚴格論之，尚與格詩微有別也。至於格詩諸卷中又有於題下特著齊梁格者，蓋齊梁格與古調詩同爲五言，尤須明其不同於狹義之格詩也。又格詩諸卷中凡有長短句多標明雜言，豈以雜言之體殊爲駁雜耶？

(丁)元和體詩

關於元和體詩，自來多所誤會，茲就唐時之論此體詩及元白二公本身所言此體詩之界說，略論之，庶能得其眞解也。

舊唐書壹陸陸元稹傳(參元氏長慶集集外文章上令狐相公詩啓。)略云：

稹聰警絶人，年少有才名。與太原白居易友善。工爲詩，善狀詠風態物色。當時言詩者，稱元白焉。自衣冠士子，至閭閻下俚，悉傳諷之，號爲元和體。宰相令狐楚一代文宗，雅知稹之辭學，謂稹曰，嘗覽足下製作，所恨不多，請出其所有。稹因獻其文，自叙曰，稹自御史府謫官於今十餘年矣。閑誕無事，遂專力於詩章，日益月滋，有詩句(集外文章句作向。是。)千餘首。其間感物寓意可備矇瞽之風者，有之。辭直氣麤，罪尤是懼，固不敢陳露於人。唯杯酒光景間，屢爲小碎篇章，以自吟暢，然以爲律體卑庳，格力不揚，苟無姿態，則陷流俗。常欲得思深語近，韻律調新，屬對無差，而風情宛然，而病未能也。江湖間多新進小生，不知天下文有宗主，妄相放效，而又從而失之，遂至於支離褊淺之辭，皆目爲元和詩體。稹與同門生白居易友善，居易雅能詩，就中愛驅駕文字，窮極聲韻，或爲千言或五百言律詩，以相投寄。小生自審不能過之，往往戲排舊韻，別創新辭，名爲次韻相酬，蓋欲以難相排。(集外文章排作挑耳，是。)自爾江湖間爲詩者，復相放効，力或不足，則至於顛倒語言，重複首尾，韻同意等，不異前篇，亦目爲元和詩體。而司文者考變雅之由，往往歸咎於稹，嘗以爲雕蟲小事，不足以自明。

寅恪案：此爲微之自下之「元和體詩」定義，自應依以爲說。據此，則「元和體詩」可分爲二類，其一爲次韻相酬之長篇排律，如白氏長慶集壹叁代書詩一百韻寄微之，及元氏長慶集拾酬翰林白學士代書一百韻，白氏長慶集壹陸東南行一百韻，及元氏長慶集壹貳酬樂天東南行一百韻等，即是其例。元白此類詩於當時文壇影響之大，則元氏長慶集貳貳酬樂天餘思不盡加爲六韻之作詩「次韻千言曾報答。」句自注云：

> 樂天曾寄予千字律詩數首，予皆次用本韻酬和，後來遂以成風耳。

全唐詩第壹陸函白居易貳叁餘思未盡加爲六韻重寄微之詩「詩到元和體變新。」句自注云：

> 衆稱元白爲千字律詩，或號元和格。

俱足與微之上令狐楚啓相參證也。其二爲杯酒光景間之小碎篇章，此類實亦包括微之所謂豔體詩中之短篇在內。如元氏長慶集貳貳爲樂天自勘詩集七絕題略云：

> 因思頃年城南醉歸，馬上遞唱豔曲，十餘里不絕。

亦指此類詩言。而白氏長慶集壹伍酬微之寄示贈阿軟七律題（參白氏長慶集貳捌與元九書。）略云：

> 微之到通州日，授館未安，見塵壁間有數行字，即僕舊詩。其落句云，淥水紅蓮一朵開，千花百草無顏色。然不知題者何人也。微之吟歎不足，因綴一章，兼錄僕本詩同寄，省其詩，乃是十五年前初及第時，贈長安妓人阿軟絕句。

其詩云：

十五年前似夢遊。曾將詩句結風流。偶助笑歌嘲阿軟，可知傳誦到通州。昔教紅袖佳人唱，今遣青衫司馬愁。惆悵又聞題處所，雨淋江館破牆頭。（寅恪案，阿軟即才調集壹所錄，樂天江南喜逢蕭九徹因話長安舊遊戲贈五十韻詩，多情推阿軟，者也。）

然則元白此類詩之廣播流行，風靡當日又可知矣。斯即李戡斥爲「纖豔不逞，非莊士雅人所爲。流於人間，疏於屛壁，子父女母交口教授。淫言媟語，冬寒夏熱，入人肌骨不可除去。吾無位，不得用法以治之。」者。（樊川文集玖李戡墓誌銘。）而葉石林於避暑錄話叁駁之云：

如樂天諷諫閑適之辭，可槩謂淫言媟語耶？

殊不知「樂天諷諭閑適之辭」乃微之上令狐楚啓所謂「詞直氣麤，罪尤是懼，固不敢陳露於人。」者，而當時最爲流行之元白詩，除「千言或五百言律詩」外，唯此杯酒光景間小碎篇章之元和體詩耳。如元氏長慶集伍壹白氏長慶集序略云：

予始與樂天同校秘書之名，多以詩章相贈答。會予譴掾江陵，樂天猶在翰林，寄予百韻律詩及雜體，前後數十章。是後各佐江通，復相誚寄。巴蜀江楚間洎長安中少年，遞相倣效，競作新詞，自謂爲元和體詩，而樂天秦中吟賀雨諷諭等篇，時人罕能知者。然而二十年間，禁省觀寺郵候牆壁之上無不書，王公妾婦牛童馬走之口無不道。自篇章已來，未有如是流傳之廣者。

尤足證杜牧李戡之所以痛詆，要非無故，而葉氏則未解此點也。

復次，元和體詩以此之故，在當日並非美詞。如唐語林貳文學類文宗欲置詩學士條云：

李珏奏曰，臣聞憲宗爲詩，格合前古，當時輕薄之徒，摛章繪句，聱牙崛奇，譏諷時事。(寅恪案，此指玉川子月蝕詩之類。)爾後鼓扇名聲，謂之元和體，實非聖意好尚如此。今陛下更置詩學士，臣深慮輕薄小人，競爲嘲詠之詞，屬意於雲山草木，亦不謂之開成體乎？玷黯皇化，實非小事。

又國史補下略云：

元和已後，詩章學淺切於白居易，學淫靡於元稹，俱名元和體。

可以爲證。而近人乃以「同光體」比於「元和體」，自相標榜，殊可笑也。至於惠洪冷齋夜話壹(參汪立名本白香山詩後集伍詩解七絕案語。)云：

白樂天每作詩，令一老嫗解之。問曰，解否？嫗曰，解。則錄之。不解，則易之。故唐末之詩近於鄙俚。

則元白詩在當時所盛行者，爲此兩類元和體詩。若排律一類必爲老嫗所解始可筆錄，則白氏長慶集之卷帙當大爲減削矣。其謬妄又何待詳論。惟世之治文學史者，猶以元白詩專以易解之故，而得盛行，則不得不爲辨正耳。

（戊）白樂天與劉夢得之詩

白氏長慶集陸壹醉吟先生傳略云：

退居洛下。〔與〕彭城劉夢得爲詩友。

同集陸拾劉白唱和集解（寅恪案：劉禹錫父名溆。故樂天易序爲解。不欲犯其家諱故也。）云：

予頃以元微之唱和頗多，或在人口，常戲微之云，僕與足下二十年來爲文友詩敵，幸也，亦不幸也。吟詠情性，播揚名聲，其適遺形，其樂忘老，幸也。然江南士女語才子者，多云元白，以予子之故，使僕不得獨步於吴越間，亦不幸也。今垂老復遇夢得，得非重不幸耶？夢得夢得，文之神妙，莫先於詩。若妙與神，則吾豈敢。如夢得雪裏高山頭白早，海中仙果子生遲。沈舟側畔千帆過，病樹前頭萬木春。之句之類，眞謂神妙。在在處處，應當有靈物護之，豈唯兩家子姪秘藏而已。己酉歲（太和三年）三月五日樂天解。

同集伍玖與劉蘇州書云：

嗟乎！微之先我去矣。詩敵之勍者，非夢得而誰？前後相答，彼此非一。彼雖無虚可擊，此亦非利不行。但止交綏，未嘗失律。然得雋之句，警策之篇，多因彼唱此和中得之。他人未嘗能發也。

劉夢得文集肆金陵五題序云：

余少爲江南客，而未遊秣陵，嘗有遺恨。後爲歷陽守，跂而望之，適有客以金陵五題相示，逌爾生思，欻然有得。他日友人白樂天掉頭苦吟，歎賞良久。且曰，石頭詩云，潮打空城寂寞迴。吾知後之詩人不復措詞矣。餘四詠雖不及此，亦不孤樂天之言爾。

寅恪案：樂天一生之詩友，前半期爲元微之，後半期則爲劉夢得。而於夢得之詩，傾倒讚服之意，尤多於微之。此甚可注意者也。王士禎香祖筆記伍云：

白樂天論詩多不可解，如劉夢得雪裏高山頭白早，海中仙果子生遲。沈舟側畔千帆過，病樹前頭萬木春。等句，最爲下劣，而樂天乃極賞歎，以爲此等語，在在當有神物護持，悖謬甚矣。元白二集瑕瑜雜陳，持擇須慎。初學人尤不可觀之。白古詩晚歲重複什而七八。絶句作眼前景語，却往往入妙。如上得籃輿未能去，春風敷水店門前。可憐八月初三夜，露似珍珠月似弓。之類，似出率意，而風趣復非雕琢可及。

又王士禎池北偶談壹肆樂天論詩條云：

樂天作劉白唱和集解，獨舉夢得雪裏高山頭白早，海中仙果子生遲。沈舟側畔千帆過，病樹前頭萬木春。以爲神妙，且云此等語在在處處應有靈物護之，殊不可曉。宜元白於盛唐諸家興會超詣之妙，全未夢見。

寅恪案：漁洋之詩與樂天之詩，其價值高下如何，古今已有定評，無俟贅論。樂天深賞夢得詩之處，即樂天自覺其所作遜於劉詩之處。此杜少陵所謂「文章千古事，得失寸心知。」者，非他人，尤非功力遠不及己之人，所能置喙也。白氏長慶集貳和答詩十首序云：

頃者在科試間，常與足下（指元微之。）同筆硯。每下筆時，輒相顧語，患其意太切而理太周，故理太周則辭繁，意太切則言激。然與足下爲文所長在此，所病亦在於此。足下來序果有詞犯文繁之説，今僕所和者，猶前病也。待與足下相見日，各引所作，稍删其煩而晦其義焉。

樂天自言其與微之詩文之病，在辭繁言激。故欲删其煩，而晦其義。此爲樂天有自知之明之眞實語也。考此序作於元和五年，樂天時年三十九，方在壯歲，乃元白二公詩文互相受影響最甚之時期。及大和五年微之卒後，樂天年已六十。其二十年前所欲改進其詩之辭繁言激之病者，並世詩人，莫如從夢得求之。樂天之所以傾倒夢得至是者，實職是之故。蓋樂天平日之所蘄求改進其作品而未能達到者，夢得則已臻其理想之境界也。若不然者，樂天固一世之文雄，自負亦甚不淺，何苦於垂暮之年，而妄以虛詞諛人若此乎？全唐詩第壹柒函白居易叁陸哭劉尚書夢得二首之壹云：

四海齊名白與劉。百年交分兩綢繆。同貧同病退閒日，一死一生臨老頭。杯酒英雄君與操，（自注云，曹公曰，天下英雄唯使君與操耳。）文章微婉我知丘。（自注云：仲尼云，後世知丘者，春秋。又云：春秋之旨微而婉也。）賢豪雖歿精靈在，應共微之地下遊。

寅恪案：樂天此輓詩非酬應之苟作，其標舉春秋文章微婉之旨，正夢得之所長。樂天自以爲是其所短，而平日常欲刪其煩，晦其義，以求改進者也。故夢得詩「雪裏高山頭白早，海中仙果子生遲。」「沈舟側畔千帆過，病樹前頭萬木春。」等簡鍊沉著之名句，與樂天刪煩晦義之旨，極爲訢合，而樂天晚歲諸作，恐亦欲摹倣之而未能到。此則非天才有所不及，實性分有所不同。然則作詩者儻能綜合元白劉三公之所長，始爲樂天心意中之所謂工者歟？

復次，北夢瑣言陸白太傅墓誌條（參唐語林陸補遺。）云：

洎自撰墓誌（應作醉吟先生傳。）云，與劉夢得爲詩友，殊不言元相公，時人疑其隙終也。

寅恪案：此節雖已爲汪立名及馮浩辨正，（見汪本白香山詩後集壹柒，覽盧子蒙侍御舊詩，多與微之唱和。感今傷昔，因贈子蒙，題於卷後。七律後按語，及樊南文集詳注捌太原白公神道碑銘元相爲序下之補注。）今似不須詳考。然此事關係甚鉅，故不得不略申論之如下。

全唐詩第壹柒函白居易叁伍病中五絕句之叁云：

李君墓上松應拱，（寅恪案：白氏長慶集貳肆有唐善人墓碑云，公名建，字杓直，隴西人。

長慶元年二月二十三日夜無疾即世。）元相池頭竹盡枯。（寅恪案：白氏長慶集陸壹河南元公墓誌銘云，大和五年七月二十二日遇暴疾，一日薨於位。）多幸樂天今始病，不知合要苦治無。（自注云，李元皆予摯友也。杓直少予八歲，即世已九年。微之少予七年，薨已八年矣。今予始病，得非幸乎？）

寅恪案：樂天此詩乃開成己未歲（開成四年。）初病風時所作，時年已六十八矣。

同書同卷夢微之七律云：

夜來攜手夢同遊。晨起盈巾淚莫收。漳浦老身三度病，咸陽宿草八回秋。君埋泉下泥銷骨，我寄人間雪滿頭。阿衛韓郎相次去，夜臺茫昧得知不。（自注云，阿衛微之小男，韓郎微之愛壻。）

寅恪案：白氏長慶集陸壹河南元公墓誌銘云：

以（大和）六年七月十二日，祔葬於咸陽縣奉賢鄉洪瀆原，從先宅兆也。

故以詩中「咸陽宿草八回秋。」句言之，當作於開成五年，而此詩載白氏長慶集陸捌中，列於開成五年三月三十日所作春盡日宴罷感事獨吟七律（參全唐詩第壹柒函白居易叁伍此詩題下注。）與五年秋病後獨宿香山寺三絕句之間，是其證也。又如前引哭劉尚書夢得一詩，猶以「應共微之地下遊。」爲言。劉夢得卒於會昌二年之秋。（見下引樂天感舊詩序。）時樂天年七十一，距會昌六年八月樂天之卒，相隔纔四年耳。至白氏長慶集陸玖感舊并序云：

故李侍郎杓直長慶元年春薨，元相公微之大和六年秋薨，（寅恪案：據白氏長慶集陸壹河南元公墓誌銘，微之薨於大和五年七月二十二日，葬於六年七月十二日。此云大和六年秋薨，者，乃樂天下筆時偶爾誤記耳。）崔侍郎晦叔大和七年夏薨，劉尚書夢得會昌二年秋薨，四君子予之執友也。二十年間凋零共盡。唯予衰病，至今猶存。因詠悲懷，題爲感舊。

晦叔墳荒草已陳。（寅恪案，白氏長慶集陸壹唐故虢州刺史崔公墓誌銘略云，公諱玄亮，字晦叔，博陵人。大和七年七月十一日遇疾薨於虢州廨舍。九年四月二十八日歸窆於磁州昭義縣磁義鄉北原。）夢得墓溼土猶新。微之捐館將一紀，杓直歸丘二十春。平生定交取人窄，屈指相知唯五人。四人先去我在後，一枝蒲柳衰殘身。豈無晚歲新相識，相識面親心不親。人生莫羨苦長命，命長感舊多悲辛。

則此作更在哭夢得詩之後矣。然則醉吟先生傳僅言「（與）彭城劉夢得爲詩友」而不及微之者，蓋承上文「退居洛下」而言，夢得固樂天洛下之詩友也。至於微之，則其時已逝矣。淺人不曉文義，不考年月，妄構誣說，殊爲可恨。且夢微之一詩，其情感之誠篤，可謂生死不渝。非樂天不能作此詩，非微之不能令樂天作此詩。元白二公關係之密切若是，斯尤爲讀兩長慶集之人，所不可不知者也。茲因附論樂天夢得之詩，特於此標明元白二公文章交誼死生因緣之事實，以爲本書之結束。

附校補記

（一）十三頁第十四行後加：

又馬永卿嬾真子貳云：

詩人之言爲用固寡。然大有益於世者，若長恨歌是也。明皇太眞之事，本有新臺之惡，而歌云，楊家有女初長成，養在深閨人未識。故世人罕知其爲壽王瑁之妃也。春秋爲尊者諱，此歌眞得之。（此條乃戴裔煊先生舉以見告者。論語子罕篇云，後生可畏，焉知來者之不如今也。四十五十而無聞焉，斯亦不足畏也已。聖人之言，豈不信哉！附識於此，以表謝意，幷記燭武師丹之感云爾。）

（二）二百八十七頁第十三行，「而不能〔以禮〕定情」下加一段，文如下：

（寅恪案：以禮二字據古本董解元西廂記柒補。蓋既見君子矣，何以不能定情？文意殊不貫通。毛詩召南草蟲篇小序云，大夫妻能以禮自防也。及經文云，未見君子，憂心忡忡。亦既見止，亦既覯止，我心則降。並樂府解題曰，定情詩漢繁欽所作也。言婦人不能以禮從人，而自相悦媚等語。故依董本特補以禮二字，以足文意。考微之年十五，以明經及第，必習熟毛詩正義。君子之語即用經文。定情一辭亦與繁欽之詩有關。繁氏作品微之當能見及之也。）

（三） 三百零八頁第七行後加：

至此篇詞語有略須釋證者，如詩云：

夕郎所賀皆德音，春官每奏唯祥瑞。

寅恪案，漢官儀云：「黄門郎日暮入對青瑣門拜，名曰夕郎。」唐代習稱門下省給事中爲「夕拜」，即出於此。可參附論甲白樂天之先祖及後嗣中引高彥休闕史，目給事中薛存誠爲夕拜條。蓋給事中之職，主要在「凡百司奏抄，侍中既審，則駁正違失。詔勅不便者，塗竄而奏還，謂之塗歸。」（見新唐書肆柒百官志。并參舊唐書肆叁職官志。）今給事中「所賀皆德音」，可謂失職矣。司天臺有春官夏官秋官冬官中官正各一人，副正各一人。（見新唐書肆柒百官志及舊唐書肆叁職官志。）今「每奏唯祥瑞」，則如新樂府中司天臺一篇所譏者是也。

（四） 十二頁第八行「之嫌也」下加：

夫長恨歌採用漢武帝李夫人故事，乃一言情作品，與少陵北征詩性質迥異，故有「但教心似金鈿堅，天上人間會相見。」等句。若依尊杜貶白之說，是明皇殺害楊妃，出於自動，而非受軍士之逼迫，則明皇爲楊妃之仇敵，而長恨歌亦可解釋作長久仇恨之歌詩矣。豈不大可笑哉！

（五）　三十三頁第十三行「倏忽蕣英暮」句下加：

平生服杏丹，顏色眞如故。

（六）　三十三頁第十四行删去「則以」至「者也」二十五字。改加下列一段。

寅恪案：舊唐書伍壹后妃傳上玄宗楊貴妃傳（參新唐書柒陸后妃傳上玄宗楊貴妃傳及通鑑貳壹捌唐紀肅宗紀至德元載五月條。）云：

帝不獲已，與妃詔，遂縊死於佛室。

太眞外傳下云：

上入行宮，撫妃子出於廳門，至馬道北牆口而別之，使（高）力士賜死。妃泣涕嗚咽，語不勝情，乃曰，願大家好住。妾誠負國恩，死無恨矣。乞容禮佛。帝曰，願妃子善地受生。力士遂縊於佛堂之梨樹下。

寅恪所見記載，幾皆言貴妃縊死馬嵬，獨夢得此詩謂其吞金自盡。疑劉詩「貴人飲金屑」之語，乃得自「里中兒」，故有此異說耳。（檢沈濤瑟榭叢談下云：「楊貴妃縊死馬嵬，傳記無異說。劉夢得詩貴人飲金屑，迺用晉書賈后傳，趙王倫矯遣尚書劉宏等，齎金屑酒賜后死故事，以喻當日貴妃賜死情事耳。或遂疑貴妃實服金屑，誤矣。」寅恪以爲沈說固可通，但吾國昔時貴顯者，致死之方法多種兼用，吞金不過其一。楊妃縊死前，或曾吞金，是以里中兒傳得此說，亦未可知。故不必認爲僅用古典已也。又杜工部集壹「哀江頭」云：「明眸皓齒今何在，血汚遊魂歸不得。」蓋安祿山進兵長安，少陵潛伏避禍，傳聞楊妃爲兵士所殺害，實非眞知親見者可比，本不得據爲典要。至張耒張右史文集捌「讀中興頌碑」七古首句云，「玉環妖血無人掃」。夫楊妃縊死，或呑金死，皆無流血滿地之可能。文潛所云，當即出於少陵詩句，但未免過于誇大耳。）據今日病理家理論，呑金絕不能致死。紅樓夢記尤二姐呑金自盡事，亦與今日科學不合也。所可注意者，樂史謂妃縊死于梨樹之下，恐是受香山「梨花一枝春帶雨」句之影響。果爾，則殊可笑矣。至劉詩「平生服杏丹，顏色眞如故。」之語，據葛洪神仙傳陸董奉傳（可參三國志肆玖吳志肆士燮傳裴注引葛洪神仙傳。）略云：

> 杜燮爲交州刺史，（寅恪案：「杜」當作「士」。）得毒病死。死已三日，奉時在彼，乃往與藥三丸，內在口中，以水灌之，使人舉其頭，搖而消之。須臾手足似動，顏色漸還，燮遂活。（奉）後還豫章廬山下居，居山不種田，日爲人治病，亦不取錢，重病愈者，使栽杏五株，輕者一株。如此數年，計得十餘萬株，鬱然成林。

然則稚川之傳，乃夢得詩此二句之注脚也。

（七）　三十七頁第二行後加：

又劉夢得「馬嵬行」末句云：

指環照骨明。首飾敵連城。將入咸陽市，猶得賈胡驚。

寅恪案：西京雜記壹云：

〔高祖〕戚妃以百鍊金爲彄環，照見指骨。上惡之，以賜侍兒鳴玉耀光等各四枚。

蓋戚妃與楊妃身分適合，夢得用典精切，於此可見。由是推之，貴妃死後，疑有盜墓之舉，劉氏不欲顯言之，但其意非指楊妃託身逃遁也。昔友人言，日本有楊貴妃墓，曾見其照片。日本受中國文化甚深，白樂天詩尤具重大影響。長恨歌既有「忽聞海上有仙山」之句，日本以蓬萊三島之仙山自命，此與彼國熊野有徐福墓者，正復相似，自可不必深究也。

（八）　四十五頁後加：

抑更有可論者，即白香山何以得由盩厔尉召入翰林爲學士一重公案是也。舊唐書壹陸陸白居易傳云：

居易文辭富豔，尤精於詩筆，自讎校至結綬畿甸，所著歌詩數十百篇，皆意存諷賦，箴時之病，補政之缺，而士君子多之，而往往流聞禁中，章武皇帝納諫思理，渴聞讜言，〔元和〕二年十一月，召入翰林爲學士。

資治通鑑貳叁柒唐紀憲宗紀元和二年十一月條云：

盩厔尉集賢校理白居易作樂府及詩百餘篇，規諷時事，流聞禁中，上見而悅之，召入翰林爲學士。

通鑑記此事本於舊書，而所謂樂府及詩百餘篇，胡注無釋，未知何所確指。考唐之德憲二宗，皆好詩篇，孟棨本事詩情感類「韓翃（寅恪案：「翃」當作「翃」，下同。）少負才名。」條略云：

李相勉鎮夷門，又署爲幕吏。韓翃殊不得意，多辭疾在家，唯末職韋巡官者與韓獨善。一日，夜將半，韋扣門急，韓出見之，賀曰，員外除駕部郎中知制誥。韓大愕然，曰，必無此事，定誤矣。韋就座曰，留邸狀報制誥闕人，中書兩進名，御筆不點出，又請之，且求聖旨所與。德宗批曰，與韓翃。時有與翃同姓名者，爲江淮刺史，又具二人同進。御筆復批曰，春城無處不飛花。寒食東風御柳斜。日暮漢宮傳蠟燭，青煙散入五侯家。又批曰，與此韓翃。韋又賀曰，此非員外詩也？韓曰，是也，是知不誤矣。時建中初也。

及下附論（丁）元和體詩所引，唐語林貳文學類文宗欲置詩學士條李玨之語。據此可知，唐代好詩之主，皆喜觀覽當時文士作品。但帝王深居九重，與通常人民隔絕，非經由宦寺之手，必無從得見此等當時新作品。白氏長慶集壹宿紫閣山北村詩有「主人愼勿語，中尉正承恩」等句，同書貳捌與元九書云，「聞宿紫閣村詩，則握軍要者切齒矣」。依日本花房英樹白氏文集之批判的研究第三部作品與篇目索引綜合作品表，宿紫閣山北村詩作於元和五年，而元和元年十一月至五年九月之神策中尉，即所謂握軍要者，乃吐突承璀，則宿紫閣山北村詩憲宗是否得見，殊不可知。以常情論，神策中尉似不應采進此詩也。由是言之，長恨歌之所以爲憲宗所深賞，并閹寺視爲與彼類無涉之作品，可以推知。今試釋長恨歌内容有二特點：一爲楊玉環雖極承寵愛，而終不得立爲皇后，二爲此詩描述神仙之韻事風情，爲當時詩人所不能及。第一點詳見下引第伍章新樂府李夫人篇所引舊唐書憲宗懿安皇后郭氏傳。第二點詳見新樂府海茫茫篇所引杜陽雜編。茲不多贅。又第叁章連昌宮詞引新舊唐書謂元微之由宦者崔潭峻采進連昌宮詞，穆宗乃大悦，遂召入翰林。連昌宮詞有二特點，即銷兵、望幸兩事，最可迎合穆宗及宦寺之心意。嗚呼，微之與樂天，邪正區別，當時及後世固有定品，豈知俱藉連昌宮詞、長恨歌兩詩中有合於人主及宦寺之心意而得爲翰林學士耶？樂天之由盩厔尉得召入爲翰林學士一重公案，至今似尚無道及者，遂發其覆，附論之於此，以俟通人之教正。

（九）第六十二頁第四行後加：

抑更有可論者，唐代文人自珍惜其作品，不令其遺佚，莫甚於白樂天。白香山集陸壹蘇州南禪院白氏文集記略云：

有文集七帙，合六十七卷，凡三千四百八十七首。其集家藏之外，別錄三本，一本寘於東都聖善寺鉢塔院律庫中，一本寘於廬山東林寺經藏中，一本寘於蘇州南禪院千佛堂内，願以今生世俗文字，放言綺語之因，轉爲將來世世讚佛乘轉法輪之緣也。開成四年二月二日樂天記。可以爲證。朱彝尊曝書亭集叁陸重刊白香山詩集序云：

詩家好名，未有甚於唐白傅者，既屬其友元微之排纘長慶集矣，而又自編後集，爲之序，後爲之記。既以集本付其從子外孫，而又分貯于東林南禪聖善香山諸寺，比之於杜元凱峴山碑尤汲汲焉。

舊唐書壹陸陸白居易傳略云：

〔元和〕十年七月，盜殺宰相武元衡，居易首上疏論其冤，急請捕賊，以雪國恥。宰相以宮官（寅恪案：時樂天任太子左贊善大夫職事。）非諫職，不當先諫官言事。奏貶爲江表刺史。詔出，中書舍人王涯上疏論之，言居易所犯狀迹，不宜治郡，追詔授江州司馬。

舊史之說，寅恪甚以爲可疑。蓋此疏乃關係樂天出處之重要文字，樂天既珍惜己身文字如上所引，則今流傳之白氏文集中不見此疏，已甚可怪。且宮官何以不能先諫官言事，唐代似尚未發現此例。然則樂天此疏，必爲宰相所憎惡，及與當時政府主要政策，即用兵淮蔡一端有關，可以推知。若所揣測不誤，此疏當是樂天故意刪去，不使流傳於世耳。至白香山集貳柒與楊虞卿書所言貶江州之理由，乃舊史所根據者，然即如與楊虞卿書所言，亦應載其原疏，何以刪去不存耶。又琵琶引述琵琶女之不得已而嫁作商人婦，實由「弟走從軍阿姨死」。此弟之從軍應是與用兵淮蔡有關。據是而言，兩人之流落天涯皆是用兵淮蔡之結果。約略計此琵琶女嫁作商人婦之時間，與樂天貶謫江州之時間相合，或相距甚近也。若此解釋不誤，則「同是天涯淪落人」一句，其所感恨甚深，其心情之痛苦，尤可想見。洪容齋取琵琶引與蘇東坡定惠院海棠詩爲同類，謂不過尋常攄寫天涯淪落之恨者，則不僅不符事實，而所見尤膚淺矣。

（十）八十三頁末加：

復次，茲有一事可附論於章末者，即微之此詩與唐代久閉之離宮在寒食節時，特命中官於內斫竹之舉是也。依微之此詩如「連昌宮中滿宮竹」至「小年進食曾因入」一節，「初過寒食一百六，殿舍無煙宮樹綠」二句，「明年十月東都破」至「不到離宮門久閉」一節，「去年勑使因斫竹，偶値門開暫相逐」二句，及「自從此後還閉門，夜夜狐狸上門屋」二句等語，綜合論之，則知唐代皇帝不臨幸之離宮，必將宮門鎖閉，而此宮門亦必尙存垣牆，否則雖閉門，亦不能阻禁外人闌入宮內也。白氏文集壹貳江南遇天寶樂叟詩云：

我自秦來君莫問，驪山渭水如荒村。新豐樹老籠明月，長生殿闇鎖黃昏。紅葉紛紛蓋攲瓦，綠苔重重封壞垣。惟有中官作宮使，每年寒食一開門。

則是樂天於元和十年貶江州司馬之時，華清宮中之殿宇固甚破敗，但其垣牆雖已毀損而尙存在，宮門則長閉，至寒食節始有中官開門於內斫竹也。樂天此詩乃寫實之作，與微之之詩出於揣想者本自不同，然微之此詩亦依據唐代離宮一般之情況而言，絕非無中生有之描繪。如其所述久閉之離宮，尚存宮牆，在寒食節時，宮使始開門於內斫竹等事，與樂天所言華清宮之情狀並無少異也。故在連昌宮詞爲特性之虛構，江南遇天寶樂叟詩乃通性之寫實。由是而論，元白兩詩可以互相證發也。

至天寶亂後，東都洛陽之上陽宮，則更有詳論之必要。請略引史料，考釋之於下：

杜工部集壹伍諸將五首之三云：

> 洛陽宮殿化爲烽。

若據此語，是唐代洛陽之宮殿已於安史亂時化爲烽燼矣。但檢仇兆鰲杜詩詳注壹陸，此句注引後漢書董卓傳並曹植詩「洛陽何寂寞，宮殿盡燒焚」爲釋。然則仇氏僅舉出少陵所用之古典，實無安史焚燒洛陽宮殿之今典。（仇氏所引子建詩乃文選貳拾曹子建送應氏詩二首之一，其詩云：「洛陽何寂寞，宮室盡燒焚。」仇氏改「宮室」爲「宮殿」，意雖相同，但改曹詩以合杜句，殊可不必也。）可知子美此句乃詩人感傷之語，不可過於拘泥也。

白氏長慶集叁上陽白髮人篇注云：

> 天寶五載已後，楊貴妃專寵後，宮人無復進幸矣。六宮有美色者，輒置別所，上陽是其一也。貞元中尚存焉。（寅恪案：鄙意以爲此篇乃李紳之原唱，而元稹白居易和之者，白氏之

注原出公垂也。詳見此稿第伍章新樂府上陽白髮人篇。）

新唐書柒柒后妃傳下代宗睿眞皇后傳云：

代宗睿眞皇后沈氏，吳興人。開元末，以良家子入東宮。太子（指肅宗）以賜廣平王（指代宗），實生德宗。天寶亂，賊囚后東都掖庭。王入洛，復留宮中。時方北討，未及歸長安，而河南爲史思明所沒，遂失后所在。代宗立，以德宗爲皇太子，詔訪后在亡，不能得。

通鑑貳貳陸唐紀肆貳德宗紀建中二年正月條云：

初，高力士有養女，嫠居東京，頗能言宮中事。女官李眞一意其爲沈太后，詣使者具言其狀，上聞之驚喜。時沈氏故老已盡，無識太后者，上遣宦官宮人往驗視之，年狀頗同。宦官宮人不審識太后，皆言是，高氏辭稱，實非太后，驗視者益疑之，強迎入上陽宮。上發宮女百餘人，齎乘輿服御物，就上陽宮供奉。左右誘諭百方，高氏心動，乃自言是。驗視者走馬入奏，上大喜。二月辛卯，上以偶日御殿，羣臣皆入賀，詔有司草儀奉迎。高氏弟承悅在長安，恐不言久獲罪，遽自言本末。上命力士養孫樊景超往覆視。景超見高氏居内殿，以太后自處，左右侍衛甚嚴。景超謂高氏曰，姑何自置身俎上。左右叱景超使下，景超抗聲曰，有詔太后詐僞，左右可下。左右皆下殿。高氏乃曰，吾爲人所強，非己出也。以牛車載還其家。

元氏長慶集貳肆上陽白髮人篇云：

御馬南奔胡馬蹙，宮女三千合宮棄。宮門一閉不復開，上陽花草青苔地。月夜閑聞洛水聲，秋池暗度風荷氣。日日長看提象門，終身不見門前事。近年又送數人來，自言興慶南宮至。

新唐書伍玄宗本紀（參舊唐書玖玄宗本紀下及通鑑貳貳壹唐紀叁柒肅宗紀上元元年六月條）略云：

（至德二載）十二月丁未，（玄宗）至自蜀郡，居於興慶宮。上元元年徙居於西内甘露殿。

寅恪案：代宗睿眞皇后沈氏，既能於廣平王即代宗收復東都之前後，皆留在上陽宮，斯爲當日洛陽上陽宮非如少陵所謂「化爲烽」之確證。又德宗建中二年高力士女有能以假太后之資格，居於内殿，則上陽宮之正殿，尚未被毁或被毁後重加修理之一證也。夫自天寶五載迄貞元之末，歷時六十載，儻上陽宮全被焚毁，則此老宮女，豈能露宿如此之久。若謂上陽宮雖全被焚毁，後來重加修理，當修理時，將此老宮女搬移他處，迨修理完畢後，再將其遷於原處居住，則楊貴妃死已五十載，尚有何人妒忌，而令此老宮女受終身監禁之苦乎。然則上陽宮雖經安史之亂，仍未全部毁壞，故上陽白髮人暫可在其中居住也。至於元微之詩云：「近年又送數人來，自言興慶南宮至」之「近年」，其界説殊可研究。考微之此詩作於元和四年，則不能上溯至德二載玄宗自蜀郡還長安居於南内至上元元年遷於西内之時間無疑，蓋歷年將五十載，固不得謂之近年也。

上論洛陽宮至安史亂時迄元和初年實未毁壞並宮牆存在宮門常閉。故亦如其他唐代離宮之通例於寒食節始有中使開門斫竹之事。茲請先考唐代杏花桃花開放之時間，兼及地域並其他相關之問題，以資說明。

唐摭言叁「慈恩寺題名遊賞賦詠雜紀」條云：

> 進士題名自神龍之後，過關宴後，率皆期集於慈恩塔下題名，故貞元中劉太眞侍郎試慈恩寺望杏園花發詩。

寅恪案：登科記考列劉氏於貞元四年主禮部試，今檢文苑英華壹捌捌省試玖載李君何，周弘亮，陳翥，曹著四人應試是科之原作。陳翥曲江亭望慈恩寺杏園花發詩云：

> 曲池晴望好，近接梵王家。十畝開金地，千林發杏花。映雲猶誤雪，照日欲成霞。紫陌傳香遠，紅泉落影斜。園中春尚早，亭上路非賒。芳景堪遊處，其如惜物華。（寅恪案：沈亞之沈下賢集壹並全唐詩第捌函沈亞之及全唐詩第柒函陳翥俱收此首。夫陳翥爲貞元四年進士，既經徐松考訂，可以無疑。沈下賢集集首元祐丙寅之序稱沈氏「元和十年登進士第」，唐才子傳陸沈亞之傳同，故全唐詩及沈集所載此詩，實非出自下賢之手。蓋宋人編唐人專集時，誤收於沈集者，全唐詩不加詳考，以致陳翥、沈亞之兩人詩內均列此詩，可謂疏舛矣。）

陳氏「園中春尚早」句，可證杏花開放在早春大約相當於二月之時間。至於桃花開放之時間，前已略言及，茲爲與杏花開放時間比較，故再詳引人所習知之人面桃花故事於下。

孟棨本事詩情感類「博陵崔護」條略云：

博陵崔護舉進士下第。清明日獨遊都城南，得居人莊，扣門久之，有女子自門隙窺之，開門設牀命坐，獨倚小桃斜柯佇立。崔以言挑之，不對，崔辭去。來歲清明日，逕往尋之。門牆如故，因題詩於左扉曰：「去年今日此門中，人面桃花相映紅。人面秖今何處去，桃花依舊笑春風。」

然則桃花之開放約在距清明節先後不遠之時間，可以無疑。吾國昔時本用陰曆，清明節之排列，或在二月，或在三月。若此年有閏月而閏月在此節氣之前，則表面視之花開較早，如第伍章牡丹芳篇論裴度得見牡丹開放始卒之例。若閏月在此節氣之後，則表面視之花開較遲。通常言之，杏花開放約在二月，桃花開放約在三月，其與此通例不合者，蓋別有其他特別原因，亦可爲詳究解釋也。

其一特別之原因爲地域性之關係。地域有高低及南北二種。凡地勢較高如山頂或高原空氣較平地寒冷，故花開較平地爲遲。白氏文集肆叁遊大林寺序略云：

余與河南元集虛（等）凡十七人，自遺愛草堂歷東西二林，抵化城，憩峰頂，登香鑪峯，宿大林寺。大林窮遠，人迹罕到，其僧皆海東人，山高地深，時節絕晚。于時孟夏日，如正二月天，梨桃始華，澗草猶短，人物風候與平地聚落不同，初到怳然若別造一世界者，因口號絕句云：「人間四月芳菲盡，山寺桃花始盛開。長恨春歸無覓處，不知轉入此中來。」時元和十二年四月九日樂天序。

寅恪案：樂天言大林寺「山高地深，時節絕晚。」足證地勢高，則時節晚。又考元和十二年有閏五月，閏月又在節氣之後，則覺時節較晚，故大林寺之桃花晚開，實兼具二因素。廬山自六朝以來，如惠遠、陶潛、白居易、朱熹諸名人，皆居住山南，蓋以交通便利，可以供給家屬朋友及生徒食用，此乃躬耕傳法及講學適宜之條件。至近歲西人闢山北牯嶺之地，藉作避暑之用，斯前人所未嘗夢見者，而大林寺遺址復於牯嶺發現，尤可與樂天此文相印證也。前引韓昌黎和李正封過連昌宮詩，有「高甍巨桷壓山原」之句，則連昌宮建築於山上平坦之地。微之作此詩時，雖未身到其地，但亦應知此宮不在平地而在高原，所以三月清明前後，桃花猶可留滯於盛開將落之狀態。遂有「更有牆頭千葉桃，風動落花紅簌簌。」二句。

至若地域南北之關係，則北方較寒，故花開較遲，南方較暖，故花開較早，此為一般通例，不待詳論。如陸游劍南詩稿壹柒臨安春雨初霽云：

> 世味年來薄似紗，誰令騎馬客京華。小樓一夜聽春雨，深巷明朝賣杏花。矮紙斜行閑作草，晴窗細乳戲分茶。素衣莫起風塵嘆，猶及清明可到家。

此詩世人習誦，無須贅釋。所可注意者，第柒捌二句明言客杭州時猶在清明之前，而杏花已開放可賣也。惟曹寅楝亭十二種後村千家詩三節候門載杜牧清明七絕一首云：

清明時節雨紛紛，路上行人欲斷魂。借問酒家何處有，牧童遥指杏花村。

此詩收於明代千家詩節本，乃三家村課蒙之教科書，數百年來實唐詩最流行之一首。若究其出處，殊爲可疑。今馮集梧杜樊川詩注，既不載此首，其補遺亦不收入，馮氏未加說明，不敢臆斷。但此詩有「清明時節雨紛紛」及「牧童遥指杏花村」二句，似是在北方所作。考杜牧曾以監察御史分司東都（見新唐書壹柒肆杜佑傳附牧傳，並參孟棨本事詩高逸類杜舍人牧弱冠成名條。）然則牧之此清明七絕一首，或在此時所作耶？然無佐證。又馮應榴蘇文忠公詩合注壹捌載送蜀人張師厚赴殿試二首云：

忘歸不覺鬢毛斑，好事鄉人尚往還。斷嶺不遮西望眼，送君直過楚王山。

雲龍山下試春衣，放鶴亭前送落暉。一色杏花三十里，新郎君去馬如飛。

寅恪案：馮氏於此卷卷首古今體詩四十七首下引查注云：「元豐二年己未正月在徐州任，三月後移知湖州道中作。」此題第壹首之楚王山，並第貳首之雲龍山及放鶴亭皆在徐州。足證此二絕句明是在徐州任內，元豐二年三月之前所作也。宋代汴梁殿試亦在二月杏花開放時節。取東坡此二絕句與上引放翁七律一首相比較，則地域之南北與杏花開放之早晚關係，可以明瞭矣。

其二特別之原因爲某一年氣候暫時改變之關係。白氏文集壹春雪詩略云：

元和歲在卯，六年春二月。月晦寒食天，天陰夜飛雪。上林草盡沒，曲江冰復結。紅乾杏花死，綠凍楊枝折。

舊唐書壹肆憲宗紀上略云：

元和六年二月丙寅朔。三月乙未朔。閏十二月辛卯朔。

全唐詩第伍函韓愈伍辛卯年雪五古略云：

元和六年春，寒氣不肯歸。河南二月末，雪花一尺圍。生平未曾見，何暇議是非。

寅恪案：元和六年辛卯二月小盡，其次日爲三月乙未朔，適値清明節。是歲有閏十二月，在清明節後，即樂天所謂時節較晚之年，此年東西二都皆有大雪，杏花凍死，故可目此年之氣候與其他一般時節不同也。又檢竇氏聯珠集叁竇庠陪留守韓僕射巡内至上陽宫感興二首云：

翠輦西歸七十春，玉堂珠綴儼埃塵。武皇弓劍埋何處，泣問上陽宫裏人。

愁雲漠漠草離離，太乙句陳處處疑。薄暮毁垣春雨裏，殘花猶發萬年枝。

寅恪案，舊唐書壹伍伍竇羣傳附庠傳云：

吏部侍郎韓皋出鎮武昌，辟爲推官。皋移鎮浙西，奏庠爲節度副使殿中侍御史，遷澤州刺史，又爲宣歙副使，除奉天令，登州刺史，東都留守判官。

同書壹肆憲宗紀上略云：

〔元和五年十月〕以户部尚書韓臯爲東都留守判東都尚書省事。〔元和八年六月〕以東都留守韓臯檢校吏部尚書兼許州刺史充忠武軍節度使。

故疑胄卿以東都留守判官之資格陪仲文巡内至上陽宫之時間，乃元和六年二月念九日寒食節。依竇氏絶句第壹首「翠輦西歸七十春」句，蓋從天寶元年下推至元和六年適爲七十載。其實玄宗自開元二十四年後，即不再幸洛陽，此點竇氏及其他唐代文人固不詳悉計算也。若揣測不誤，則韓竇二氏之巡視上陽宫亦循唐代離宫於每年寒食節遣中使斫竹之通例耳。（竇氏絶句第壹首第肆句或者可與上引元微之元和四年所作上陽白髮人篇中「近年又送數人來，自言興慶南宫至」二句互相印證。蓋元和四年距元和六年時間甚近，竇氏既於元和六年尚得見上陽宫内之宫人，則此宫人當是不久送來者，與微之詩「近年」之語，亦甚適合也。餘詳上論微之此詩節。）竇氏絶句第貳首第肆句之「殘花」，當是杏花而非桃花。桃花雖通常在清明前後開放，此年之氣候寒冷與往年不同，是以開放時間較遲，此爲變例，即樂天詩所謂「紅乾杏花死」者，宜胄卿以殘花目之。復據全唐詩第陸函李正封洛陽清明雨霽詩云：

曉日清明天，夜來嵩少雨。千門尚煙火，九陌無塵土。酒綠河橋春，漏閒宫殿午。遊人戀芳草，半犯嚴城鼓。

李氏此詩爲何年所作，雖不能考，但唐代洛陽寒食節時亦有春雨連綿之氣候也。

其三特別之原因爲人事忽有變動，杏桃二花開放之時間表面視之，似與常年不同，按諸實際，并無改易也。

太平廣記壹伍肆李顧言條引溫畬續定命錄略云：

唐監察御史李顧言，貞元末應進士舉。見（南）省東南北街中有一人徐吟詩曰：「放牓只應三月暮，登科又校一年遲。」明年，京師自冬雨雪甚，畿内不稔，停舉。貞元二十一年春，德宗皇帝晏駕（寅恪案：舊唐書壹叁德宗紀下云：「貞元二十年正月癸巳帝崩。」），果三月下旬放進士牓。

權載之文集玖和九華觀見懷貢院八韻略云：

上巳好風景，仙家足芳菲。地殊蘭亭會，人似山陰歸。滯茲文墨職，坐與琴觴違。麗曲滌煩虛，幽緘發清機。支頤一吟想，恨不雙翻飛。

同書同卷上巳日貢院考雜文不遂赴九華觀祓禊之會以二絕句申贈云：

三日韶光處處新，九華仙洞七香輪。老夫留滯何由往，珉玉相和正遶身。（原注云，時以沽美玉爲詩題。）禊飲尋春興有餘，深情婉婉見雙魚。同心齊體如身到，臨水煩君便祓除。

寅恪案：溫氏謂貞元二十一年春，德宗晏駕，三月下旬放進士榜，與權氏詩題上巳日貢院考雜文不遂之語可互相印證。考載之不以進士出身，但三次主禮部試，其以沽美玉爲試題，則在貞元二十一年。（見徐松登科記考壹伍）檢舊唐書壹肆捌權德輿傳載其卒於元和十三年，是前列兩題乃權氏四十八歲時之作品，前一題爲答其夫人寄懷之作，故第貳題以「申贈」爲言，且「深情婉婉見雙魚」句即指其夫人所寄之書並詩也。茲綜合上引唐摭言文苑英華續定命錄，權載之文集等材料論之，則知唐代通常放進士牓時正值杏花開放。至若貞元二十一年放進士牓時在三月下旬，乃桃花開放之際，而與常年不同，斯實由此年有人事變動之故所致也。

（十一）一百零三頁第十行後加：

關於鶯鶯氏族問題，下附讀鶯鶯傳已略論及，謂唐代女子，頗有以「九九」爲名者，引才調集伍代九九之詩爲例證，茲復檢才調集伍全唐詩第壹伍函元稹貳柒有曹十九舞綠鈿一詩，頗疑曹十九之「十」乃「九」之訛。若所揣測者不誤，則北夢瑣言伍中書蕃人事條云：

> 唐自大中至咸通，白中令入拜相，次畢相諴，曹相確，羅相劭，權使相也，繼升巖廊。崔相慎猷曰，可以歸矣，近日中書盡是蕃人。蓋以畢、白、曹、羅爲蕃姓也。

據是，此女姓曹名九九，殆亦出於中亞種族。考吾國自漢以來之史籍所載述，中亞胡人善於釀酒，如晉書壹貳貳呂光傳略云：

> （呂）光入其城（龜茲），大饗將士。胡人奢侈，厚於養生，家有蒲桃酒，或至千斛，經十年不敗，士卒淪沒酒藏者相繼矣。

又胡姬姝麗，如玉臺新詠壹辛延年羽林郎詩云：

昔有霍家姝，（丁福保編全漢三國晉南北朝詩注云：古時士之美者曰姝，如干旄之詩稱彼姝者子，是。後世選本改姝爲奴，非是。）姓馮名子都。依倚將軍勢，調笑酒家胡。胡姬年十五，春日獨當鑪。長裾連理帶，廣袖合歡襦。頭上藍田玉，耳後大秦珠。兩鬟何窕窕，一世良所無。

然則自漢至唐，吾國產名酒之地多是中亞胡族聚居區域。第貳章琵琶引論琵琶女所居之長安蝦蟆陵，乃產郎官清名酒之地。此女之又善彈琵琶，故疑此女當是辛延年詩所謂「酒家胡」之類。若所揣測者不誤，則水經注肆河水又南過蒲坂縣西條略云：

（河東）郡多流雜，謂之徙民。民有姓劉名墮者，宿擅工釀，採挹河流，醞成芳酎，排於桑落之辰，故酒得其名矣。

庾子山集伍就蒲州刺史乞酒詩云：

蒲城桑葉落，灞岸菊花秋。願持河朔飲，分勸東陵侯。

及國史補下敍酒名著者條略云：

酒（云名品）則有河東之乾和蒲萄。

則鶯鶯所居之蒲州，唐代以前已是中亞胡族聚居之地，可以證明。中亞胡族，膚色白皙，特異於漢族。今觀才調集伍元稹雜思六首之六「尋常百種花齊發，偏摘梨花與白人」，則鶯鶯之膚色白皙可證。由是而言，就鶯鶯所居之地域及姓名並善音樂等條件觀之，似有辛延年詩所謂「酒家胡」之嫌疑也。茲姑妄言之，讀者儻亦姑妄聽之耶？

或謂楊貴妃原出隋代河中觀王雄之族，觀王家庭妾媵中殊有就地娶中亞酒家胡之可能。果爾，則長恨歌中「盡日君王看不足」之霓裳羽衣舞，即本自中亞流行之婆羅門舞。又「梨花一枝春帶雨」之「梨花」即「偏摘梨花與白人」之「梨花」。此歌兩句皆有著落，不同泛語。斯說未有確據，不得視爲定論，聊記於此，以資談助云耳。

（十二）一百十七頁第一行後加：

抑更有可論者，近人據新唐書貳百叁崔元翰傳略云：

崔元翰名鵬，以字行，舉進士，博學宏辭，賢良方正，皆異等。義成李勉表爲幕府，馬燧更表爲太原掌書記，召拜禮部員外郎，竇參秉政，引知制誥，罷爲比部郎中，時已七十餘。卒。

王性之據崔氏譜云永寧尉鵬，亦娶鄭濟女。則鶯鶯者乃崔鵬女，於微之爲中表。應推得一結論謂鶯鶯即崔元翰女。檢宋子京作新唐書崔元翰傳，實採用權載之文集叁叁唐尚書比部郎中博陵崔元翰文集序。（參姚鉉唐文粹玖貳及全唐文肆捌玖。）其文云：

考某，以經明歷衛州汲縣尉，虢州湖城主簿。親沒，遂不復仕。〔元翰〕洎博學宏詞。直言極諫，凡三登甲科，名動天下。初自典校秘書，連辟汧公北平王司徒府管奏記之職，歷太常寺協律郎，大理評事，錫以命服登朝，爲太常博士，禮部員外郎。貞元七年春，轉職方員外郎，知制誥。八年冬，罷爲比部郎中。十一年夏，寢疾不起。

夫權氏崔元翰集序載元翰父良佐及元翰本人所歷官職極爲詳盡。崔氏譜謂崔鵬爲永寧尉，與權氏所載元翰父及元翰本身所歷官職皆不符合。故鶯鶯之非良佐或元翰之女可知。至元翰之所以改其初名鵬，而以字行者，乃特避其族人中之同名耳。又新唐書柒貳下宰相世系表有清河崔鵬之名，今全唐文捌佰肆有崔鵬之文一篇，但此崔鵬爲懿宗咸通時人，實與王性之所謂永寧尉崔鵬者絕無關係。由是言之，新唐書崔元翰傳採用權德輿崔元翰文集序，不但可以證明鶯鶯非元翰之女，亦可推知崔氏譜之永寧尉崔鵬實與鶯鶯絕無關涉也。

（十三）　二百三十頁第一行後加：

癸卯春胡守爲君檢出下列資料見告。

唐會要壹玖公主廟門云：

貞元十五年七月十五日追册故唐安公主爲韓國貞穆公主。故義章公主爲鄭國莊穆公主。後詔令所司，擇地置廟。祔祭之日，官給牲牢禮物，太常博士一人贊相。四時仲月則子孫自備其禮。（貞穆廟在靖安里。貞元十七年十一月十四日追祔神主於廟。莊穆廟在嘉會里。貞元十七年三月二十九日追祔神主於廟。莊穆貞穆二主，德宗皇帝愛女，悼念甚深，特爲立廟，權制也。）

宋敏求長安志玖靖安坊條（徐松唐兩京城坊考貳靖安坊條同。）云：

韓國正穆公主廟。（禮閣新儀曰，德宗女自唐安公主追册，貞元十七年祔廟。）

同書拾嘉會坊條（唐兩京城坊考肆嘉會坊條同。）云：

鄭國莊穆公主廟。（禮閣新儀曰，德宗女曰義章公主追册 貞元十七年祔廟。）

新唐書伍捌藝文志儀注類云：

韋公肅禮閣新儀二十卷。（元和人。）

寅恪案：新唐書貳佰儒林傳下韋公肅傳云：「元和初，爲太常博士兼脩譔。」然則「兩朱閣」之「閣」，實指「禮閣新儀」之「閣」，乃以宅爲寺，而與舊唐書李吉甫傳所言義陽義章二公主於墓所起祠堂者，有所不同也。

作者附記

此稿得以寫成實賴汪籛王永興程曦三君之助。又初印本脱誤頗多，承黄萱先生相助，得以補正重刊，特附識於此，藉表感謝之意。

陳寅恪集後記

我們從小就知道全家最寶貴的東西是父親的文稿。從抗戰逃難直至「文化大革命」，父親文稿都是用全家最好的箱子裝載，家人呼之為「文稿箱」。避日軍空襲時，首先要帶的就是「文稿箱」。出版父親文集自然是父母，也是我們姐妹最大心願。

父親一生坎坷，抗日烽火中，顛沛流離，生活窘迫，雙目失明，暮年骨折卧床，更經痛苦。然而無論世道變换，病殘齊至，始終未曾間斷學術創作。而父親為學一貫堅持「獨立之精神，自由之思想」，「未嘗侮食自矜，曲學阿世」。如今父親全集出版，學界儻能於研究父親著述時，更知父親此種精神之所在，則為我們姐妹辛勞的最高報償。

一九六二年胡喬木同志來訪，談及文稿，父親直言：「蓋棺有期，出版無日。」胡答：「出版有期，蓋棺尚遠。」父親聽了很高興，以為有望見到文集面世。豈知「文化大革命」開始，父母備受摧殘，蒼涼離世，終未能見到陳集出版。父親生前已將出版文稿重任託付於弟子蔣天樞先生，不料文稿在「文革」中竟被洗劫一空，片紙不留。「文革」結束後，我們姐妹將歷經曲折於一九七八年五月追回的父親文稿，送交蔣天樞先生。蔣先生沒有辜負父親囑託，付出艱巨勞動，於一九八〇年主持出版了陳寅恪文集，由上海古籍出版社刊行，這只是父親文字的一部分。一九八八年六月，蔣天樞先生不幸突然病逝，於是我們姐妹繼續收集整理父親的文字。

現在出版的陳寅恪集，是在上海古籍出版社所刊印之陳寅恪文集基礎上進行的，增加了陳寅恪詩集(附唐篔詩存)，書信集，讀書札記一集(舊新唐書之部)、二集(史記、漢書、晉書、唐人小説等之部)、三集(高僧傳之部)，並講義及雜稿(兩晉南北朝史講義、唐史講義、備課筆記、論文、講話、評語、聽課筆記等)。一九八〇年出版的寒柳堂集，金明館叢稿初編、二編，隋唐制度淵源略論稿，唐代政治史述論稿，元白詩箋證稿，柳如是別傳諸集，此次出版時作了校對，除寒柳堂集中詩存併入詩集，寒柳堂記夢未定稿據一九八七年六月收回的殘稿作了校補外，其餘編排均不作變動，因父親生前託付蔣天樞先生代為出版文集過程中已親自審定文集編目及有關事宜，故仍按父親原意進行。而此次刊行全集所增補之内容，則是期望從不同角度反映父親的學術生涯。

父親的文稿墨跡命運亦如其人，頻遭劫難，面世困難。抗戰時已遺失了多箱撰有眉識的書籍，其中有的被戰火焚燬，有的在運輸途中被盜，或存放親友處丢失，現下落不明，難覓其蹤。這些皆為父親「廿年來所擬著述而未成之稿」，如蒙古源流注、世説新語注、五代史記注、佛教經典之存於梵文者與藏譯及中譯合校、巴利文長老尼詩偈集中文舊譯並補釋及解釋其詩等等(見一九四二年九月廿三日父親致劉永濟信)。而父親晚年整理就緒準備出版的文稿，於「文革」中全被查抄，「文革」過去撥亂反正後，雖於一九七八年五月及一九八七年六月兩次收回詩文稿，但仍未全部歸還。即便抗戰勝利後在清華大學授課、研究之講義、資料等，亦未曾得見。總之，散落在各處的文字，迄今尚有部分未能獲見。這次刊印父親文集，因其為目前所收集之最全者而擬名「陳寅恪全集」，轉又考慮到其實並不能「全」，故稱「陳寅恪集」。

此次父親遺作付梓，三聯書店非常重視，投入很大力量以保證質量；同時我們得到父母親朋故舊，海內外學者弟子，我們姐妹的友人以及相識或不相識的各界人士支持幫助。首先感謝蔣天樞先生一九八〇年於上海古籍出版社主持出版了陳寅恪文集，黃萱先生協助蔣先生做了不少工作。校補寒柳堂記夢未定稿及參與輯錄並審閱讀書札記等多位先生亦於此一併致謝。在我們收集父母詩文書信資料過程中，劉節先生的夫人錢澄女士，華忱之先生等將珍藏了多年「文革」劫後倖存的父親書函贈送，各種支持幫助不勝枚舉，難以一一敬列，在此謹向一切參與、推動、幫助、支持出版陳寅恪集的人士表示衷心感謝。

歷經十年的艱難曲折，陳寅恪集終於面世，當此之時，我們百感交集，真不知何以表述其經過於萬一。出版陳集為中外學者深望，此書之所以遲至今日方能面世，其間有許多我們始料未及的困擾，於此無需細述。而今陳集業已付印，我們希望以此集告慰逝去的父母，父親自謂「文字結習與生俱來，必欲於未死之前稍留一二痕跡以自作紀念」，他於「贖有文章供笑罵」之時，尚望「後世相知儻破顏」。我們更希望將父親的這些文字，作為祖國文化遺產，獻給後世相知。

陳流求 美延 謹述　一九九九年七月三日父親誕生一百零九週年

陳寅恪集再版説明

三聯書店出版的陳寅恪集十三種十四册，自二〇〇一年一月至二〇〇二年五月面世後，時逾八載。現藉再版重印的機會我們做了少量校勘修訂工作，如：糾正個别誤字、圖片説明；唐代政治史述論稿對照手寫本唐代政治史略稿，個别詞句作了變動；略增改書信集、詩集中的某些注釋；更正書信集中致傅斯年、致胡適、致聞宥少數函件的時間認定，編排順序也相應有所變動。但未及增補近年來新發現的一些陳寅恪信札、詩作，亦屬憾事。

在此，特向熱心提供資料及指出陳寅恪集中訛誤的讀者朋友，致以衷心謝忱！並希望此次再版重印後仍一如既往得到大家的支持和幫助。

陳流求
陳美延　二〇〇九年四月